THE
WAY
OF
DELEVERAGING

Theoretical and Practical Solutions

高杠杆的化解之道

李世刚　曹玉瑾　著

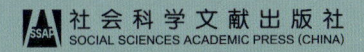

社会科学文献出版社
SOCIAL SCIENCES ACADEMIC PRESS (CHINA)

前　言

2015年12月，中央经济工作会议提出推进供给侧结构性改革，以及2016年经济工作五大重点任务，其中，去杠杆是重要的一项工作。本书收录了两位作者在过去三年（2015～2018年）关于去杠杆、防风险领域的一些研究成果，既有关于去杠杆、防控系统性金融风险相关的理论研究，也有关于债转股、"僵尸企业"债务处置、国有企业债务风险防控相关的政策研究，还有关于2015年股市异常波动、中国债务风险、中美贸易摩擦的金融影响等热点评论文章。对于高杠杆问题的研究具有十足的难度，作者驾驭如此命题，颇感困难。我们对很多问题的了解，可能还仅限于一般水平；面对纷繁芜杂的金融活动，只能间接了解其运行机制；面对理论与现实政策的冲突，可能仍缺乏真知洞见。但所幸之处，在过去研究过程中，我们先后得到了诸多专家学者的热情指导和关心帮助，在此，对各位专家帮助和指导表示谢意。不当之处，欢迎批评指正。

目　录

理论探索

去杠杆一定不利于经济增长吗？
　　多种杠杆去化策略下的情景分析 …………………… 003
高杠杆率一定会引发金融危机吗？
　　来自全球股、债、贷、汇、房市危机史的统计经验 ……… 014
我国企业杠杆率的行业及区域特征 ………………………… 026
正确看待债券违约事件的内在本质和信号意义 …………… 034
我国系统性金融风险评估及防范化解建议 ………………… 043
历次美元进入加息周期导致金融崩盘的
　　发展中国家共性特征及规律分析 ……………………… 066

政策实践

市场化债转股与经济转型 …………………………………… 077
积极稳妥降低企业杠杆率，夯实经济持续健康发展基础 …… 083
建立制度化庭外重组机制，提高债务处置效率 …………… 088

完善优先股政策，助推市场化债转股 …………………………… 097
建立完善国有企业资产负债约束机制，
　　助力结构性去杠杆工作取得关键成果 ………………………… 120
以恢复资产负债表健康为核心　推进去产能企业债务处置 …… 125

热点焦点

股市风波记 …………………………………………………………… 133
谨防紧货币严监管误伤实体经济 …………………………………… 226
需要科学看待中国债务水平及趋势 ………………………………… 233
6月美联储如期加息，但我国无需亦步亦趋 ……………………… 237
美联储缩表前景展望及对我国的影响 ……………………………… 245
"穆迪调级"后续影响需关注 ……………………………………… 257
市场应该对中国解决债务问题提出的一揽子解决方案抱有信心
　　………………………………………………………………………… 261
警惕流动性紧张从银行体系向企业部门传导 ……………………… 266
需要关注CDR发行与交易中存在的四大问题 …………………… 271
近期A股调整更多源于外部冲击而非基本面变化 ……………… 277
破除地方自缚紧箍咒、稳住经济运行基本盘
　　——对湖南省2018年1~5月经济形势及
　　　趋势性苗头性风险的调研 ………………………………………… 282
警惕防范中美贸易摩擦不断升级可能引发的金融风险 ………… 293
美股连续暴跌的原因、趋势、影响及对策 ……………………… 299
警惕新一轮债券违约暗涌成潮 …………………………………… 304

理论探索

去杠杆一定不利于经济增长吗？
多种杠杆去化策略下的情景分析

　　近年来，我国实体经济杠杆率呈现总体偏高、增速过快、结构分布不合理的趋势特征。截至 2015 年三季度末，我国实体经济杠杆率已达 248.6%，其中，企业部门为 166.3%，政府部门为 43.5%，居民部门为 38.8%。对 41 个经济体过去 20 年间杠杆率、杠杆结构与经济增速关系的实证研究发现：一是杠杆率总水平对经济增速呈现"倒 U 型"影响，即杠杆率低于 180% 时的加杠杆有助于促进增长，杠杆率位于 180%～200% 时的加杠杆对经济增长拉动作用微弱，但超过 200% 时的继续加杠杆则会下拉经济增速。二是杠杆在各部门的分布结构也很重要，企业、居民和政府的杠杆率也存在最优水平或区间。当前我国实体经济杠杆率已处在这一"倒 U 型"规律的右侧区间，加杠杆不利于经济稳定增长。鉴于不同去杠杆策略对经济增速的影响差异巨大，"宏观稳杠杆、结构优杠杆、企业去杠杆"是当前去杠杆的较优策略。多情景分析显示，如果在保持实体经济杠杆率不变或适度去杠杆的情况下，通过稳步有序降低企业杠杆，在一定程度上能够稳定甚至提升经济增速。

一 我国杠杆率总体偏高，企业杠杆率尤其过高

我国杠杆率现已超过多数可比经济体。根据 BIS 统计数据，截至 2015 年三季度末，我国实体经济债务总规模约为 165.7 万亿元，以"债务总规模/GDP"计算的杠杆率为 248.6%，这一水平已超过绝大多数发展中国家和美国等一些发达国家。2008 年金融危机后，我国经济杠杆率大幅快速上升，2008~2015 年猛增 96.7%，年均增长 12.1%。

表 1　2015 年全球主要经济体杠杆率水平

单位：%

国家	政府杠杆率	居民杠杆率	企业杠杆率	实体经济杠杆率
日本	234	65	101	400
西班牙	132	73	108	313
法国	104	56	121	281
意大利	139	43	77	259
英国	92	86	74	252
中国	43.5	38.8	166.3	248.6
美国	89	77	67	233
韩国	44	81	105	231
加拿大	70	92	60	221
澳大利亚	31	113	69	213
德国	80	54	54	188
巴西	65	25	38	128
印度	66	9	45	120
俄罗斯	9	16	40	65

资料来源：BIS。

从杠杆结构看，企业部门杠杆水平最高、增速最快。企业部门

债务主要来自银行信贷、金融市场债务工具发行、类影子银行的信用融资（包括信托贷款、委托贷款、未贴现银行承兑汇票等）三个方面。2015年三季度末，企业部门债务总额为110.9万亿元，占GDP比重为166.3%。2008~2015年，企业部门杠杆率增长67.7%，年均增长8.5%，显著高于新兴市场国家年均1%和发达国家年均0.8%的增速。从国际比较来看，我国企业杠杆率是主要经济体中最高的，是新兴市场均值的3.5倍，是发达国家均值的1.7倍。

居民杠杆率较低，但近年增速加快。2015年三季度末，我国居民部门负债25.9万亿元，居民债务占GDP比重为38.8%。与其他主要经济体相比，我国居民部门杠杆率偏低，仅为发达国家的一半，与发展中国家均值水平相当。如果进一步从债务与储蓄之比来看，我国居民债务仅占居民储蓄的22%，而美国为13倍、韩国为7倍、德国为6倍，说明我国居民杠杆率还有较大调整空间。2008年后，在收入水平提高和政策引导等多种因素作用下，我国居民部门杠杆率增速显著提高，增量部分主要来自住房按揭贷款、汽车贷款和信用卡贷款，2008~2015年居民杠杆率上涨了20.3%，年均增长2.5%。2015年下半年以来，伴随一、二线城市房地产市场繁荣，住房按揭贷款规模呈现爆发式增长，居民杠杆率开始加速上升。

政府杠杆率较为合理，且仍有一定空间。2015年三季度末，我国政府部门负债29万亿元，占GDP比重为43.5%。与其他主要经济体相比，我国政府杠杆率不仅远低于日本、意大利、西班牙、英国、美国等发达国家，也低于巴西、印度等新兴市场国家，仅略高于韩国、澳大利亚、俄罗斯等少数国家。从政府杠杆率增速来看，2008~2015年增加9.8%，年均增加1.2%，增速较为缓慢。

二 杠杆率总水平和各部门杠杆率均存在明显拐点或适度区间

我们对包括中国在内的41个经济体杠杆率和GDP增速的面板数据进行建模,分析了实体经济杠杆率及杠杆增速、三大部门杠杆率和内部杠杆结构对经济增长的影响,主要发现如下。

(一)规律一:杠杆率总水平对经济增速存在"倒U型"影响,180%~200%是适度区间

一国杠杆率与经济增长并不是简单的线性关系,而是复杂的非线性关系。数据显示,杠杆率对经济增速存在"倒U型"影响,即当实体经济杠杆率低于180%时,加杠杆有利于经济提速,从样本均值来看,杠杆率每上升10%可拉动经济增长约0.1个百分点;但若实体经济杠杆率高于200%时,继续加杠杆将拖累经济下行,杠杆率每上升10%将会下拉经济增速约0.14个百分点;而杠杆率在180%~200%区间时,杠杆与增长之间的关系十分微弱。杠杆率上升过快不利于稳定的经济增长。杠杆率如果上涨过快,超过经济增长可承担、可覆盖的范围,将导致利息负担迅速上升,造成企业、个人和政府偿债能力下降,不利于经济稳定增长。从样本均值来看,如果一国杠杆率年均增速从5%提高到10%后,年均经济增速将下降约0.4个百分点。

(二)规律二:政府杠杆率超过"59%"后,加杠杆对经济增长的边际拉动作用显著降低

当政府部门杠杆率低于59%时,扩张负债对经济增长的拉动作

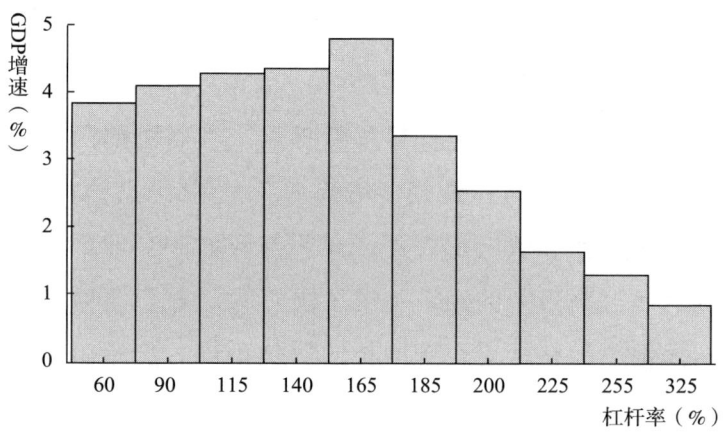

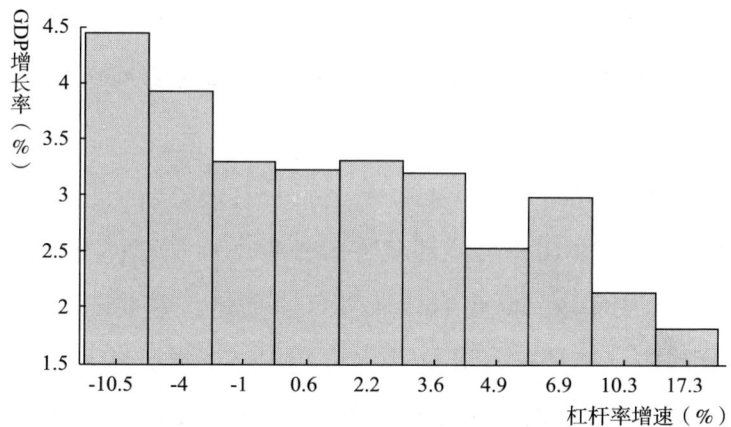

图1 杠杆率、杠杆率增速与经济增长

资料来源：BIS及作者计算。

用显著，杠杆率每增加10%可带动经济增长0.2个百分点，对于发展水平较低的国家这一拉动效应更为明显。杠杆率每增加10%可带动经济增长0.4个百分点。但若政府杠杆率超过59%时，加杠杆对经济增长的促进作用迅速削弱，杠杆率每增加10%仅能拉动经济增长不到0.1百分点。欧元区以60%作为政府债务警戒线虽然是经验结论，但看来也存在一定客观基础。

（三）规律三：居民杠杆率超过"82%"后，加杠杆对经济增长的边际下拉作用明显提高

数据显示，82%为居民杠杆率的拐点。当居民部门杠杆率超过82%后，每增加10%将拉低经济增长0.7个百分点，对增长的负面影响明显大于企业和政府加杠杆，表明与政府和企业部门相比，居民部门杠杆率过高带来的经济下滑风险更大。对于不同发展阶段的国家，居民部门加杠杆对经济增长的影响不同。发达国家居民部门杠杆率每上升10%，经济增速将下滑约0.3个百分点；而在同样情况下，发展中国家的经济增速将提高约0.4个百分点。

（四）规律四：企业杠杆率对经济增长的影响存在"45%"和"135%"两个分界点

当企业部门杠杆率低于45%时，加杠杆能够有力地拉动经济增长，杠杆率每增加10%可拉动经济增长1个百分点；当杠杆率介于45%~135%之间时，企业加杠杆仍可以促进经济增长，但这一作用已显著趋弱，杠杆率每增加10%可拉动经济增长0.01个百分点；当杠杆率高于135%时，加杠杆的影响将发生反转，杠杆率每增加10%将下拉经济增长0.3个百分点，其中原因主要是债务负担过重时，企业所获利润无法覆盖资金成本，过度负债将降低企业偿债和融资能力，造成资产负债表失衡，企业的现金流可能全部用于还债，经营目标从利润最大化转为负债最小化，形成信用紧缩局面，对长期持续经营产生负面影响。

（五）规律五：与杠杆水平相比，杠杆结构更为重要

从各部门杠杆在实体经济杠杆中的占比来看，即使杠杆率总水平处于合理区间，但任何一个部门的杠杆占比过高造成的杠杆结构

失衡，都将对经济增长产生负面影响。数据显示，政府杠杆占比低于33%时，每上升10%可拉动经济增长0.19个百分点；而一旦高于33%时，每上升10%将下拉经济增长0.2个百分点。居民杠杆占比高于23%时，每上升10%将下拉经济增长0.19个百分点。企业杠杆占比低于26%时，每上升10%可拉动经济增长0.26个百分点；而一旦高于26%时，每上升10%将下拉经济增长0.17个百分点；如果企业杠杆占比高于65%时，每上升10%将下拉经济增长0.26个百分点。因此，即使维持高杠杆率水平不变，单靠调整杠杆结构、改善债务分布，也会起到稳定经济增长的作用。

表2 杠杆率水平对经济增长的影响

项目	门限值	对经济增长的影响		
总杠杆	184%	<185%	≥185%	
		0.009 (0.004)	-0.014 (0.002)	
政府杠杆	59%	<59%	≥59%	
		0.0233 (0.0052)	0.0098 (0.0037)	
居民杠杆	82%	<82%	≥82%	
		-0.079 (0.164)	-0.068 (0.0054)	
企业杠杆	58%	<45%	≥45%，<135%	≥135%
		0.103 (0.022)	0.0006 (0.0075)	-0.029 (0.0028)

表3 杠杆结构对经济增长的影响

项目	门限值	对经济增长的影响	
政府杠杆占比	33%	<33%	≥33%
		0.019 (0.0064)	-0.020 (0.005)

续表

项目	门限值	对经济增长的影响		
居民杠杆占比	23%	<23% -0.004 (0.008)	≥23% -0.019 (0.006)	
企业杠杆占比	26% 65%	<26% 0.026 (0.0092)	≥26%, <65% 0.017 (0.0046)	≥65% -0.026 (0.0043)

三 "宏观稳杠杆、结构优杠杆、企业去杠杆"是当前杠杆去化的较优策略

综合以上实证分析结果可以得出，我国杠杆率总水平和企业杠杆率偏高，从长期来看，"去杠杆"有利于稳增长，从短期来看，即使保持杠杆率不变，适度调整杠杆结构也有利于稳增长。考虑到去杠杆的复杂情况，我们对未来去杠杆的不同策略进行多情景分析，其中将基准情景设置为保持当前杠杆率水平不变，分析预测三种不同去杠杆策略下我国"十三五"时期的经济增速。

（一）假设情景1：继续加杠杆

假设实体经济杠杆率以每年10%的速度增长，但杠杆的部门分布结构保持不变。当前我国实体经济杠杆率已超过合理合意区间，如果杠杆率继续上升，债务利息负担将对经济增长将产生负面影响。影响结果：与基准情景相比，在其他因素保持不变的情况下，2016~2020年实体经济杠杆率上升，导致每年经济增速下降0.18~0.28个百分点。

（二）假设情景2：宏观稳杠杆+结构优杠杆

假设实体经济杠杆率保持稳定不变，企业部门以每年5%的速度去杠杆，政府和居民部门分别以每年2.5%的速度加杠杆。这是三种情景里的最优情景，宏观层面杠杆保持稳定，有利于缓释企业去杠杆的风险，稳定市场利率和市场预期，同时优化杠杆结构，有助于促进经济增长。影响结果：与基准情景相比，在其他因素保持不变的情况下，2016~2020年杠杆结构优化，导致每年经济增速提升0.06~0.43个百分点。

（三）假设情景3：宏观去杠杆+结构优杠杆

假设企业部门以每年10%的速度去杠杆，政府和居民部门杠杆率不变，实体经济杠杆率每年下降10%，宏观去杠杆的同时优化了杠杆结构，有利于促进经济增长。但是，这种情景在短期内会导致债务风险集中暴露、信用风险快速上升，引起市场利率显著上升、市场形成恐慌情绪和悲观预期，不利于经济稳定增长。因此，如果

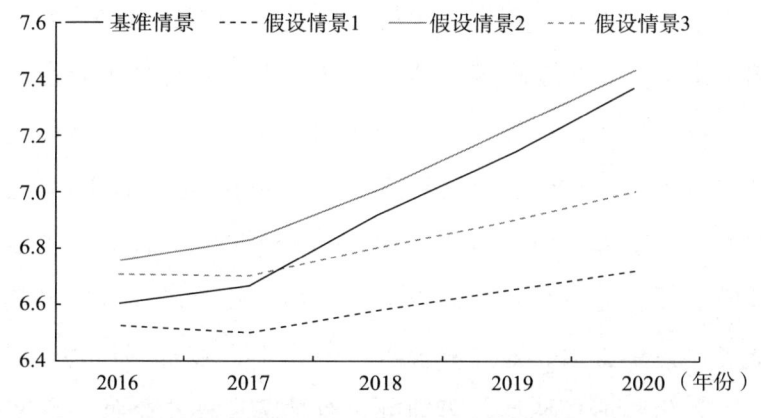

图2　各情景下的"十三五"经济增速预测

资料来源：作者计算。

考虑到这一因素，对影响结果进行修正，则该情景不是最优情景。影响结果：与基准情景相比，2016~2017年每年经济增速将下降0.03~0.09个百分点，2018~2020年杠杆水平和杠杆结构优化，导致每年经济增速提升0.12~0.37个百分点。

四　化解高杠杆风险的相关政策建议

相比其他国家，我国实体经济杠杆总水平偏高、杠杆结构不合理的问题更为突出，杠杆管理的相伴风险不容忽视。综合以上不同去杠杆策略对经济增速的影响分析，"宏观稳杠杆、结构优杠杆、企业去杠杆"可能是当前我国去杠杆的较优策略，即在保持实体经济杠杆率总水平不变或适度去杠杆的情况下，通过稳步有序降低企业杠杆率，能够在一定程度上稳定甚至提升经济增速。

宏观政策保持适度宽松，引导市场利率降低。实施适度宽松的货币政策，保持社会融资规模和广义货币增速在合理区间，降低实体经济利率水平、减少各类负债主体的利息支出，避免企业遭遇去杠杆过程中收入下滑、利息负担反而加重的局面，对冲去杠杆导致的信用风险上升，稳定市场预期，守住不发生系统性风险的底线。

中央政府逐步加杠杆，对冲企业和地方政府去杠杆风险。中央政府杠杆率较低，仍有一定上升空间，可由当前的15%上升到20%左右，赤字率可由当前的2.3%提高到3%~3.5%，在企业和地方政府去杠杆时进行对冲操作。一方面，逐步转接地方政府和央企的债务；另一方面，通过减税等政策减轻企业部门压力。私人部门经济进入稳步增长期后，再削减自身债务，逐步降低杠杆率。

地方政府举债透明化，稳定或适度降低杠杆率。地方政府杠杆率并不算高，但融资行为不规范、举债程序不透明、融资平台缺乏约束机制等问题较为突出，形成风险隐患。因此，地方政府杠杆管理重点在提高举债透明度，允许有条件的地方政府自主发行市政债券，建立市政债券评级体系，健全信息披露制度，明确政府债务和或有债务的界限，将无序融资转为有序融资，将隐性债务转为显性债务。对于公益性质项目所对应的债务，由中央政府发行长期债券进行债务置换。对于具有稳定现金流的项目资产，如基础设施项目和土地等，通过资产证券化盘活存量债务。

国有经济有序进退，推动企业去杠杆。企业杠杆存在较大个体差异，国有企业杠杆率普遍偏高，总体资产负债率高达65%，而民营企业杠杆普遍较低。因此，企业去杠杆的重点在国有企业。一方面，对于利润率下降、杠杆率上升的竞争性行业，国有资本通过并购重组、引入战略投资者、国内外多层次资本市场融资、管理层收购等方式分批有序减持或退出，增加民间资本的股权参与。另一方面，退出的资本用来加强对战略性行业的投资，补充与国家安全、国民经济命脉相关的核心领域国企的资本金，将其资产负债率降低到审慎目标以下，释放部分民间资金，为竞争性行业下一轮国有股权出让提供资金。考虑到竞争性行业资产在各区域分布不均匀，以及各地财政状况的差别，可由多地的国有资本合资成立产业基金，以异地的战略性行业国有企业作为投资目标。

高杠杆率一定会引发金融危机吗？
来自全球股、债、贷、汇、房市
危机史的统计经验

  本文对包括中国在内的36个经济体1960年以来的杠杆水平、变动和结构与发生的股、债、贷、汇、房五类金融危机进行了实证研究，发现了关于杠杆与危机的四个经验规律：一是"超高杠杆"与危机爆发之间存在强关系，而"中低杠杆"与危机爆发之间关系微弱。二是"过快加杠杆"和"过快去杠杆"触发金融危机的概率更高，而"温和加减杠杆"并不会显著抬升金融危机爆发的可能性。三是与企业高杠杆相关的多是信贷危机和股市危机，与政府高杠杆相关的多是货币危机和债务危机，与居民高杠杆相关的多是房地产危机。四是金融危机爆发前的杠杆部门分布呈现结构固化和趋势惯性，而金融危机的爆发以剧烈的方式改变了原有的杠杆分布。比照杠杆与危机的国际经验规律和中国杠杆率水平、增速和结构现状，我们认为，中国当前的高杠杆虽不必然引发金融危机，但应提早防范、主动作为，斟酌去杠杆的策略和节奏，稳妥有序推动"温和去杠杆"，促进杠杆结构优化，缓释金融风险。

一 股、债、贷、汇、房五类
金融危机的定义和识别

高杠杆率被多数人认为是导致金融危机的重要原因。在这一领域，有两个具有代表性和影响力的经验规则值得注意：一是"90%规则"，来自美国著名经济学家莱因哈特和罗格夫在2010年发表的论文《债务时代的增长》（以下称"R&R文"），他们考察了44个国家200年来的数据，发现当政府债务与GDP比率超过90%时，经济增速将下降1个百分点。二是"5－30规则"，来自一些海外投行的经验研究，即一国如果在5年内信贷规模与GDP之比的增幅超过30%，之后该国将迎来一轮金融危机。一些海外唱空中国经济的人士，根据以上论断，认为中国经济在经历了杠杆率大幅快速上升之后，将不可避免地遭遇各类风险事件甚至是金融危机、经济危机。

也有批评者认为，以上研究结论是偏宏观整体、不全面深入的，甚至一些结论还存在错误。比如，马萨诸塞大学经济学家赫恩登、阿什和波林的研究（《莱因哈特和罗格夫批判：高的公共债务真的会扼杀经济增长吗?》）发现，莱因哈特和罗格夫的结论存在重大缺陷，上述三人运用相同的数据，得到"债务与GDP的比例在90%以上的国家的平均实际GDP增长应当是2.2%，而不是－0.1%"，换言之，莱因哈特和罗格夫文中提到的"90规则"并不存在。此外，现有对杠杆与危机之间关系的研究并没有深入到杠杆的内部特征，也没有细化到杠杆对股、债、贷、汇、房五类危机的差异化影响。但鉴于以上研究对全球各国政策当局的决策已经产生重要影响，并且相关数据库也为后续研究奠定了坚实的基础，本文将在此基础和方法上进一步拓展，研究高杠杆率与金融危机的统计规律，结合当前中国高杠杆水平、分部门结构和去杠杆节奏的特征和情境，分析中国发生各类金融危机的可能性和相关对策。

我们对以上"R&R 文"中所使用的数据库和 BIS 数据库进行整合，构建了包含 1960 年以来全球 36 个经济体的历史数据库。"R&R 文"使用事件法定义各类危机，考虑到模型的稳健性问题，即不同危机定义识别方法可能对实证结果产生影响，在直接使用"R&R 文"数据基础上，采用如下方法定义和识别了样本中的股、债、贷、汇、房五类金融危机，作为实证分析中的稳健性检验。

——货币危机。我们构造了反映货币危机的外汇市场压力指数，该指数由一国货币当年贬值幅度、外汇储备减少规模、货币市场利率上升幅度三项指标加权生成，压力指数越大表明发生货币危机概率越高。当压力指数值大于两倍标准差时，就认为此时发生了货币危机。

——债务危机。如果一国发生了债务实质性违约，即负债主体拒绝偿还到期债务本息或者进行了债务重组，则认为该国在当年发生了债务危机，具体可分为外债危机和内债危机两类。

——信贷危机。我们主要基于样本国信贷市场利率变动情况判断是否爆发银行信贷危机，即当风险溢价显著快速上升，银行贷款的市场利率水平与无风险利率之差位于所有样本前 5% 时，则认为该国发生了信贷危机。

——股市危机。如果一国主要股指发生快速剧烈下跌，当年下跌幅度位于所有样本前 5%，则认为该国当年发生了股票市场危机。

——房地产危机。如果一国房地产价格（卡斯席勒房地产价格指数）发生快速下跌，当年下跌幅度位于所有样本前5%，则认为该国发生了房地产危机。

二 杠杆水平、变动及结构与发生金融危机的统计规律

我们对以上包括中国在内的36个经济体杠杆率和上述识别的五大类金融危机的面板数据进行建模，分析了实体经济杠杆水平、杠杆增速、杠杆结构与发生股、债、贷、汇、房五类金融危机的后验关系，主要发现如下四个规律。

（一）规律一："超高杠杆"与危机爆发之间存在强关系，而"中低杠杆"与危机爆发之间关系微弱

一方面，确实存在杠杆引发危机的高风险窗口期，即杠杆率总水平一旦进入"250%～280%"区间，爆发金融危机的可能性大增。我们也发现，当杠杆总水平超过250%时，发生金融危机的可能性陡增，即杠杆总水平每增加10%，发生各类金融危机的概率将增加3.5个百分点。另一方面，当杠杆率总水平低于250%时，杠杆率与金融危机之间关系变得十分微弱甚至变为负相关关系。为什么杠杆率从90%增加到250%，金融危机爆发频次并没有显著变化呢？我们发现，杠杆率上升是各国的普遍趋势，在1965～1989年的25年间，全球经济政策普遍处于紧缩周期，各国杠杆总水平的中位数仅由118%升至140%，上涨幅度仅为22个百分点；而在1990～2015年，各国杠杆总水平的中位数由133%大幅升至241%，上涨幅度高达108个百分点。在全部样本中，1960～1985年间各国杠杆率多数分布在90%～130%的"低位区间"，而在1986～2015

年间多数国家杠杆率已进入130%~250%的"中位区间"。众所周知,"新二十五年"相比"旧二十五年",全球各国在宏观政策管理水平、金融市场成熟度、金融监管完善度等方面都实现了显著提升,因此各国杠杆提升并没有伴随着金融危机频发。

a.杠杆率总水平的中位值

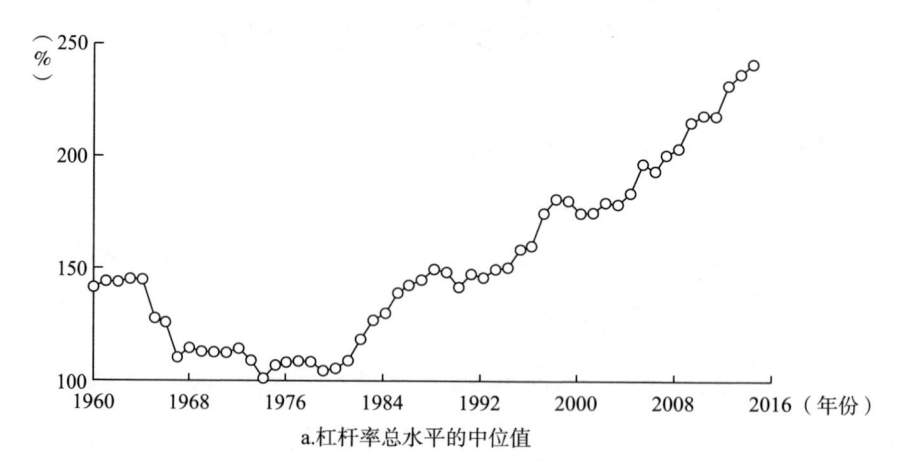

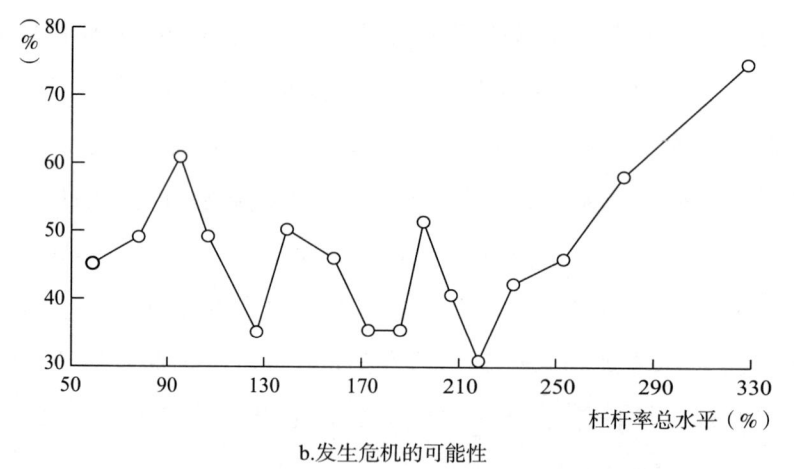

b.发生危机的可能性

图1　36个经济体历年杠杆率总水平的中位值、不同杠杆率总水平下发生金融危机的可能性

注:我们将杠杆率总水平16等分后,计算每个杠杆率等分区间内发生危机的样本个数占该区间样本总数的比值,以此数值"代表发生危机的可能性",下文这一指标均采用相同方法计算。

(二) 规律二:"过快加杠杆"和"过快去杠杆"触发金融危机的概率更高,而"温和加减杠杆"并不会抬升金融危机爆发可能性

一方面,当年均去杠杆幅度超过5%或者加杠杆幅度超过10%时,金融危机爆发的概率均显著增加。这是因为,去杠杆速度过快,可能导致社会信用过度紧缩,负债主体资金链条断裂,短期内流动性骤紧,经济下行压力剧增,进而引发各类金融风险事件;同时,加杠杆速度过快往往会催生各类资产泡沫,而一旦经济主体的利润增长难以覆盖更快增长的利息负担,负债主体难以继续通过新增债务来维系正常运转或债务展期,潜藏的各类金融风险将逐步显现。另一方面,当去杠杆或加杠杆不那么剧烈时,杠杆调整不一定会引发金融危机。我们发现,当年均杠杆变动幅度位于 -5% ~ 10%时,杠杆变动本身就不再是引爆金融危机的主要原因,而杠杆调整的策略和节奏是否得当可能是更为重要的影响因素。

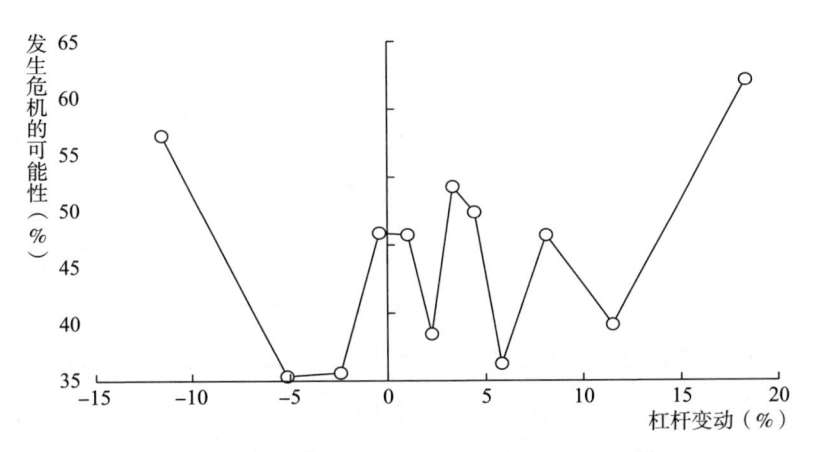

图2 杠杆变动与发生金融危机的可能性

注:我们首先计算每年较上年的杠杆变动率,再进行3年移动平均MA(3),以此作为"杠杆变动(%)"。图中横轴是发生危机前一期的"杠杆变动(%)",以此反映杠杆变动引发危机的领先性。

（三）规律三：从杠杆的部门结构与五类金融危机的关系来看，与企业杠杆相关的多是信贷危机和股市危机，与政府杠杆相关的多是货币危机和债务危机，与居民杠杆相关的多是房地产危机

一是企业杠杆过高或变动过快将导致银行信贷危机和股市危机更易被触发。从绝对水平来看，当企业杠杆超过110%时，发生信贷危机的可能性迅速增加，即杠杆率每增加10%，信贷危机发生概率将增加9.1个百分点；当企业杠杆超过70%时，发生股市危机的概率也大大提高，即杠杆率每增加10%，股市危机发生概率将增加5.3个百分点。从杠杆变动来看，企业杠杆调整过于剧烈时，发生信贷危机、股市危机可能性大增。数据显示，如果企业杠杆年均变动幅度由±5%扩大到±10%，发生信贷危机和股市危机的概率将分别大幅提高16.1个和9.5个百分点。这一现象主要是因为企业作为信贷市场和股票市场上的主要融资主体和负债主体，其资产负债健康状况会对银行资产负债表以及股票价格走势产生较大影响，当大量企业同时出现杠杆过高、变动过快时，将导致企业债务负担加重和利润下滑，正常的偿还贷款和股东分红变得愈发困难，信贷危机和股市危机发生的可能性随之上升。

二是政府杠杆过高、变动过快与债务危机之间关系密切；政府杠杆绝对水平对货币危机影响不大，但过快加杠杆将显著提升货币危机发生概率。主权债务市场方面，当政府杠杆率超过100%时，爆发债务危机的可能性迅速增加，杠杆率每增加10%，债务危机发生概率将增加4.3个百分点。政府杠杆调整过于剧烈时，发生债务危机可能性大增。数据显示，如果政府杠杆年均变动幅度由±5%扩大到±10%，发生债务危机的概率将大幅提高20个

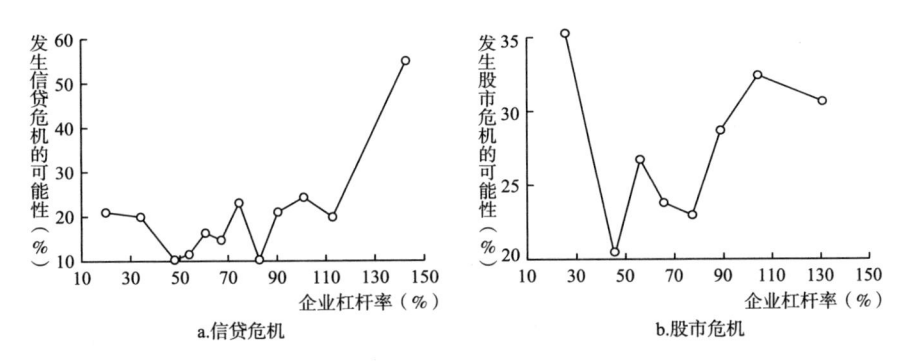

图 3　企业杠杆率与发生信贷危机、股市危机的可能性

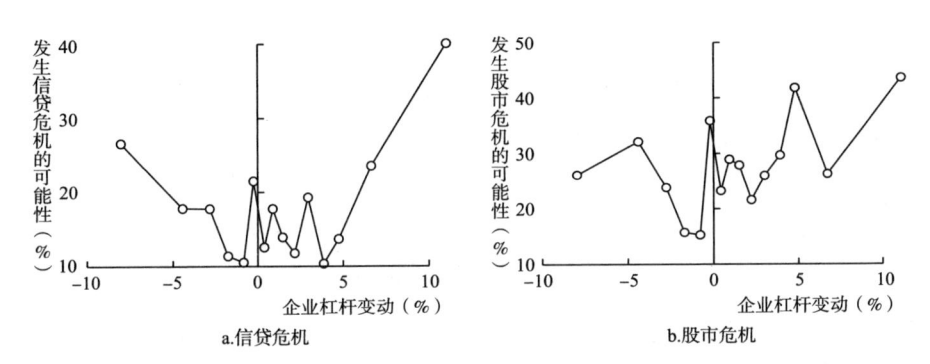

图 4　企业杠杆变动与发生信贷危机、股市危机的可能性

百分点。货币市场方面，政府杠杆绝对水平高并不一定更易引发货币危机，反之亦然。例如，日本政府杠杆率一直非常高，1960年以来却没有爆发过严重的货币危机，但1997年韩国政府杠杆率只有6.1%、泰国仅为6.9%，却都爆发了货币危机。政府加杠杆过快时，发生货币危机的可能性大幅增加，如果年均增加幅度由5%扩大到10%，发生货币危机的概率将提高18.4个百分点。这主要是因为一国货币稳定的基石是该国的主权信用，政府快速加杠杆恶化了其资产负债表，导致主权信用级别连续下降，进而影响了货币币值稳定。

三是居民杠杆过高、上升过快之后往往会爆发房地产危机，

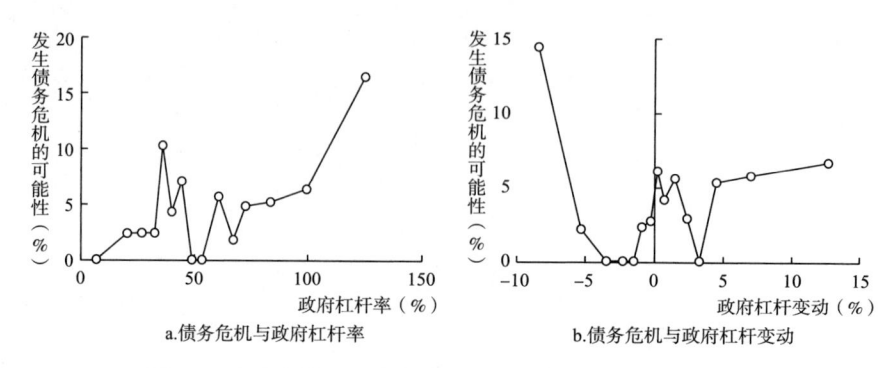

图 5　政府杠杆及其变动与发生债务危机的可能性

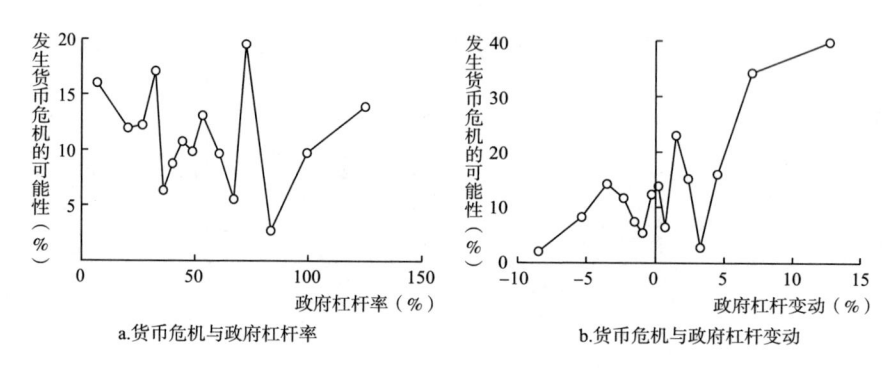

图 6　政府杠杆及其变动与发生货币危机的可能性

银行信贷危机很可能紧随其后。居民杠杆水平超过80%时，发生房地产危机的可能性明显增加，杠杆率每增加10%，信贷危机发生概率将增加11.3个百分点。居民杠杆调整速度过快，也可能引发房地产危机，如果居民杠杆年均变动幅度由±3%扩大到±5%，发生房地产危机的概率将增加8.6个百分点。这主要是因为居民负债的主要构成是住房抵押贷款，居民杠杆越高，其资产负债表对住房价格的变动越敏感，正反馈效应和加速器效应将价格变动的影响成倍放大，短暂小幅的房价下行就可能引发房地产市场动荡。随后，如果大量住房抵押贷款发生违约，就可能引发银行信贷危机。

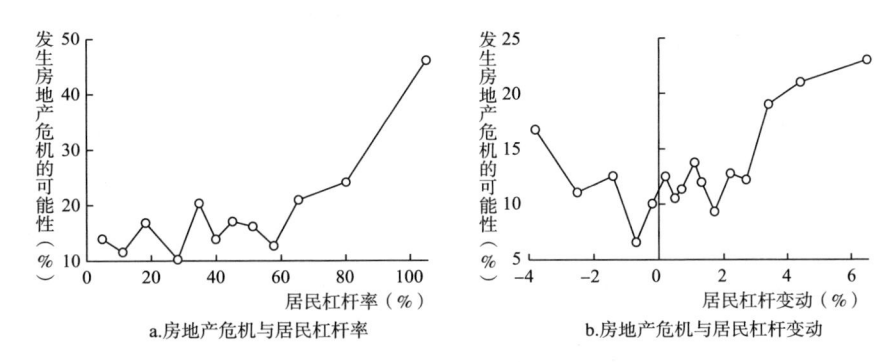

a.房地产危机与居民杠杆率　　b.房地产危机与居民杠杆变动

图7　居民杠杆及其变动与发生房地产危机的可能性

（四）规律四：金融危机爆发前的杠杆部门分布呈现结构固化和趋势惯性，而金融危机的爆发以剧烈方式改变了原有的杠杆分布

我们用"政府杠杆／（居民杠杆+企业杠杆）"反映一国杠杆内部的"政府—市场"结构，这一指标带有鲜明的周期特征，即经济走好时，分母增速大于分子增速，指标呈现下行；而经济下行时，分母增速小于分子增速，指标呈现上行。同时，这一指标也反映了杠杆结构变化过程中政府与市场之间"交错进退"的关系。数据显示：货币危机和债务危机爆发前，政府杠杆占比通常出现明显上升，危机爆发前3年，该指标从47.3%快速提升至危机爆发当年的58.8%；在危机爆发后一年，这一比值迅速下降到46.2%，但随后又开始新一轮的上升周期，再次回到此前的上升路径。信贷危机、房地产危机和股票危机爆发前，居民和企业部门杠杆比政府部门杠杆增长更快，该指标从危机爆发前3年的40.1%下降到35.5%，危机爆发后由于政府部门介入救助，大量债务由企业和居民部门转至政府部门承担，该指标从危机爆发当年的36.5%上升到3年后的59.2%。

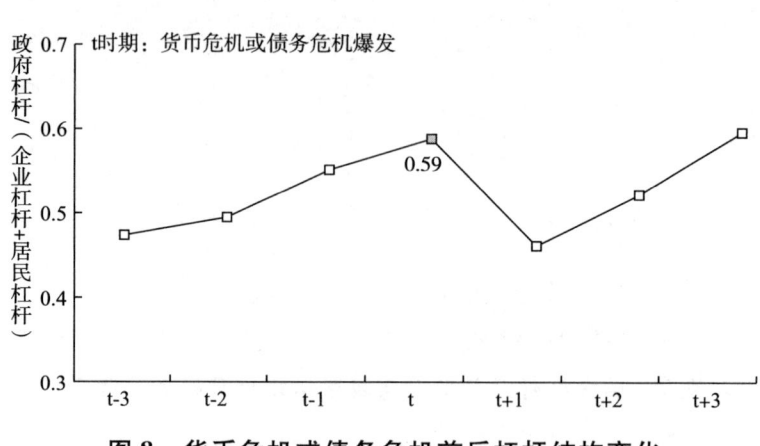

图 8　货币危机或债务危机前后杠杆结构变化

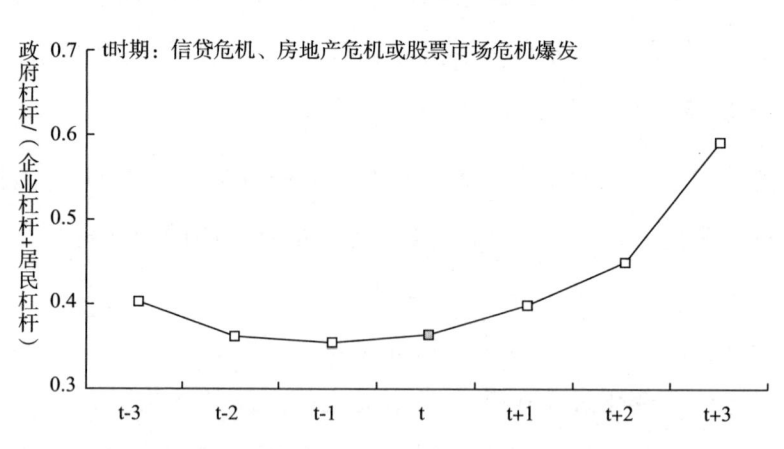

图 9　信贷、房地产或股市危机前后杠杆结构变化

三　高杠杆虽不必然引发金融危机，但提早防范、主动作为是必要之举

我们综合以上杠杆与危机的国际经验规律和当前中国杠杆率水平、增速和结构现状，可以得到以下结论。

一是从杠杆水平看，中国经济杠杆率现已高达240%左右，非常接近250~280%这一易发金融危机的高风险区间，如果杠杆水平继续上升，金融危机爆发可能性将大大增加，经济去杠杆迫在眉睫。

二是从杠杆增速来看，2009年以来中国经济杠杆率年均增速高达14%，各类主体尤其是企业的债务负担显著加重，造成相关领域金融风险快速累积，继续"高速加杠杆"万不可取。但去杠杆的节奏和策略更需斟酌，采取"快速去杠杆"方式很可能将风险事件激化为金融危机，而应采取稳妥有序推动"温和去杠杆"。因此，面对去杠杆，不必如临大敌，也不能操之过急，稳步、有序、可控地去杠杆，并不会造成金融风险急剧上升。

三是从杠杆分布看，中国企业部门杠杆水平已经超过110%这一经验警戒线，同时2009年以来年均增速高达5.6%，势必对银行信贷市场和股票市场带来风险冲击，需要高度关注发生信贷危机和股市危机的潜在风险；政府部门杠杆水平尚低，距离100%的风险警戒线还有相当空间，发生债务危机和货币危机的可能性很小；居民杠杆水平也比较低，发生房地产危机的可能性不大，但居民杠杆近年增速较快，一定程度上增加了房地产市场的脆弱性。

四是从杠杆的"政府—市场"结构看，中国当前"政府杠杆/（居民杠杆＋企业杠杆）"比值在2009年以来均值仅为0.24，远低于同期0.52的国际平均水平。另外，由于近年来中国企业和居民部门杠杆快速增长，该指标出现持续下降，已由2007年的0.3下降到2014年的0.21，这一趋势同样显示潜在的信贷风险和股市风险正在提高。值得高度注意的是，如前所述，一国杠杆的部门分布结构存在固化和惯性特征，如果放任不管完全交由市场演化，最终可能以危机这样的激烈方式完成调整，与此相比，不如政府主动作为，促进杠杆结构优化，缓释金融风险，避免爆发危机。

我国企业杠杆率的行业及区域特征

本报告利用工业企业这一微观数据对企业杠杆进行了分析，发现：一是金融危机后，国有企业在加杠杆，而私营企业在去杠杆；二是产能过剩行业内的企业杠杆率较高；三是杠杆率在不同区域间呈现不均衡配置；四是资产回报率越低的企业杠杆率越高；五是规模越大的企业杠杆率越高。杠杆结构的扭曲反映了资源的错配，尽管短期不一定引发债务危机，但会显著降低经济增长效率，并可以带来多种外部性。宏观层面去杠杆需要更多采取微观或宏观审慎政策，要防止"一刀切"，需要结构性地去杠杆，根据不同企业的规模、所有权特征、行业特征以及区域特征，鼓励"好的杠杆"，去掉"坏的杠杆"，优化信贷资源的均衡配置。

一 企业微观杠杆的主要特征

宏观经济中各个部门的杠杆率指标无法反映企业之间的资源错配问题，为此，使用工业企业数据库（1998~2013年），利用微观企业层面的数据，分析行业及企业层面的杠杆率变化趋势及分化方向。受金融危机的冲击，该数据库中2008~2010年的数据与前后数据不具有一致性，且学术界一致认为该数据库中2008~2010年的数据质量相对较差,所以我们筛掉这段时间的数据,主要有以下发现。

(一)发现一:国有企业在加杠杆,而私营企业在去杠杆

金融危机后,工业企业部门的加权平均杠杆率[①] 1998~2013 年一直呈下降趋势。但该趋势在不同类型行业之间表现非常不同,国有企业的杠杆率上升,私有企业的杠杆率下降。杠杆率在国有企业与集体企业内部的分化程度均增大,但在私营企业内部分化程度相对下降。从利息备付率来看,金融危机以来私营企业的利息备付率一直高于国企,说明尽管私营企业的偿付能力更高,但其债务增加远低于国有企业。

(二)发现二:产能过剩行业内的企业杠杆率较高

不同行业的企业杠杆率差异很大:石油化工、金属冶炼、煤炭开采、电力与热能供应、化纤制造行业的杠杆率排在所有行业中前五位,这些行业均属于产能过剩与高污染行业;而杠杆率较低的行业主要包括轻工业,如竹木工艺制品、制药、皮革制品、食品饮料等。

(三)发现三:杠杆率在不同区域间呈现不均衡配置

内陆地区企业的杠杆率较高,如新疆、青海、甘肃、云南、内蒙古、山西等;其次是沿海地区,如浙江、天津、江苏、广东等;中部地区杠杆率反而最低,如河南、江西等。东部沿海地区的较高企业杠杆率并不构成严重问题,主要是因为这些地区经济相对发达、私有企业所占份额较高、高科技产业相对集中,适度的高杠杆

[①] 在对微观数据的研究中,若无特殊说明,杠杆率均指的是资产负债率。

可以促进企业研发与产出,释放生产活力,引导并推动产业转型与升级,提高信贷资源的使用效率,可以认为是"好的杠杆";而对于国有企业所占份额较高、重工业相对集中、经济发展相对滞后的内陆地区,该情形下的高杠杆会放大预算软约束问题,提高银行坏账风险,阻碍私有企业发展与资源的优化配置,恶化产能过剩现象,降低信贷资源的使用效率,可以认为是"坏的杠杆",是去杠杆的主要对象。

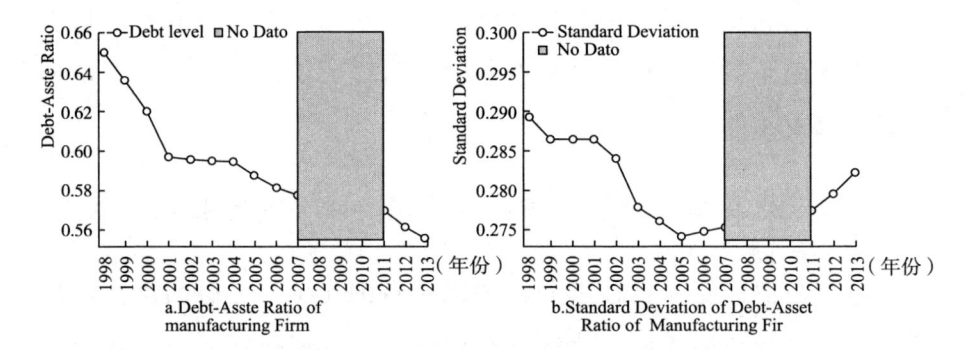

图1 工业企业资产负债率的加权平均值与标准差

注:SOE、COE、DPE、FOE分别表示国有企业、集体企业、国内私有企业与外资企业。

资料来源:中国工业企业数据库。

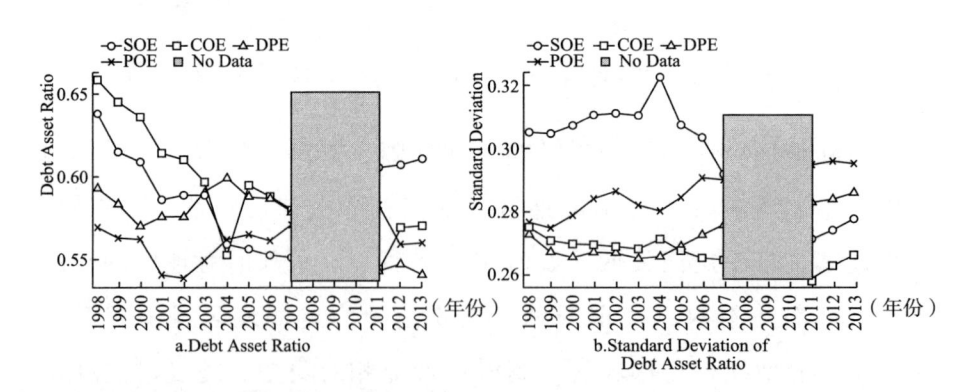

图2 工业企业杠杆率(左)与私有部门市场份额(右)的地域分布

资料来源:工业企业数据库,Wind数据库。

（四）发现四：资产回报率越低的企业杠杆率越高

选择 2004 年与 2013 年作为两个观测点，分别代表危机前与危机后，分析金融危机前后企业的负债率与效率和规模之间的关系。假设横坐标是销售利润率（也可理解为资本回报率，用销售总利润/总资产作为衡量标准），纵坐标是杠杆率（用负债权益比率来衡量，即总负债/总所有者权益，也就是通常所说的产权比率）。在危机前杠杆率与资本回报率呈倒"U"型关系，即资本回报率低的企业难以负担借贷成本，无法得到较多的外部融资，杠杆率中的分子较低；资本回报率高的企业，通常都拥有比较充裕的自有资金，杠杆率中的分母较高。而在危机后，杠杆率与资本回报率却呈现了负相关关系，说明在危机后更多的信贷资源配置在了低效率企业，资产回报率越低的企业反而杠杆率越高。

（五）发现五：规模越大的企业杠杆率越高

图 3 的横坐标是用总资产规模衡量的企业规模，纵坐标是杠杆率（用资本负债率来衡量，即总负债/总资产）。我们发现，危机前

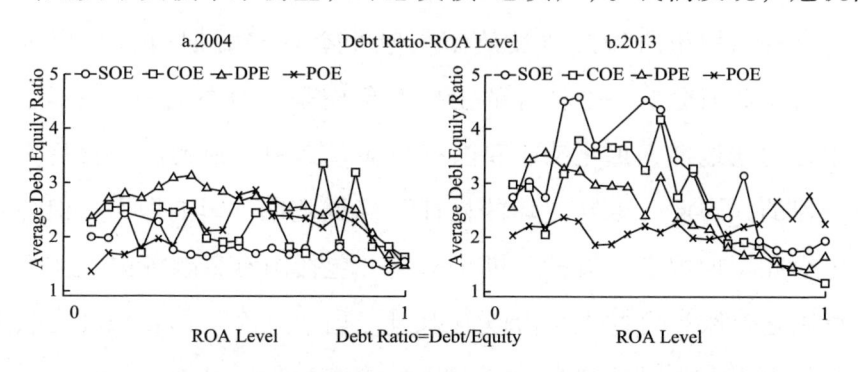

图 3　工业企业杠杆率与资产规模（分企业所有权类型）

资料来源：工业企业数据库。

杠杆率与企业规模呈倒"U"型关系，即规模小的企业因缺少可抵押资产、缺少政府的隐性担保等原因难以得到足够的外部融资；规模大的企业因自有资金充裕，通常不需要大量举债融资。而在金融危机后两者关系呈现出正相关关系，即规模越大的企业杠杆率越高，"大而不能倒"的现象愈发严重。

二　杠杆结构扭曲的原因及危害

支持国企加杠杆、民企去杠杆的主要原因是产权歧视、产业差异和规模歧视：一是产权歧视。金融机构在配置信贷时偏好国有企业、歧视民营企业。二是产业差异。在重资产的资源类重工业，国企比较集中。民企更多的是集中在轻工业，而且越来越多的民企转向服务业。三是规模歧视。中央财经大学的苟琴与其合作者的研究就发现，银行信贷配置中的产权歧视已经日益被规模歧视取代。数据显示，小规模的非国企的杠杆率远低于国企，但非国企的杠杆率随着规模的增加而提高，最大规模的国企、非国企的杠杆率的差别很小。

杠杆结构扭曲降低增长效率，但并不一定短期内引发债务危机。根据此前分析，去杠杆的主要对象应是"坏的杠杆"，即主要集中在内陆地区、重化工业和国有企业。其中，绝大部分背后有政府担保的，因此，尽管"坏的杠杆"降低效率、影响增大，但并不一定会在短期内引发债务危机。国企（包括国有金融机构）实质上是可以通过跟政府并表，由政府承担"剩余风险"的责任，为去杠杆政策赢得一点时间和空间。

此外，高杠杆的风险并不仅仅局限于债务违约本身，更重要的可能反映在一系列的负外部性上：一是过高的杠杆会导致资产的"恐慌式抛售"；二是资产泡沫；三是信贷市场的多重均衡可能导致蝴蝶效应。这些外部性的共同特点是借贷个人或机构不会或者无法考虑到，但它们最容易引发整个金融部门的不稳定。这类外部性问题只能尽量通过系统性风险分析与宏观审慎监管来克服。

三 去杠杆实质是要进行杠杆结构优化

宏观层面去杠杆需要更多地采取微观或宏观审慎政策。对于去杠杆这样一个重要的政策目标，最好不要在宏观层面急于求成。贸然去杠杆容易引发其他问题。从国际经验看，大多数真正意义上的"去杠杆"都是在金融危机之后的被迫调整过程，主动顺利调整的很少。因此，未来一段时期我国的总杠杆率可能还会继续缓慢上升。宏观层面约束负债增长，最好是采取微观或宏观审慎政策，同时考虑对杠杆率的分子与分母的影响。

去杠杆要防止"一刀切"，需要结构性地去杠杆。通过以上的数据分析我们发现，在金融危机之后，企业融资的激励机制被严重扭曲了。中小型企业与私有企业融资越来越难，而信贷资源错配于国有企业、大型企业与低效率企业的问题明显出现恶化。因此，要防止"一刀切"的去杠杆带来以下负面影响：如果采取均一的去杠杆策略，很有可能对一些需要加杠杆的有效率的企业造成伤害，特别是民营部门；部分僵尸企业和地方政府的融资大量是在借新债还旧债，有可能在去杠杆的过程中导致金融风险和地方政府债务风险在短期被触发。需要根据不同企业的规模、所有权特征、行业特征以及区域特征，鼓励"好的杠杆"，去掉"坏的杠杆"，优化信贷资源的均衡配置。结构性去杠杆主要可以考虑以下三个方面的举措。

第一，积极发展多层次的资本市场特别是股权融资，改善融资结构。我国的金融体系一直是以间接融资为主，特别是由商业银行主导，这个金融格局直接造成了我国总体杠杆率偏高的事实。去杠杆的一种方法就是提高股权融资的比重、降低债务融资的比重。但发展直接融资渠道既要让市场机制发挥决定性作用，又要加强审慎监管。试图人为推动资本市场繁荣或者放任新型融资方式野蛮生长，最后不仅很难达到去杠杆的目的，还有可能酿成新的金融风险。

第二，控制甚至减少"坏的杠杆"，增加"好的杠杆"。既然中国高杠杆率的问题主要集中在非金融企业，特别是在内陆地区、重化产业和国有企业，因此，去杠杆政策就应该努力把它们的债务降下来。僵尸企业占用的金融资源越来越多，是"金融不支持实体经济"的一个主要原因。关闭僵尸企业就可能明显降低企业部门的负债率，也是降低杠杆率的分子的一条重要途径。在执行过程中，应尽量保持平稳，中央政府应该主动承担人员安置和债务处置的责任；同时，尽量不再由政府层层下达关闭僵尸企业的行政命令，而应该通过强化市场纪律，让无法在市场上生存的企业退出。

第三，实行区域差异化的去杠杆策略。去杠杆要利用空间的思维，依靠区域间的资源配置效率的提高和更快的经济增长。在本质上，这相当于是用有效率地区的经济增长来偿还低效率地区的负债，比各地同时出现债务率上升且继续出现资源错配要更合适。为此，要重塑全国的经济地理，统一内部市场，相互分工，各地形成基于本地优势的产业结构，实现共同富裕。在此重塑经济地理的过程中，少数都市圈将持续成为人口流入地，而其他地方成为人口流出地。为此，不同的地方应实施差别化的公共政策。在人口流入地，通过投资、技术、管理来增加公共服务和基础设施供给，促进人口在流入地安居乐业，而不应该通过控制人口来限制需求。而在人口流出地，应放弃对于经济总量增长的考核，加强对于当地公共服务和基础设施的转移支付，减少对于偏离当地比较优势的无效产业投资。

第四，去杠杆和加杠杆相结合，争取在尽量降低总杠杆率的前提下提高杠杆的质量。高杠杆主要集中在国企，而政府、居民和民企的杠杆率尚处合理区间，去杠杆的转圜空间比较大。国企去杠杆可能产生的紧缩效应，也可以通过其他部门，比如政府和居民的加杠杆来缓冲，为未来的可持续增长创造一个良好的条件。政府通过增加负债刺激经济增长或者居民通过增加负债置换房地产市场的库存，很难带来可持续的增长。政府通过加杠杆来化解僵尸企业、确立市场制度，或者投资技术创新、克服基础设施瓶颈的效果将会更加显著。

正确看待债券违约事件的内在本质和信号意义

近十年来，我国债券市场经历了高速成长，市场快速扩容，越来越多信用资质较低的发行人进入债券市场，"刚性兑付"逐步被打破，违约事件也经历了从无到有、从有到多的转变。2018年以来，尽管违约频率明显加快，但总体违约率仍处在较低水平。应该认识到，防控风险并不等于防止违约，恰恰相反，常态化、小范围、局部性的违约事件有助于信用风险的有序释放，没有必要主观排斥、惊慌忌惮。当然，也应警惕和深究违约率在短期内超调式激增背后的信号意义，避免货币信用条件过快收缩冲击企业的正常经营，避免孤立的、局部的信用风险转化为连锁的、全局的流动性风险和系统性风险。长期来看，要在加强债券违约的市场化处置、增强投资者保护、完善违约追偿和企业破产制度、监管多方协调等方面着力，共同推动我国债券市场早日建立完善的估值定价体系、市场化风险分散分担机制，共同建设一个融资功能健全、风险定价合理的能进能出、正常违约的债券市场。

一　需要穿透违约现象看债券市场发育发展的本质

对待债券违约，我们应秉承"战略上重视、战术上冷静"的态度，透过现象看到问题本质，应认识到：防控金融风险在债券市场上的指向，并不在于防止、杜绝债券违约事件的发生，相反，常态化、小范围、局部性的违约事件有助于信用风险有序释放，有助于推动各类资产的重新定价及风险、收益的重新平衡，有助于构建收益风险更加匹配的债券市场，也有助于更加有序地释放风险、更加高效地防控风险。

违约事件的从无到有、从有到多，其本质是过去的"刚性兑付"被打破、债券市场逐渐走向成熟。在成熟的债券市场，出现一定比例的债券违约是正常现象，信用风险溢价是正常的市场反应，也是形成债券市场多层次、结构化的重要依据，让所有债券都不违约是不现实的。2014年"超日债"违约之前，我国债券市场一直保持着"刚兑神话"，极低的违约率远远偏离了正常应有值，使得债券价格和收益率曲线对发行主体的信用状况和资质变迁极不敏感，相当一部分信用状况很差的企业仍能够以极低的成本获得债市融资，这既增加了投资者的投资风险，也造成了金融资源的劣化配置。过往三四年，债券市场"刚兑"逐步被打破，进入了信用风险暴露期，此前累积的信用风险正在逐步释放。2016年以来，单个违约事件引发整体恐慌的情况明显减少，说明我国债券市场正在向成熟市场迈进，违约率正在由畸低状态逐步回归常态。从这个意义上说，违约事件的常态化出现，是市场走向成熟必须经历的"成长的烦恼"，是形成风险合理定价机制的必由过程。

近期违约事件密集增多的表象，本质上是源于前期债券发行主体过快多元化、债券市场对低信用资质主体融资过度支持。2010年以来，我国信用债市场存量规模从2.6万亿元迅速扩容至18.6万亿元，在这一过程中，越来越多信用资质相对较差的发行人进入了债券市场。2009年底,全部信用债中AAA评级的债券只数占比接近50%,而目前已降至36.5%,低等级债券占比明显升高。因此,随着我国信用债市场的快速扩容,信用债发行人群体资质多样性明显增加,违约事件从无到有、从有到多具有必然性。从数据来看,大多违约主体的信用评级较低,2017年以来,除了亿利集团外,其他主体的债项和主体评级都在AA及以下。此外,2018年以来信用债违约案例的"集中"爆发,与大量债券集中到期兑付有关。2015和2016年信用债市场增长迅猛,这些债券期限大多在3年以下,到期日集中在2018年和2019年,违约事件增多是正常现象。与此同时,我们应看到这一现象背后蕴含的积极意义,即债券市场对于低信用主体,主要是民营企业和中小微企业的支持力度正逐年加大,这在一定程度上缓和了我国银行信贷市场的企业性质歧视和规模歧视问题。

信用风险分化分层的现象,本质是债券市场的风险和收益匹配度正在改善。此前由于"刚性兑付",不同信用资质发行人的债券收益率曲线高度趋同,信用利差不明显,债券市场的风险定价功能很弱,收益与风险极不匹配。2016年以来,民营企业和国有企业两类发行人的债券信用风险就开始出现分化,2018年以来这一现象愈发突出,"国企债券争相买、民企债券没人买",国有企业债券发行仍有超额认购,但民营企业债券发行频频取消或推迟。随着违约事件激增,部分低等级债券的风险溢价快速上升,由于低等级债券大多是民营企业,缺乏政府担保、缺乏市场增信,投资人往往要求更高的收益率。这客观上导致我国债券市场逐渐形成了一个类似于欧美国家的"高收益债(垃圾债)"市场,收益率在8%甚至10%以上的债券规模和占比正在上升。在一个较为完善的债券市场中,高收益债发挥着重要作用，满足了一些评级资质较低的发行人的融资需求，同时满足了高风险偏好投资者的投资需求，提高了资金的匹配效率和运用效率。目前，全球高收益债的规模已经超过 2 万亿美元，其中，欧美市场占比高达 90%，亚洲市场占比不足 10%。美国的高收益债券市场已相对成熟，发行人的行业分布较为多元化，主要包括能源、基础工业、医疗保健、金融服务、公用事业等，投资人也较为多元化，主要包括高收益债券基金、保险公司、养老基金和外国投资者等。高收益债券的股性较强、债性较弱，平均收益率超过国债和股票，特别是 2009 年以来高收益市场总回报较为可观，同时也发挥了重要的融资支持作用。因此，不同资质主体之间出现信用风险分化，有利于改善市场风险和收益的匹配度，提升债券市场的融资效率，应着力引导培育高收益债市场发展，而不是用行政手段将高信用风险发债主体排除在外，否则，将不仅不利于形成更加成熟、风险收益更加匹配的债券市场，还将进一步加剧民营企业和中小企业的融资难问题。

二 违约率提高是向正常状态的回归，但需警惕出现超调

尽管 2018 年以来违约频率明显加快，但总体违约率仍处在较低水平。"祛病如抽丝"，小范围的债券违约是金融防风险、去杠杆过程中的正常现象，也是需要承担的合理代价，没有必要过于恐慌。但我们也应警惕违约率短期内可能出现超调式激增，避免信用收缩冲击企业的正常经营，避免孤立的、局部的信用风险转化为连锁的、全局的流动性风险和系统性风险。

目前我国债券市场违约率仍处于较低水平，正处在由以往畸低状态逐步回归常态的过程。从 2014 年首次债券违约至 2018 年 6 月 1 日，我国债券市场出现过实质违约的发行人共 39 家，实质确认违约的债券共 101 只，本金共 880 亿元（由于数据不全，中小企业私募债未计入在内），这些发行人目前还有未到期（或未确认违约）的债券共 498 亿元，两部分合计，所有违约发行人涉及存续债券规模共计 1378 亿元，与目前非金融类信用债 18.6 万亿元的存量相比，累计占比只有 0.74%。与我国其他金融市场相比，债券市场违约率低于商业银行 1.5% 左右的贷款不良率；与其他国家相比，我国债券市场违约率也显著低于美国等成熟债券市场 3% 左右的违约率。因此，此前的零违约和极低违约不可能持久，是在"刚性兑付"背景下出现的非均衡值，而现在正处在向均衡值靠拢的路径，是从非正常状态向正常状态过渡。

然而我们也必须警惕，与此前几轮的违约潮有所不同，本轮违约潮出现的重要原因之一是：金融防风险、去杠杆导致的货币和信用紧缩，与此同时，经济基本面增长乏力，宏观环境变化叠加债券市场自身发育，可能导致违约率短期内出现超调。

一是去杠杆和强监管导致货币和信用收缩，难以覆盖存量债务利息。各项去杠杆和强监管政策，导致货币和信用收缩。2018 年以来，新增社会融资规模持续下降，截至 2018 年 4 月末，社会融资规模存量为 181.41 万亿元，其中，166 万亿元属于债务融资。按照 7.6% 的社会平均融资成本计算，存量债务利息就有 12.6 万亿元。按照 2018 年 4 月末新增社会融资规模同比增速 10.5% 计算，新增融资规模为 19 万亿元。新增社会融资要保障经济增长和债务偿还，上年名义 GDP 为 82 万亿元，目前名义 GDP 增速为 10.2%，以此计算将需要 8.36 万亿元用于保证经济增长，去除这一部分，有 10.7 万亿元新增融资可用于偿还债务利息，不足以覆盖 12.6 万亿元规模的债务利息。新增融资规模难以覆盖存量债务利息，导致债务违约浪潮必然出现。

二是商业银行、债券市场和股票市场融资全面收紧，企业尤其是民营企业的再融资难度加大。2018 年以来，影子银行监管趋严，银信合作新规、委托贷款新规、资管新规等陆续发布实施。在此背景下，非标融资规模大幅下降，2018 年 1~4 月的信托贷款和委托贷款合计同比少增 1.9 万亿元；债券融资持续低迷且结构恶化，弱资质发行人融资压力明显较大，从弱资质发行人净融资占比来看，2018 年 1~3 月持续为负，4 月也仅占 1.6%；4 月短融净发行量也由 1~3 月的月均 850 亿元骤降至 89 亿元，以往依靠借新还旧的模式面临压力。以往大量理财产品、资管产品和非标产品对接弱资质民营企业发行的债券，在严监管背景下被快速压缩。此外，股市再融资大幅收紧，2017 年之前不少上市公司通过定增募集了大量资金，缓和了投资支出的资金压力，但是，2018 年以来融资环境变化，定向增发再融资监管趋严，A 股定增募资同比大幅减少。总之，再融资不畅成为压垮骆驼的最后一根稻草。

三是经济基本面增长乏力，企业成本抬升、利润下滑。2018 年以来，我国经济运行仍处于"L"型底部区间，尽管工业生产有所活跃，但是投资仍难言改善，消费也出现较大波动。特别是 2017 年以来产能过剩行业内部出现分化，民营企业为主要构成的中下游产业链的成本升高，加之企业自身经营不善，导致民营企业利润下滑。例如，盛运环保 2015 年净利润为 7.4 亿元，2016 年就只有 1.2 亿元，2017 年则大幅亏损 13.2 亿元；中安消 2015 年至 2017 年净利润分别为 14.2 亿元、7.2 亿元和 -24.8 亿元。同时，这些企业均长期存在大规模投资支出，发展过于激进，过度依赖外部融资，债务期限结构不合理，短期债券占比过高。例如，2017 年底，盾安集团、中安消、盛运环保的有息负债中，短期有息负债占比均超过了 50%，其中盾安集团甚至接近 69%，与其较长期限的投资支出明显不匹配，进一步削弱了债务的安全性。经济基本面支撑仍有待加固，企业利润仍未恢复，导致现金流断裂、资不抵债问题频频出现。

意识到这一宏观背景变化，为避免违约率短期内出现过度超调，向流动性风险和系统性风险演化，政策上应加大对关键领域、脆弱环节的流动性支持力度，保持流动性合理稳定。尽管经济状况有改善，但很多企业经营状况并未改善，迄今为止，很多过去积累的违约尚未偿付，造成银行的资产质量压力加大。2014 年以来，共有 156 只债券发生违约，截至 2018 年 5 月 25 日，仅有 104 只进行了违约兑付，其中绝大多数仅仅兑付了部分或全额的利息，实现本息全额兑付的极少。降杠杆对流动性环境的要求不只是某个时点上的松和紧，而要有合理的流动性期限结构。降杠杆所采取的不同方式对资金需求的长短期限不同，如支持兼并重组的并购基金和并购贷款、利于"僵尸企业"债务处置的风险分担补偿资金、支持债转股的私募股权投资基金和其他股债结合特征金融工具等。因此，要提供多种类型、多种期限的流动性支持，必要时应给银行等系统性金融机构注入流动性，守住不发生系统性金融风险的底线。此外，在恐慌的环境下，投资者通常会过度反应，对未来的信用市场形成过于悲观的预期，政府应对投资者的预期进行引导，以使其回归至合理水平。

三 当前应尽之责是完善制度建设、加强监管协调

回顾债券违约的历史，可以看到，在 2015 年之前由于"打破刚兑"的预期尚未形成，单个违约事件都可能对整个市场构成系统性冲击，但在 2015 年之后，违约逐步常态化，违约事件逐渐转为对个体和局部市场的冲击。因此，站在当下，违约冲击并不可怕，困难的是缺乏市场化法治化的违约处置模式、违约追偿机制、企业破产清算与重整制度、投资者保护制度等，以及在监管协调方面的缺失。为此，在防控风险在短期内集中爆发的同时，有关部门更应在市场化建设、制度完善和监管协调等方面做到"四个加强"。

一是加强市场化的债券违约处置。目前，我国通过市场化手段进行债券违约处置的案例极少，违约处置的最后都有机构为之兜底，地方政府干预色彩比较浓，信用风险并没有得到真正有效的释放，只是延缓或转移。从打破刚性兑付到少量、有序违约，是我国债券市场走向能进能出、良性发展的必经之路。未来需加强我国债券市场违约处置的市场化、法治化建设，探索违约债券特殊转让的交易机制，积极发展利用债券置换、批量转让、折价回购等模式和工具，可考虑引入私募基金、资产管理公司等机构参与违约企业债务重组，促进债券市场的良性发展。

二是加强投资者保护、违约追偿和企业破产制度建设。国际成熟债券市场，通常有较为完善的契约性约束条款，比如，债务限制条款用来防止发行人杠杆过高，控制权变更条款、抵押权限制条款、变卖资产限制条款用来限制求偿权偏向竞争性求偿者，限制性支付条款、对子公司分配的限制，以及对关联交易的限制用来防止

发行人资产流出。而我国当前的投资者保护体系较为简单粗略，约束性条款实质内容少，部分限制性条款仅在预计违约或违约发生时生效。此外，由于违约追偿机制和企业破产制度尚待完善，我国债券违约后的回收率较低，目前全部公募违约债券的平均违约回收率为27%，明显低于美国42%的平均回收率。面对频繁发生的违约事件，不少公司在倡导打破刚兑的同时，也不得不用各种方式"抵制"不刚兑。未来只有加强投资者保护、违约追偿和企业破产方面的制度建设，才能真正将债券违约市场化处置向前推进。

三是加强监管协调。为避免形成"信用收缩—违约"这一自我强化的恶性循环，发生违约从低等级主体逐步蔓延至高等级，甚至形成系统性风险，必须在"严监管"中将"开前门"与"堵后门"更好地协调在一起。一方面，合理安排地方新增的债务规模，推进"市政债"等创新型债券品种；另一方面，严格落实地方政府债务限额管理和预算管理制度，健全风险预警和应急处置机制，加大对违法违规融资担保行为的查处和问责力度。特别是在新疆、内蒙古等固定资产投资、银行贷款回落较快的区域，亟待缩小"前门"和"后门"在规模上的缺口。

四是加强政府协调。在信用风险的处置过程中，由于信息不畅以及不信任，债权人通常面临着囚徒困境，经常出现债权债务人"共输"的结局。如果政府可以"搭个台子"，做些协调工作，那么走向共赢结局的概率将会显著增加。值得注意的是，政府协调并不是担保，也并非下达行政指令，应按照"只救急不救死"的原则，在信用风险处置过程中增强债权人之间，以及债权债务人之间的信息沟通。

我国系统性金融风险评估及防范化解建议

防范和化解系统性金融风险是当前金融工作的重要任务,2016年中央经济工作会议强调,"要把防控金融风险放到更加重要的位置,下决心处置一批风险点,着力防控资产泡沫,提高监管能力,确保不发生系统性金融风险"。2017年政府工作报告再次强调要坚决守住不发生系统性金融风险的底线。防范风险的前提是对金融体系的风险能够准确甄别、合理评估。本文在对系统性金融风险来源进行分析的基础上,选取合适指标构建了系统性金融风险指数,基于该指数对我国金融体系系统性金融风险的现状和未来趋势做出判断,并给出防控系统性金融风险的政策建议。

一 当前我国系统性金融风险的主要来源

当前我国系统性金融风险主要来源于三个方面:一是金融体系内部的加杠杆行为,二是经济"新常态"下宏观经济形势出现变化,三是国际市场的风险溢出。

(一)金融体系加杠杆,导致风险逐步累积

随着经济增速放缓,实体经济资本回报率下降,大量资金"脱

实向虚",滞留在金融体系内部自我循环,资金淤积在金融体系内部,通过同业存单、同业理财、委外投资等渠道形成内部空转。金融机构之间的联系愈加紧密而复杂,影子银行规模快速膨胀,金融风险在不同机构、不同市场、不同行业以及不同地区之间的传染和共振效应,可能导致风险急剧放大和急速扩散。从商业银行资产负债表可看到,银行对其他金融企业债权占比自2005年初以来一直在上升,特别是在2008年之后上升速度明显加快,2017年3月到达历史最高点25%,相较于2008年初上涨了12个百分点。随后,在金融去杠杆的推动下,银行对其他金融企业债权略有下降,截至2017年10月为23%。

金融部门总体杠杆率快速增长。用金融部门总负债对GDP之比来衡量总体的金融杠杆率,发现:横向比较来看,我国金融部门总体杠杆率为3.4,低于美、欧、日、韩的4.2～7.2倍,这主要是由于我国的金融业发展程度仍逊于发达市场;但纵向比较来看,我国金融杠杆的增速较快,从2000年以来,金融总杠杆从1.7倍翻了一番到3.4倍,特别是2009年后金融部门杠杆加速上行,年化增速高达6.5%,而同期美、欧、日、韩金融杠杆的年化增速只有0.3%～3.4%,金融业脱实向虚日益严重。

各类金融机构杠杆率均不断攀升。金融加杠杆的渠道多种多样,具体可以分为银行表内、银行表外、券商资管、保险万能险、信托、基金专户、基金子公司等。银行表内的加杠杆速度出现分化,大型银行的表内杠杆率相对稳定,自2014年以来基本维持在17倍左右,中小型银行用表内主动负债衡量的杠杆率由2014年的20倍增加至2017年的22倍。银行表外加杠杆的主要表现形式为:在负债端,银行通过销售"非保本型理财产品"等方式获取资金,

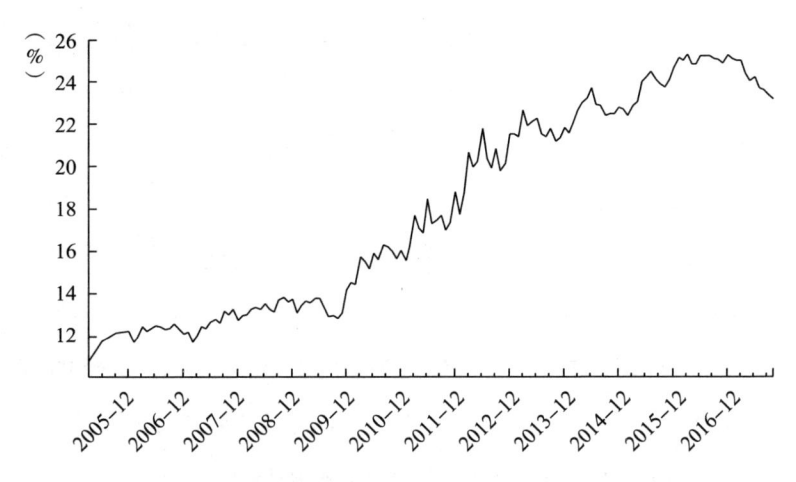

图 1　其他存款性公司总资产中对金融企业债权占比
资料来源：Wind 资讯。

虽名为非保本，但在投资收益不佳时银行实质承担了刚性兑付的风险，因而表外理财产品的扩张，本身就是一种杠杆的增加；在资产端，理财资金部分通过委外投资渠道投向券商、基金子公司等，委托其资管计划进行投资。券商资管规模的扩大，本身就是一种杠杆。此外，在资金运用过程中，券商资管产品还可以通过两种渠道进一步加杠杆：一种是结构化，将其资管产品分为优先级份额和劣后级份额，优先级份额更类似于债权，而劣后级份额类似于权益，杠杆倍数可以用优先级份额/劣后级份额来衡量；另一种是融资杠杆，依托于净资本，通过质押回购融入资金，扩大资管产品总资产的规模，杠杆倍数可以用"总资产/净资本"来衡量。基金子公司通过充当银行资金流向非标的通道，实现了 3 年 10 倍的规模增长，行业杠杆高企。信托公司相较于其他资管类产品，很大程度上还充当了银行信贷的有效补充，将资金投向基础产业、房地产、工商企业等，直接服务于实体经济，利用这一优势，信托公司管理的资产规模也迅速扩张，截至 2016 年末已达 20.21 万亿元，相较 2007 年增长了 20.29 倍，杠杆率迅速提升。保险业通过万能险作为负债项目，杠杆率也快速提高，且由于万能险本身主要期限为 1~3 年，一般不超过 5 年，这种加杠杆行为不可避免同时带来了资产端和负债端的期限错配所致的风险。根据各类金融机构的资产负债表，可以测算其杠杆率水平，发现：2009 年以来各类金融机构的杠杆均在攀升——银行表内杠杆由 2013 年底的 14.99 倍增长至 2016 年底的 18.79 倍，同期表外杠杆由 2.01 倍增长至 4.92 倍；券商的杠杆水平由 2014 年底的 8.63 倍增长至 2016 年底的 10.72 倍；基金专户的杠杆水平由 2014 年底的 92.61 倍增长至 2015 年底 147.46 倍；基金子公司的杠杆水平 2016 年高达 1800 多倍；信托的杠杆水平由 2010 年第 1 季度的 21.85 倍增长至 2016 年第 4 季度的 44.91 倍；保险的杠杆水平由 2014 年底的 7.04 倍增长至 2017 年第 1 季度的 8.18 倍。

债券回购市场杠杆上升，股票市场杠杆保持稳定。由于金融机构在不同产品市场上存在加杠杆的短期行为，而这种行为不能完全体现在资产负债表上，需要从金融产品市场角度衡量杠杆率，作为对金融机构杠杆率分析的补充。债券市场虽然总体杠杆率不高，但结构性问题严重。从 2016 年下半年金融去杠杆以来，交易所杠杆已经从近 1.3 倍下降到 1.2 倍，银行间仅有 1.1 倍，总体杠杆为 1.12 倍，并不算高。但银行和非银在回购市场上的杠杆都在攀升，银行在回购市场的杠杆率已经从 2013 年的 1.1 倍攀升到了目前的 1.9 倍，对批发资金的依赖越来越大，主要原因：一是居民收入增长放缓使得银行负债端存款和理财的争抢加剧，量缓价升，银行对同业负债的依赖加大。二是实体资本回报率下行，地方债务置换降低融资成本，银行资产收益率趋势下滑，银行息差收窄甚至成本收益倒挂，迫使银行增加杠杆。股票市场杠杆率在 2015 年 5 月达到

4.12%的最高点，随后两融监管趋严，杠杆率明显下降，截至2017年12月，股票市场杠杆率为2%左右。

(二) 宏观经济形势变化，可能引发风险事件

近年来，我国经济进入新常态，来自实体经济的违约风险传导到金融体系中，进而可能引发金融风险事件。此类金融风险其实一直存在，只是部分地被过去的高速增长所掩盖。随着经济增长速度由高速转为中高速，此类风险将逐步暴露。其中，企业债务风险、房地产市场风险和地方政府债务风险尤其值得关注。

企业债务风险可能仍将持续暴露。我国非金融企业杠杆率高达165%，高于绝大多数主要经济体，其中主要是国有企业的杠杆率高企。企业整体的投资效率从1990年代以来就一直呈现下降趋势，特别是2008年以来基础设施投资、地方政府支持的公共投资大量增加，这些投资的直接经济效益难以在短期得到体现，有些项目本身就难以产生效益，投资效率有进一步下降趋势。由此导致大量企业，尤其是部分传统产能过剩行业的利润率下滑，银行不良贷款占比明显上升，债券市场违约事件时有发生。尽管在去产能工作的推进下，传统产能过剩行业盈利状况显著改善。同时，国有企业资产负债状况有所改善，国有企业负债2016年增加了0.9%、2017年1~7月上升了2%。但工业企业的整体负债率仍然超过62%，处于历史较高水平，企业去杠杆仍然是一项长期任务，对于更广泛的中小微企业而言，在经济尚未实质性转好的情况下，其负债压力并没有明显减小。而且，经济体系中依然存在大量僵尸企业，占用着大量金融资源，促进低效率企业退出、关闭僵尸企业的过程中可能将伴随债务风险。此外，我国经济进入下行周期以来，国有企业杠杆

率不降反升，国有企业的债务偿付风险仍然处于高位区间。

房地产市场风险可能正在酝酿。过去几年，房地产市场形势日趋复杂，风险持续累积，特别是近两年的房价上涨使得房地产市场形成了高价格、高杠杆、高度金融化的风险特征。一线城市及部分二线城市房地产市场呈现出较强的金融属性，并带来巨大的虹吸效应，吸引了大量资金。即使从较窄的口径估算，我国商业银行也约有40%的贷款都与房产或土地有直接或间接的联系；城商行、农商行和部分股份制银行的涉房贷款占比则更高。根据压力测试结果，假定总体房价和地价下行20%，商业银行的平均拨备覆盖率将明显下降，不良贷款率明显上升。因此，一旦房地产市场价格显著下挫，就可能引发银行体系的系统性风险。此外，房地产融资需求的很大一部分是通过影子银行体系获得，形成一个高度关联的地产金融生态体系，房地产市场的风险可能迅速传导至金融市场，导致金融机构资产质量恶化。大型房企纷纷涉足金融行业，并普遍持有金融牌照，更加强化了地产与金融的风险传导。房地产价格快速上涨导致居民部门杠杆率快速攀升，从居民部门债务与居民部门可支配收入之比来看，目前该指标已经逼近90%，与日本的90%和美国的100%已十分接近；并且，居民部门债务的分布非常不均匀，主要集聚在一、二线以高杠杆购房的中产阶级手里，可能蕴含着部分风险。

地方政府债务风险更加隐蔽。尽管部分传统地方融资平台被剥离或者转型，但很大一部分并没有真正被剥离，名义上为"市场化主体"，实际仍没有摆脱平台模式。此外，近年来PPP、产业投资基金等模式成为地方政府新增负债、增加杠杆的主要渠道，地方政府债务风险以更加隐秘的方式逐渐积累。例如，我国的PPP入库项目14000多个，从项目的地区分布看，新增PPP项目很多的地区都是债务压力原本很大、经济发展水平比较落后的地区，如贵州的PPP项目有1800多个，新疆的PPP项目有1300多个；从项目的资金来源看，银行贷款占84%，资本金占16%，但资本金中只有不到5%是地方政府出资，11%是地方产业投资基金的资金，地方产业投资基金的大部分资金也来自银行，因此银行贷款真正的占比可能达到了90%以上。与此同时，"抽屉协议"广泛存在于PPP项目中，地方政府债务风险被这种高杠杆融资行为进一步放大。

（三）对外开放程度提高，可能带来外部溢出的风险

我国作为开放的大型经济体，国内金融市场与国际金融市场高度关联度逐渐提高，不可避免地会受到国际金融体系的影响，未来伴随着进一步的金融开放，我国金融市场遭受外部冲击的可能性将进一步增加，受到国际政策变化的溢出效应显著增强。此外，还存在内外部风险相互强化的可能。在实行稳健中性货币政策、金融监管强化和经济去杠杆的背景下，我国金融体系的内部风险加速呈现，而外部环境仍不明朗，存在潜在的内外风险共振可能。特别是由于国外风险资产价格处于历史性的高位，如果发生重大"黑天鹅"或"灰犀牛"事件，尤其是如果资本外流加剧和人民币贬值加速，可能引发内外部风险共振，导致国内资产价格出现大幅波动。

二 系统性金融风险指数的构建和分析

为了能对我国金融体系的系统性金融风险有更加全面和准确的认识，我们选取相关指标，构建了系统性金融风险指数，该指数可以帮助我们判断系统性风险总体水平和高风险点分布。

（一）指标选取和模型构建

参考相关的论文文献，我们构建了金融风险综合指数，以此度量金融体系的风险变化情况。该指数由 8 个分项指数构成，分别测度了金融机构、货币市场、资本市场（包括股票市场和债券市场）、外汇市场、房地产市场、政府财政的金融风险，最后一个分项测度实体经济运行风险。银、证、信、保四个行业当中的主要金融机构均已上市，股价波动当中已经包含了大量风险信息，且上市金融机构资产规模占比较大，在整体金融机构中具有系统重要性，因此，将所有金融机构用一个分项描述，部分数据来源于上市金融机构。而构成金融市场的几个子市场（货币市场、股票市场、债券市场、外汇市场、房地产市场）之间的风险特征的差异性较大，因此，将各个金融子市场分别用一个分项描述。每一分项的风险指数通过若干个指标计算合成得到，选取的指标主要从三方面衡量金融风险：一是金融机构经营失败的风险，如银行资本金严重不足、证券公司或信托公司被整顿关闭等；二是金融市场剧烈波动乃至市场功能丧失，如股票市场大幅下挫导致失去融资功能，银行间市场流动性突然紧缩、利率飙升，保险市场偿付能力不足失去承保能力等；三是宏观经济下滑，政府财政风险向金融系统转移等。

表 1　系统性金融风险指数指标

项目	指标名称	频率	起始时间	反映风险走势
（1）金融机构	商业银行存贷比	季度	2010	同向
	M2 同比增速/GDP 同比增速	季度	1997	同向
	M2 同比增速/M1 同比增速	月度	2000	同向

续表

项目	指标名称	频率	起始时间	反映风险走势
(1) 金融机构	贷款增速/GDP 增速	季度	2002	同向
	中长期贷款/总贷款	月度	2000	同向
	上市金融机构总市值同比增速	月度	2000	同向
	金融业平均市盈率	月度	2011	双向
	商业银行资本充足率	季度	2009	反向
	不良贷款率	季度	2003	同向
(2) 股票市场	上市公司总市值同比增速（剔除金融类）	月度	2001	同向
	股市成交额同比增速（剔除金融类）	月度	2000	同向
	上证指数	月度	2003	同向
	平均市盈率（非金融）	月度	2000	双向
(3) 债券市场	6 个月中债企业债（AAA）与央票的信用利差	日度	2008	同向
	5 年国债与 3 个月国债到期收益率利差	日度	2002	同向
	中债综合指数（总值）财富指数同比	日度	2003	同向
(4) 货币市场	银行间市场 7 天回购定盘利率	日度	2000	同向
	1 周和 1 年期 SHIBOR 期限利差	日度	2006	同向
	SHIBOR-LIBOR 1 周利率差	日度	2006	反向
(5) 外汇市场	实际有效汇率指数	月度	2000	反向
	外汇储备同比增速	月度	2000	反向
	FDI/GDP 同比增速	年度	1984	反向
	进出口总值同比增速	月度	2000	反向
(6) 房地产市场	房地产投资完成额累计同比增幅	年度	2000	反向
	房地产贷款余额/贷款余额	年度	2000	同向
	商品房销售额同比增幅	年度	2000	同向
	商品房销售单价同比增幅	年度	2000	同向
(7) 政府财政	城镇固定资产投资完成额累计同比	年度	2000	反向
	财政收入与财政支出同比增速差	年度	2000	反向
	国家财政赤字累计值同比	年度	2000	同向
	政府债务与财政收入比率	年度	2005	同向

续表

项目	指标名称	频率	起始时间	反映风险走势
（8）实体经济	GDP 增速	年度	2000	反向
	工业增加值增速	年度	2000	反向
	固定资产投资完成额增速	年度	2000	反向
	CPI	月度	2000	反向
	制造业采购经理指数	月度	2005	反向

（1）金融机构

商业银行存贷比：银行的贷款总额与存款总额的百分比，反映了金融机构抵抗风险的能力，该指标值越高，意味着银行放贷的强度越大，对支付危机和挤兑风险的应对能力越差，与系统性风险呈同向关系。

M2 同比增速/GDP 同比增速：反映经济运转效率，即多创造 1 单位的 GDP 带来的货币量成本，该指标值越高，意味着要创造 GDP 所需的货币量越多，货币对经济的贡献越小，与系统性风险呈同向关系。

M2 同比增速/M1 同比增速：反映国民经济中经济活动的构成，与系统性风险呈同向关系。

贷款增速/GDP 增速：贷款总额与 GDP 增速之比，可视为多创造 1 单位的 GDP 带来的信贷成本，该指标值越高，意味着贷款增速大于 GDP 增速，实体企业经营效率较低，与系统性风险呈同向关系。

中长期贷款/总贷款：反映中长期贷款在总贷款中所占比例，中长期贷款比例越高，流动性越差，与系统性风险呈同向关系。

上市金融机构总市值同比增速：反映金融机构资产公允价值状

况，体现了金融机构在股票市场的繁荣或泡沫程度，该指标值过高说明金融机构在股市上被炒作程度较高，与系统性风险呈同向关系。

金融业平均市盈率：反映市场对上市金融机构的估值水平，与基准数值偏离越大，风险越大，与系统性风险呈双向关系。

商业银行资本充足率：资本与资产余额之比，该比值越高，意味着银行资本充裕，与系统性风险呈反向关系。

不良贷款率：指银行不良贷款（次级、可疑和损失）占总贷款余额的比重，采用上市公司数据。该指标值越高，显示银行贷款质量越差，未来回款有一定风险，与系统性风险呈反向关系。

（2）股票市场

上市公司总市值/股市成交额同比增速（剔除金融类）：衡量股票市场繁荣度，二者走势较为一致，均在2015年牛市期间达到了峰值。该指标值越高，意味着资金脱实向虚趋势加强，实体经济发展受限，与系统性风险呈同向关系。

上证指数：反映股票市场繁荣程度，与系统性风险呈同向关系。

平均市盈率（非金融）：反映股票市场估值水平，与基准数值偏离越大，风险越大，与系统性风险呈双向关系。

（3）债券市场

6个月中债企业债（AAA）与央票的信用利差：反映企业债利率与无风险利率之间的利差。出现系统性危机时，投资者倾向于风险低的资产，企业债与央票利差也越大，与系统性风险呈同向关系。

5年国债与3个月国债到期收益率利差：反映长期资产和短期

资产的利差。出现系统性危机时，投资者倾向于持有短期容易变现的资产，而不愿意持有长期资产，与系统性风险呈同向关系。

中债综合指数（总值）财富指数同比：反映综合债券收益，危机加重时投资者倾向于卖出权益类资产而买入债权类资产，与系统性风险呈同向关系。

（4）货币市场

银行间市场7天回购定盘利率：反映短期资金供求关系。回购利率高代表资金紧张，危机程度高，与系统性风险呈同向关系。

1周和1年期SHIBOR期限利差：反映长短期资金拆借利差。危机越严重，持有短期资产的愿望越强烈，利差越大，与系统性风险呈同向关系。

SHIBOR-LIBOR 1周利率差：反映国内和国外利率差值，利差越大表示为吸引外资所要支付的利息越多，与系统性风险呈反向关系。

（5）外汇市场

实际有效汇率指数：该指标反映了人民币走势，大多数危机的表现形式之一为本币贬值，与系统性风险呈反向关系。

外汇储备同比增速：反映抵御风险的能力，二者走势基本一致。该指标较高说明贸易量变高或者热钱流入较多，国内经济走势较为强劲，与系统性风险呈反向关系。

FDI/GDP同比增速：对外直接投资越高表示经济状况越好，该指标与系统性风险呈反向关系。

进出口总值同比增速：该指标反映了对外贸易活跃程度，侧面反映经济繁荣程度，与系统性风险呈反向关系。

（6）房地产市场

房地产投资完成额累计同比增幅、房地产贷款余额/贷款余额、商品房销售额同比增幅：该类指标反映了房地产市场繁荣程度，侧面反映经济繁荣程度，与系统性风险呈反向关系。

商品房销售单价同比增幅：反映房地产市场的价格走势，与系统性风险呈正向关系。

(7) 政府财政

城镇固定资产投资完成额累计同比：表明经济活动中的投资状况，投资越多经济越繁荣，该指标与系统性风险呈反向关系。

财政收入与财政支出同比增速差：该指标值越高，政府财政收入增长越快，抵御风险能力越强，与系统性风险呈反向关系。

国家财政赤字累计值同比：反映国家赤字水平，赤字越高，财政危机越严重，该指标与系统性风险呈正向关系。

政府债务与财政收入比率：政府债务与财政收入比率越高，风险程度越大，该指标与系统性风险呈正向关系。

(8) 实体经济

GDP 增速：反映一国综合经济实力，该指标与系统性风险呈反向关系。

工业增加值增速：反映工业增加值增速，为经济增长重要来源，该指标与系统性风险呈反向关系。

固定资产投资完成额增速：表明经济活动中的投资状况，投资越多经济越繁荣，该指标与系统性风险呈反向关系。

CPI 和制造业采购经理指数：反映通货膨胀水平，一般来讲 CPI 过高是危机的表现之一，该指标与系统性风险呈同向关系。

(二) 我国系统性金融风险的历史、现状及未来趋势

1. 各分项情况

图 1~图 9 是 8 个分项的风险指数，可以得出如下结论。

（1）金融机构的风险总体不高，但 2017 年以来风险上升较快

贷款增速较高且中长期贷款余额占比明显上升，同时银行体系的贷存比也达到了历史高点。因此，提示我们应注意的是贷款过快增加及投资效率下降给银行体系带来的风险。此外，从历史上看，金融机构的风险指数基本都位于 0.5 以下，风险适中，仅在 2009 年快速上升超过 0.5，随后又迅速回落，而这次风险激增的主要原因是在大规模财政刺激政策下，货币和信贷投放大幅增加，大量信贷资源投放在基础设施领域，短期内难以获得资本回报，贷款增速与 GDP 增速之比达到历史高点，同时，给银行的资本充足率带来巨大压力。

（2）股票市场的风险在 2007 年和 2015 年两次到达高点，也就是两次股市泡沫破灭之时

两次泡沫破灭之后，股市风险都快速回落。目前，股票市场风险在低位徘徊。债券市场的风险高点在 2005 年末，此后虽波动较为频繁，但总体来说风险不高，2016 年以来风险持续下行。货币市场的风险在 2013 年 6 月的"钱荒"事件中到达历史高点，但近年来基本保持在 0.4~0.5 的适度区间。外汇市场的风险近年来有所上升，主要原因是国际金融危机后，全球贸易投资都大幅萎缩，我国进出口大幅下滑，外商直接投资也下降较多，同时带来外汇储备的增长放缓。房地产市场的风险尤为值得关注，近年来持续上升，目前已落入高风险区间，风险指数已接近 0.7，从多个指标来看房地产市场特别是三、四线城市的房地产市场已生成泡沫。

（3）政府部门风险总体可控

2009 年由于大规模财政刺激方案，政府债务和财政赤字显著增加，风险上升，随后回落。但 2015 年以来，政府部门的风险又有

所上升，主要是"去杠杆"实际上是部分企业杠杆转移至政府部门，导致政府债务增加，同时经济增速放缓，财政收入增速也显著放缓，但财政支出刚性较强，使得政府财政赤字压力较大。最后，从实体经济的几个指标来看，2015年以来相关指标显示的风险有所上升，这是我国经济进入新常态后所不可避免的，这几个指标大多是从规模角度衡量经济增长情况，未来可纳入更多衡量经济增长质量的指标，从而能够更加全面地反映实体经济状况。

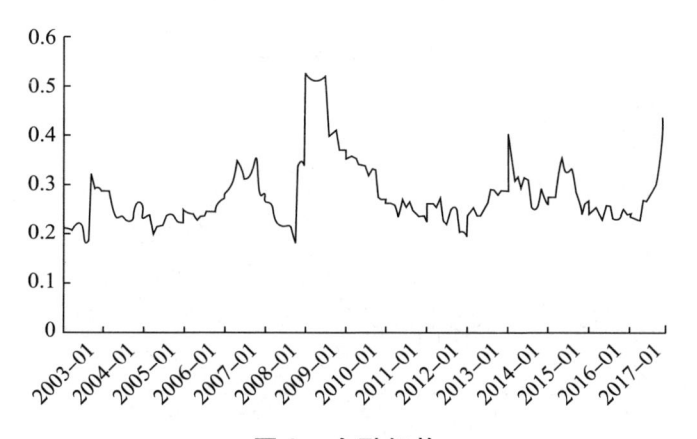

图 2　金融机构

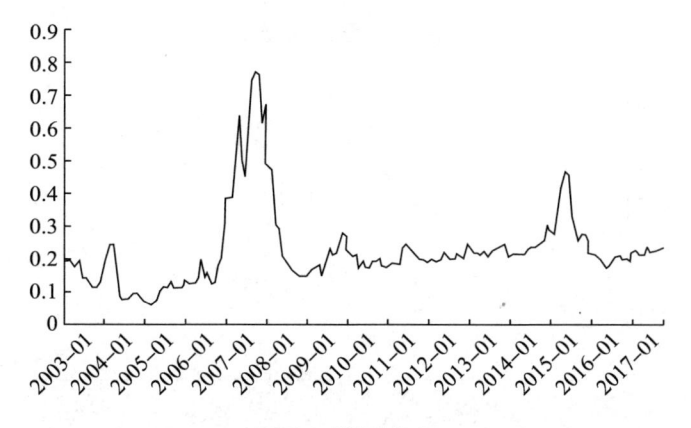

图 3　股票市场

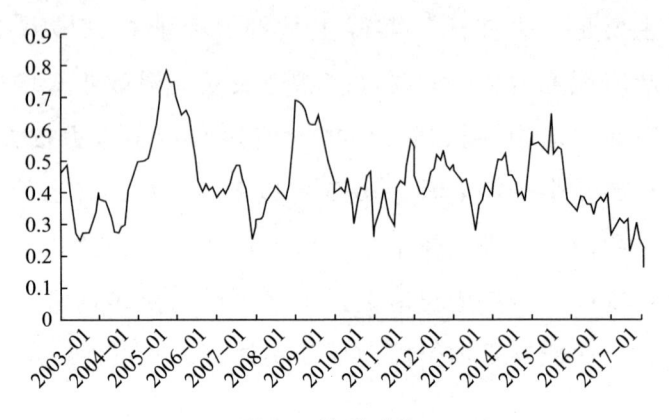

图 4　债券市场

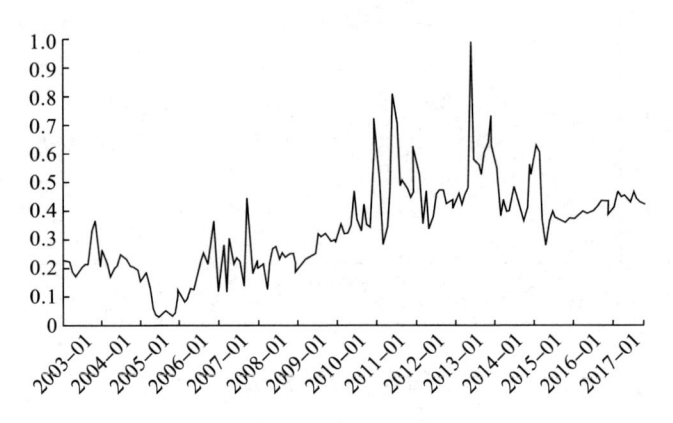

图 5　货币市场

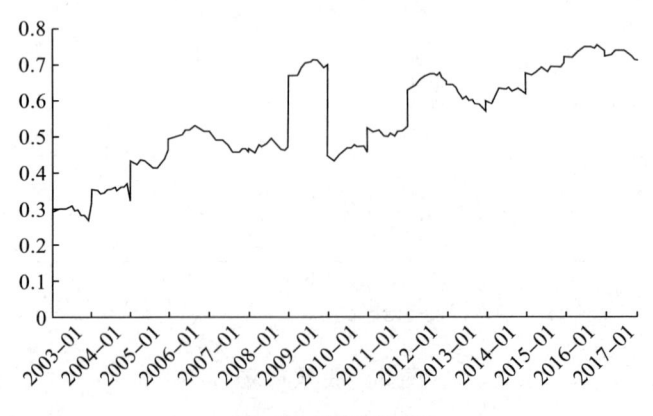

图 6　外汇市场

图 7　房地产市场

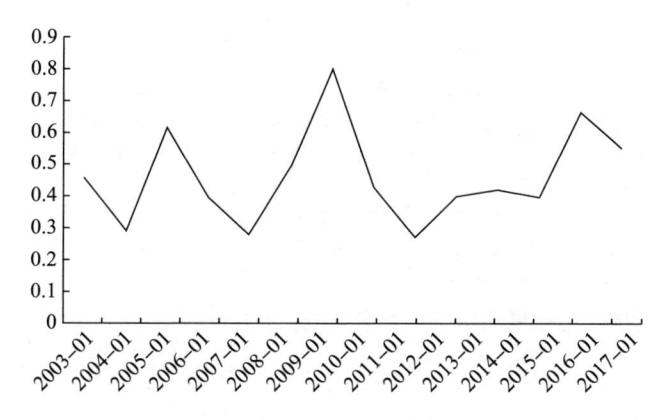

图 8　政府财政

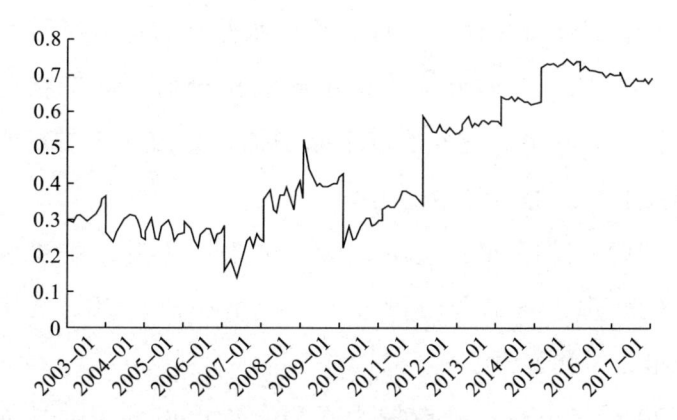

图 9　实体经济

资料来源：Wind 及作者计算。

2. 系统性金融风险总指数情况

根据我们构建的系统性金融风险综合指数,可以看出我国近年来金融风险的变化阶段。

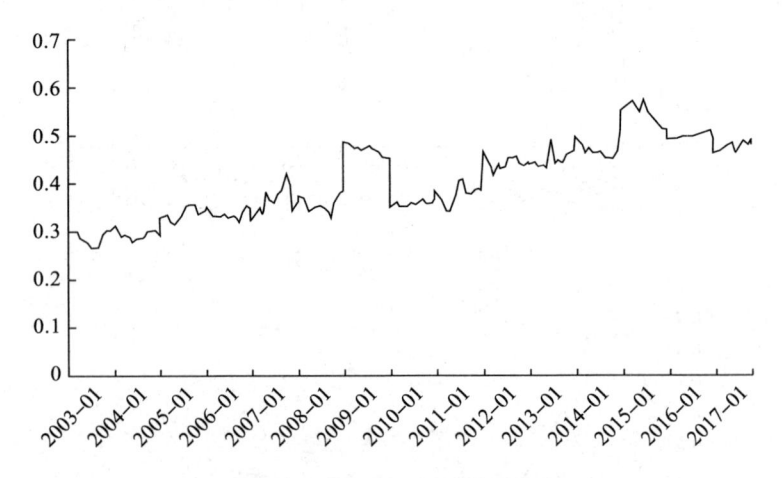

图 10　系统性金融风险指数

资料来源:Wind 及作者计算。

(1) 2003~2006 年:综合指数较为平稳。

(2) 2007~2009 年:在国际金融危机爆发前的繁荣阶段,股票市场、金融机构风险快速上升,综合指数快速上升。随后,随着股票市场大幅下跌风险快速释放,综合指数从高位有所回落。

(3) 2009 年:在四万亿元刺激政策出台后,经济状况暂时好转,但贷款增速过快,债务额度不断增加,导致货币市场和金融机构风险指数上行,综合指数上升。

(4) 2010~2015 年:金融风险在波动中上升,主要风险来源于产能过剩严重,固定资产投资、工业增加值、GDP 增速不断下降,综合指数缓慢攀升。

(5) 2016 年至今:股市较为平稳,货币市场流动性充足,宏观经济有所好转,综合指数有所下降。

总体来看，2016 年下半年以来，实体经济企稳向好，出口、房地产开发投资、工业企业利润、不良贷款率等指标都出现明显恢复，PPI 和 CPI 出现温和上升，银行、证券公司等金融机构的金融风险水平趋于稳定或下降，股票、债券、外汇市场的风险也基本平稳，因此，我国的系统性金融风险呈下降趋势，目前处于相对稳定状态。截至 2017 年 11 月，系统性金融风险指数平均为 0.48，风险偏低。鉴于我国经济进入新常态，GDP 增速仍然可能放缓，金融监管力度也将趋大，各种因素导致综合指数可能会长期处于中位波动，呈现波动中缓慢下降的趋势。

三 防范化解系统性金融风险的政策建议

针对我国系统性金融风险的主要来源，防控系统性金融风险应在加强金融监管、规范影子银行、推进企业去杠杆、加强房地产市场风险管控、化解地方政府债务风险五方面着力。

（一）健全金融监管框架，织大织密风险防控网

准确界定监管与市场的关系，针对金融对实体经济的"疏远化"趋势，完善金融治理体系，以守住系统性金融风险的底线为重点。

一是构建符合我国国情的系统性风险监测体系。借鉴欧洲系统性风险委员会等的经验，构建科学监测和及时预警系统性金融风险的指标体系，对系统性风险进行实时监测，并定期发布金融市场整体的系统性风险、单个金融机构对系统性风险的贡献指标和机构排名。二是建立完善激励相容、监管权责对等的金融监管体制。明确

监管目标，避免出现监管者以发展为重，监管激励不足的问题。统一监管规制，促进监管者之间的良性竞争，使之成为监管者改善公共服务、激发市场活力的动力。合理化监管分工，确保中央监管部门与地方监管部门高效协调运转，强化属地风险处置责任。健全问责机制，基于监管失误对监管者施加惩戒，强化监管激励。三是增强金融机构尤其是大型金融机构的稳健性和韧性。完善金融机构的公司治理，形成有效的决策、执行、制衡机制，把风险防控的要求真正落实于日常经营管理之中。明确金融机构经营失败时的市场化退出机制，包括风险补偿和分担机制，成立专业化处置平台，防止银行挤兑的现象发生。四是加强货币政策与金融监管政策的协调配合。监管政策很大程度上决定了货币政策传导的有效性。因此，二者要加强配合，通过监管政策调控货币投向何处、效率如何，保证金融支持实体经济。五是有效平衡金融创新与风险防范之间的关系。游离于实体经济之外的金融创新，不仅不能起到促进经济发展的作用，反而给金融业和实体经济带来巨大的灾难。因此，金融监管应对不同形式的金融创新采取差异化的应对措施：对明显属于规避监管、监管套利的金融产品，金融监管应主动打击；对确有创新价值，且功能属性与现有金融业务和产品相同的金融创新，实施统一的监管规则；对暂时难以准确定位的金融创新，借鉴国际上的沙箱监管，提高风险警觉性，做到有预判、有预案。

（二）继续规范影子银行，防止风险交叉传染

继续对同业业务、表外理财、房地产融资、非标资产、交叉性金融产品等影子银行业务加强监管，防止金融风险在不同机构、不同市场、不同行业以及不同地区之间的传染和共振。

一是强化影子银行产品的穿透式监管。加强分业监管协调，对于同类业务进行相同标准的监管，努力压缩"监管真空"区域，消除监管套利空间。杜绝隐性担保，并强化有针对性的宏观审慎管理和功能监管。二是对影子银行系统的信息披露予以规范。明确界定影子银行范畴，建立对影子银行合理有效的统计、监测和分析、披露机制，增加影子银行的透明度，从而规避影子银行可能引发的系统性风险。三是对网络借贷等新兴互联网金融加强引导，完善监管规则，促使其发展回归理性。

（三）推进企业去杠杆，以发展化解风险

防范和化解金融风险，根源在实体经济，核心在企业。应温和有序降低企业杠杆，防止引发"修复资产负债表"冲击，并以降杠杆为契机，改善企业资本结构和公司治理，提高企业盈利能力，从根源上化解企业债务风险。

一是继续推动市场化法治化债转股，综合运用各类不良资产处置方法，帮助暂时困难但发展前景好、产业方向好、信用状况好的高负债企业渡过周期性难关。二是加快淘汰僵尸企业，完善激励约束机制，切实破除僵尸企业僵而不死的各类障碍，并积极探索僵尸企业债务有效处置方式。三是推动国有企业改革改组改制，促进企业实现股权多元化和治理结构的进一步完善。四是进一步支持企业兼并重组，加强资源整合，发展规模经济，实施减员增效，提高综合竞争力。五是及时发现并遏制企业逃废债行为，加强同地方政府和司法部门的合作，形成合力，共同加大风险处置力度。

（四）加强房地产市场调控，警惕居民杠杆过快上涨

一方面，加强对房地产领域金融风险的防控，防止房地产市场

风险对银行部门的系统性冲击；另一方面，健全差别化结构化的房地产市场调控机制，促进房地产市场健康发展。

一是防止房地产市场风险对银行部门的系统性冲击。增量方面，对房地产信贷客户实行分类管理，严格控制抵押品价值缺口，全面提高商业银行房地产抵押贷款质量；存量方面，稳步有序地对房地产部门的规模、期限、收益率等进行结构性调整，逐步降低信贷资产在房地产部门的集中度、缓释期限错配、匹配收益与风险；在做好风险防范的基础上，允许部分地区的房地产市场出现市场化风险暴露。二是健全差别化结构化的房地产调控机制。综合考虑租售比、房价收入比、去化周期、建设用地供应、产业发展空间和人口迁移等重点指标，对全国主要城市进行分类施策。对于房价上涨迅猛且库存偏低的城市，积极扩大土地供应，鼓励房地产企业加快项目开发，通过增加住房供给遏制房价过快上涨。同时，辅之以差别性首付、贷款利率等政策，遏制投机性需求和非理性市场情绪。对于房价依然低迷且库存压力较大的地区，进一步通过多种手段吸引常住人口落户，鼓励、培养居民的改善性住房需求，切实有效扩大住房消费。三是遏制地产金融化和金融地产化倾向，传递出可信的"房住不炒"信号。积极发展规范有效的房屋租赁市场，防止中介机构从信息中介转变为信用中介。在试点成功的基础上谨慎推进房产税改革，防止造成房地产市场大幅波动。

（五）化解地方政府债务风险，减轻地方财政压力

针对软预算约束、政府债务隐秘化等问题，进一步完善相关制度建设，开源节流，减轻地方政府的财政压力。

一是硬化地方政府的预算约束，缓解软预算约束的问题。2015

年以来出台的一系列举措,包括通过立法的形式规定地方政府债务上限等,已经朝这个方向做了些尝试,未来还需要更深层次的改革。进一步推进市场化的地方政府债券发行机制,加强对地方政府举债行为的市场约束;进一步健全信用评级体系,提高地方政府的财政透明度;加大违约惩戒机制的实施力度,尝试引入地方政府财政破产制度。二是进一步有效动员民间资本进入基础设施和公共服务领域,减轻地方财政支出压力。改善制度设计,理顺价格管理体制,确保新进入企业和原有垄断企业之间的公平竞争,确保政府承诺的可信性及政策的稳定性,进一步发挥"真实"的PPP等融资方式在地方资本性项目融资中的关键作用,防止PPP、产业投资基金等成为地方政府隐性债务负担。三是设法增加地方自主性财政收入,提高地方财政的自给率。结合土地、房产税制、资源税制改革,培育新的地方政府主要税源和地方税的主体税种,作为地方主体收入来源的重要补充。

历次美元进入加息周期导致金融崩盘的发展中国家共性特征及规律分析

由于美元的国际货币地位和美元资产在全球资产配置中的重要性，美国货币政策调整是引发多次全球性或区域性金融危机的重要因素。从历史情况来看，当美国货币政策走向宽松时，容易引发各地区的资产泡沫或过度负债，而当美国货币政策由宽松转向紧缩、美元进入加息周期时，将带动美元升值，引发国际资本回流美国本土，导致全球资金面紧张和利率水平上升，美元加息曾多次引爆了一些发展中国家和发达国家的金融崩盘，打断了后发国家经济追赶进程。我们对美元加息周期中发生金融危机的发展中国家进行梳理后发现，美元加息固然是一个重要的外在触发因素，但遭遇金融崩盘的发展中国家过高的宏观杠杆、庞大的外债规模、僵化的汇率制度、错误的调控政策以及"债务不耐"诅咒，才是造成这些国家金融系统脆弱的主要原因。

一　美元加息多次导致部分发展中国家爆发金融危机

近四十年来，美元主要经历了五轮完整的加息周期：第一轮从1982年9月至1984年9月，美国经济政策转向改善供给的"里根经济学",其间连续加息 11 次,联邦基金利率从 8.5% 上调至 11.5%;第二轮从 1988 年 2 月至 1989 年 5 月,为应对通胀,美联储连续加息 16 次,联邦基金利率从 6.5% 上调至 9.8%;第三轮从 1994 年 2 月到 1995 年 2 月,为抑制过快走高的通胀,美联储再次重启加息进程,连续加息 7 次,联邦基准利率从 3% 升至 6%;第四轮从 1999 年 6 月至 2000 年 5 月,为抑制互联网泡沫,美联储加息 6 次,联邦基准利率从 4.75% 升至 6.5%;第五轮从 2004 年 6 月到 2006 年 6 月,为抑制房地产泡沫和通胀抬头,美联储加息 17 次,联邦基准利率从 1% 升至 5.25%。这五次美元加息,都伴随了国际资本的大规模回流,极大推升了新兴市场国家的融资成本,造成流动性紧张,甚至引发金融危机。其中,第一、第三、第四轮加息周期引发了拉美、东南亚等国家的金融危机,第二轮加息周期先后刺破了韩国和中国台湾的资产泡沫,第五轮加息周期最终导致了全球金融危机。我们将着重对第一、第三、第四轮加息周期中金融崩盘的发展中国家进行分析。

(一) 第一轮美元加息周期:1982~1984 年

美元加息触发了拉美债务危机。二战后,拉美国家依靠资源出口、进口替代、借债发展等战略,一度实现了经济快速增长。这段时期内,拉美国家经济普遍处于发展初级阶段,国内储蓄率低、资金匮乏;与此同时,美欧经济陷入滞涨,经济衰退、低利率环境导致资金大量从美欧流入拉美国家,后者债务水平激增,尤其是政府部门债务率快速上升。从 1979 年开始,美联储货币政策开始转向,利率水平大幅提高,国际资本迅速回流美欧地区,拉美国家还本付息负担加重,1982 年国际商贷利率一度高达 21%。同时,美元指数攀升，大宗商品价格大跌，主要依靠初级产品出口的拉美国家贸易条件迅速恶化，还债能力被严重削弱。依靠借债发展起来的国内资本和技术密集型产业，缺乏比较优势和国际竞争力，亏损状况加重。从1982年开始，资本大量流出拉美地区，墨西哥、阿根廷等国先后耗尽了外汇储备，无力继续偿还债务，拉美债务危机全面爆发，经济受到重创，失业率和通胀攀升，货币普遍贬值，落入"中等收入陷阱"。

（二）第三轮美元加息周期：1994～1995年

美元加息是墨西哥比索危机的导火索。20世纪90年代初，伴随着美国经济陷入衰退，大量投机资本流入墨西哥股票和债券市场，到1994年墨西哥对短期投资依赖度已高达70%。随着美国经济复苏和通胀压力上升，美联储在1994年6次提高利率，大量国外资本回流，引发市场对墨西哥无力偿债的金融恐慌。1994年初，墨西哥外汇储备尚有280亿美元，同年11月已降至170亿美元，而墨西哥政府至少需要100亿美元来兑付1995年第一季度到期的短期国债。1994年12月20日，政府将比索兑美元汇率的浮动范围扩大到15%，之后短短两天内外汇储备减少了50亿美元。同年12月22日，墨西哥被迫允许比索自由浮动，此后比索一路下跌，由贬值前的1美元兑3.46比索跌至12月27日的1美元兑5.65比索，跌幅高达63%，墨西哥陷入自1964年以来最严重的一次经济危机。1995年，墨西哥国内生产总值下降6%，通胀率上升近50%，比索兑美元的汇价跌幅超过100%，大量中小企业倒闭，就业机会减少150万个。这次危机不仅对墨西哥经济发展造成灾难性影响，还波及拉美以及部分亚洲新兴市场和欧洲国家，造成大规模的股市震荡。

美元加息引发了后续的东南亚金融危机以及俄罗斯、巴西货币危机的爆发。20世纪80年代末至90年代初，受波斯湾战争、第三次石油危机、日本经济泡沫破裂、苏联解体等影响，美国经济表现低迷。但泰国、马来西亚、印度尼西亚、新加坡等国在此期间则实现了年均10%左右的高速增长，吸引了大量国际资本流入南亚地区，大量中短期外债进入房地产投资领域。泰国等国家房地产投机盛行，资产泡沫不断膨胀。在汇率政策方面，泰国等国在扩大金融自由化、取消资本管制的同时，仍然维持固定汇率制。90年代中期开始，美国经济强劲复苏，美联储提高联邦基金利率以应对通胀风险，美元步入升值周期，采取固定汇率制的南亚国家货币被迫升值，出口竞争力削弱，经常账户加速恶化。1997年，泰铢、菲律宾比索、印尼盾、马来西亚令吉、韩元等先后成为国际投机资本的攻击对象，这些国家资本大量流出，被迫放弃固定汇率制，货币大幅贬值，股市受到重创，房地产泡沫破裂，银行呆坏账剧增，金融机构和企业大规模破产，许多新生的中产阶级一夜返贫。此后，除韩国等少数国家转型成功外，大多数东南亚经济体没有恢复到危机前的增长水平，部分经济体落入"中等收入陷阱"。1998年的俄罗斯卢布危机和1999年的巴西货币危机与东南亚金融危机一脉相承。受到东南亚金融危机波及，国际投资者对新兴市场的可靠性产生怀疑，纷纷撤资避险，俄债市、股市一度濒临崩溃。1997年9月，俄央行不得不放弃实施不到一年的卢布"汇率走廊"，8~9月期间卢布贬值达70%。俄经济在挣扎出"休克疗法"后再次衰退，银行系统遭受重创，失业人数大幅上升，90%以上的居民生活水平下降。1999年1月，巴西放弃挂钩汇率制度，雷亚尔汇率在3周内贬值了42.3%，资本外流速度加快。

(三) 第四轮美元加息周期：1999～2000年

美元加息加剧了土耳其和阿根廷金融危机。2000年11月，土耳其爆发银行业危机，外资撤离步伐加快，外汇储备消耗严重，2001年2月，政府不得不放弃刚刚实行一年的固定汇率制，允许里拉自由浮动，引发货币危机。里拉兑美元汇价一天之内从65万∶1跌至120万∶1，2001年最低时一度达到165万∶1。2001年，土耳其经济增速从前一年的6.8%降至5.7%，通胀率高达55%，50万人失业。阿根廷由于实施货币局制度，随着美元走强，比索汇率被高估。2001年底，由于政府无力偿还1300多亿美元的外债，债务危机迅速演变为经济、政治、社会全面危机。2002年1月，阿根廷比索贬值40%后自由浮动，2002年上半年阿根廷比索贬值了70%，甚至一度跌至1美元兑4比索的低点，通货膨胀率达40%，失业率达25%，GDP负增长16%，银行挤兑等现象屡见不鲜。到2002年中期，阿根廷的金融危机逐渐向周边扩散，巴西雷亚尔7个月内贬值50%，乌拉圭由于无法抵挡挤兑狂潮，在7月宣布银行停业。

二　发展中国家因美元加息而金融崩盘有五方面共性特征

美元加息固然是一个重要的外在触发因素，但遭遇金融崩盘的发展中国家过高的宏观杠杆、庞大的外债规模、僵化的汇率制度、错误的调控政策以及"债务不耐"诅咒，才是造成这些国家金融系统脆弱的主要原因。

一是发展中国家过高的宏观杠杆率水平是爆发危机的重要内在因素。历次发展中国家金融危机爆发前，普遍出现了宏观杠杆率快速上涨，尤其是公共部门债务累积，以及银行过度借贷，甚至在外国贷款来源逐渐枯竭时，国内债务还会维持一段时期的爆发式增加。高度杠杆化的经济可能会在金融危机的边缘悄然运行很多年，直到外部环境的变化或者偶然性因素触发信心危机，例如，当国际资本流动形势发生逆转时，再融资成本迅速提高，在高杠杆背景下出现连续违约，最终导致金融危机的爆发。

二是庞大的短期美元外债规模以及有限的外汇储备规模，令发展中国家难以应对美元升值。根据世界银行的统计，在拉美爆发债务危机之前，1970~1982年间拉美地区的外债总额由212亿美元攀升至3287亿美元，墨西哥、阿根廷等国外债余额占GDP比重超过50%。亚洲金融危机爆发前的数年，泰国、印度尼西亚、菲律宾和马来西亚，其外债占GDP的比重也多在50%以上。此外，外债总额中的短期外债占比通常高达一半，各国外汇储备根本不足以应对即使是温和的美元升值。

三是僵化的汇率制度加之资本账户开放，增加了发展中国家金融系统的易攻击性。从20世纪80年代和90年代的危机中可以看到，维持固定汇率的国家在突发信心危机面前表现脆弱。固定汇率加之较高水平的资本账户开放，使得一国更容易遭受投机攻击，可能在一夜之间被迫放弃看似稳定长效的固定汇率制度，从而导致货币急速贬值，资本流入突然枯竭，资本流出速度加快。由于这些国家的财政和货币政策不足以支撑其维持固定汇率，在遭受投机攻击后极易引发货币危机，正如克鲁格曼所说"汇率危机的爆发，常常根源于政府不愿采用维持固定汇率所需的财政和货币政策"。

四是顺周期的财政政策和货币政策，使得发展中国家在遭受冲击时可用的政策工具和空间极为有限。这些金融崩盘的发展中国家的资本流入呈现明显的顺周期特征，即资本在宏观经济繁荣时期大量流入，而在经济衰退时期流入较少。资本流入的顺周期加强了这些国家宏观经济政策的顺周期，经济繁荣时实施扩张的财政和货币政策，大量举债用于发展缺乏比较优势的产业或提升社会福利水平，同时，宽松的货币环境推升了资产泡沫；进入经济衰退期后，一方面，依靠借债发展的产业陷入严重亏损，收入锐减，财政政策被迫收紧；另一方面，资产泡沫难以维持，福利支出由于刚性难以压缩，偿债负担大幅增加，从而爆发金融危机，这种顺周期的财政货币政策操作加剧了经济衰退。从历次危机事件看，大多发展中国家在遭遇外债违约后，通货膨胀通常会持续恶化。由于不能进入国际资本市场融资，同时收入大幅减少，不能相应控制支出的政府经常被迫提高通胀水平，甚至不惜采取最极端的恶性通货膨胀形式。这样的政策操作，不仅没能防控风险、熨平波动，反而对金融危机的全面爆发起到了推波助澜的作用。

五是大量发展中国家遭受"债务不耐"诅咒，引发金融危机的债务阈值远低于发达国家。很多著名的外债违约案例显示，即使在较低的债务水平上，发展中国家也可能发生违约，甚至出现金融崩盘。例如，1982年墨西哥债务危机发生时，债务与GNP之比为47%；阿根廷2001年债务危机发生时，债务与GNP之比仅仅略高于50%。从20世纪70年代以来的统计数据来看也符合这一规律，只有16%的债务危机中外债与GNP比率超过了100%，而且一半以上的债务危机发生在债务与GNP比率低于60%的情况，约20%的债务危机甚至发生在债务与GNP比率低于40%的情况。与之相反，一些发达国家则成功实现了"债务升级",债务安全阈值远高于发展中国家。造成这一差异的主要原因可能是制度、腐败、治理等软要素,这些因素通过经济增长、货币信用等渠道影响国际市场对一国未来前景的信心和预期,进而影响金融市场的稳定性。拉美债务危机和东南亚金融危机的重要内因之一就是产业缺乏竞争力以及结构调整迟缓,众多因素导致的"债务不耐"使得国际金融市场和外部冲击导致的负面作用在发展中国家身上被显著放大。

政策实践

市场化债转股与经济转型

实体经济是中国经济的根基。实体经济转型升级和健康发展关乎中国经济能否渡过眼前难关，更关乎跨越"中等收入陷阱"和进入中等发达国家行列等中长期任务目标的顺利完成。中央经济工作会议提出要着力振兴实体经济，就是认可实体经济对中国发展至关重要的作用。当前，由于周期性和结构性因素并存，我国实体经济发展遭遇前所未有的挑战，集中体现在企业部门杠杆率和潜在债务风险高企、利润下降，宏观经济增速和经济全要素生产率增速下降。实体经济急需良药医治，以恢复肌体健康，实现转型升级。市场化债转股是长短兼顾、标本兼治的一剂良药。

一 短期内市场化债转股可"外消"实体经济"肿痛"

债务高企的短期"肿痛"不可不消。由于周期性因素，当前我国大量企业面临前期投资举债过多、外需下降、内需不足的困境，企业部门债务率高企。据中国社会科学院和国际清算银行等机构测算，我国非金融企业部门杠杆率大致在150%，显著高于全球其他主要经济体。高杠杆导致企业财务负担沉重、利润骤降，可能使实体经济进入偿债压力上升——利润下降——偿债压力进一步上升——利润进一步下降的恶性循环。高杠杆还会损害企业的发展潜力和竞争力。高偿债压力导致具有发展前景的优质企业无力进行新的技术研发投资和产品更新换代，甚至导致部分优质企业债务违约和破产倒闭，损害我国优质产能和优质企业的创新能力，不利于经济转型升级和长期健康发展。企业高杠杆风险还可能通过金融体系的传递而放大影响。企业债务违约会导致银行坏账上升，消耗银行的资本金，降低银行配置信贷资源的有效性，债券市场违约则会冲击债券市场的稳定性，通过信息摩擦的放大效应影响债权人对整体企业运行的预期，从而导致实体经济运行"雪上加霜"，加剧经济下行，甚至会导致恶性循环。实体企业部门的短期"肿痛"必须要先行消除。

市场化债转股可起到"消肿止痛"的作用。银行和实施机构通过市场化方式筛选高负债但具有脱困可能的优质企业实施债转股，短期内可以起到一举多得的效果。一是可帮助周期性行业的优质企业"熬过"经济下行周期，有助于稳定宏观经济局势。债转股后，周期性行业优质企业的债务负担和财务支出会立即降低，利润水平得到改观，那些濒临债务违约的企业可因此避免破产清算的结局，企业削减投资和裁减人员的规模将得到一定控制，这不仅有助于经济下行周期中的宏观经济稳定，更有助于保存优质企业、优质产能和优质的创新能力，使得经济上行周期中企业快速恢复生机，以优质技术和优质产能占领市场。二是可降低金融系统"信贷紧缩"的发生概率。通过债转股，周期性行业优质企业避免了大规模债务违约风险，银行坏账率和资本充足率变化将更为可控，发放信贷的能力和意愿得以保持，债券市场系统性违约风险也会降低，融资功能得以继续发挥，金融系统短期内因经济下行而出现系统性"信贷紧缩"的概率会有效降低。

与1999年的政策性债转股相比，本次市场化债转股更有可能实现上述目标。按照市场化原则，银行会要求持有对象企业股权的收益高于持有债权的收益。这意味着，银行和实施机构会选择那些债转股后最可能"熬过"下行周期的企业，即周期性行业中的优质企业和龙头企业。实际上，从目前已经签署债转股协议的项目看，多数都是行业内的龙头企业，如第一家地方国企债转股项目的对象企业云南锡业拥有全球储量前列的优质锡矿，且很多生产技术的先进程度已进入全球第一梯队；太原钢铁集团具有自主知识产权的优质不锈钢产品大量出口欧美。这些企业多因周期性因素面临暂时困难导致偿债压力较大，但产能优质且具有一定先进技术，有些技术还达到全球先进水平。债转股后，企业优质产能和创新能力得以保持，银行不良率也得到控制，更重要的是，经济走出下行周期后，企业盈利能力恢复会使得银行持有股权的回报率明显高于持有债权的收益。

债转股可以"内治"实体经济"病因"。实体经济的深层次病因必须根除。我国实体经济全要素生产率下降、杠杆率高企、债务负担沉重的另一重要因素是结构性因素。一是国有企业治理不完善、承担过多社会负担导致规模冲动、负债冲动和效率不足，使得资金要素使用效率不高的同时负债规模快速上升，进而造成金融信贷错配，拉低了经济整体资源使用效率，宏观经济累积了较大的潜在债务违约风险。这一问题自2008年以来尤为突出。据统计，1998~2008年，国有企业与其他类型企业资产负债率差距不大，且都较为平稳。自2007年起，国企负债率显著上升，从2007年的最低点 61.6% 上升至 2015 年的最高点 65.7%，而同期全部规模以上工业企业资产负债率从 59.2% 下降到 56.2%，两者差距从 2.4 个百分点上升到 9.5 个百分点。与此同时，国有性质规模以上工业企业的利润率从 2008 年的约 12% 下降到 2015 年的约 6.3%，同期私营工业企业利润率则从 9.5% 上升至 11%。二是我国储蓄率较高导致债务融资占比居高不下，与此同时，商业银行贷款的风险管理较弱，存在一定的所有制偏好和贷款抵押偏好，过度依赖政府对国有企业偿债的隐性担保和企业重资产的抵押，加剧资金要素错配。根据国际货币基金组织的测算，我国 2015 年国民总储蓄占 GDP 的比重约为 46%，而其他国家的平均水平仅为 20% 左右。与之相对应，我国债务融资占比过高。据中国人民银行统计数据，债务融资在社会总融资规模中占 96%，银行贷款占 67%。这些贷款中有相当大一部分贷给了生产效率相对不高的国有企业，而大量运营高效、更具创新能力和创新欲望的民营企业则无法获得足够贷款，导致经济整体生产率潜力无法充分释放，经济转型升级受到限制。

二　市场化债转股有助于"根治"实体经济内在"疾病"

一是市场化债转股有助于建立国有企业自身债务约束的长效机制。健全有效的现代公司治理是国有企业降杠杆和增效益的长效保障机制。按照市场化法治化原则，银行和实施机构选择具有脱困可能的国有企业实施债转股，可以实现国有企业股权多元化，助推混合所有制改革，建立机制合理、制衡有效的治理结构，引入先进管理理念和市场化人才激励机制，对企业进行深层次改组改制改造，真正以经济效益为目标确定最优的投资方向与规模、产品结构及资产负债结构，提高企业运行效率和经营效益，从而从根本上控制企业杠杆率和增强企业偿债能力。以建行—云锡市场化债转股项目为例，框架协议的内容不仅可使得未来云锡集团资产负债率大幅降低，节约上亿元财务费用，更为重要的是，框架协议对企业未来改组改造提出了要求，可有力助推企业深化改革，助力企业改组改制和转型升级，进一步完善现代企业制度，如根据股权比例情况确定投资人派出董事对企业重大事项行使相应否决权，派出投资决策委员会委员参与投资决策，对企业运营管理享有知情权以便进行日常监控等，同时要求企业明确改革计划和脱困安排，突出主业，削减过剩和落后产能，剥离企业办社会职能，妥善安排转岗分流职工，并对未来债务融资行为进行规范，对资产负债率作出明确约定，防止企业杠杆率再次超出合理水平。

二是市场化债转股有助于银行提高风险管理水平，改善信贷资金配置效率，促进生产率的潜力释放。债转股新政策允许银行新设实施机构参与市场化债转股，其确定转股对象企业的过程即是筛选企业的过程。银行必须从行业发展前景、管理团队、产品竞争优势等多方面对企业未来经营的风险、现金流进行评估，这无疑会提高银行识别企业经营风险的能力，提高全方位评价企业风险的水平，促使银行以企业价值最大化而非抵押物和政府隐性担保的程度来对企业进行甄别。与此同时，债权转为股权后，银行将"被迫"通过子公司管理对象企业的股权，深度参与企业公司治理，对企业进行重组改造，改善公司治理结构，提升经营效率和效益。这无疑将提高银行对企业风险管理的水平，促进控制信贷风险方式的转变，从过度依赖政府隐性担保和重资产抵押向依靠识别和管理企业风险转变，进而向具有效率优势但无充分抵押的民营企业贷款，改善资金配置效率，释放经济中全要素生产率的潜力，促进经济转型升级。

三是市场化债转股有助于建立多层次资本市场，优化宏观融资结构。债转股新政策规定债转股所需资金由实施机构充分利用各种市场化方式和渠道筹集，特别是可用于股本投资的资金。经过实施机构市场化筛选对象企业、股权债权市场化对价，实施机构依照市场化法治化原则对对象企业进行改组改造后，企业未来股权价值可能会明显提升，在当前我国股权融资产品种类有待增加的背景下，市场化债转股的股权无疑将是一种新的投资渠道，有助于通过市场化方式有序将储蓄转化为股权投资，从而提高股权融资的融资比重，优化我国宏观融资结构。

积极稳妥降低企业杠杆率，夯实经济持续健康发展基础

近日，国务院正式公布了《关于积极稳妥降低企业杠杆率的意见》（以下简称《意见》）及其附件《关于市场化银行债权转股权的指导意见》（以下简称《指导意见》）。这是我国防范和化解企业债务风险的一个重要文件，是推进供给侧结构性改革、增强经济中长期发展韧性的一项重要举措。

一　降低企业杠杆率具有重要意义

我国经济杠杆率尤其是企业杠杆率是一段时间以来各方关注的焦点。根据中国社会科学院和国际清算银行等机构估算，2015年底我国经济整体杠杆率在250%左右，在世界主要经济体当中属于中等水平。但我国企业部门杠杆率水平明显偏高，上述机构估算在130%~170%之间，超出了多数主要经济体。我国企业杠杆率水平偏高有储蓄率高、间接融资比重高等特殊国情因素，债务风险总体可控。但高杠杆所蕴含的风险因素也不容忽视。从国际经验看，高杠杆水平上杠杆率进一步攀升与爆发金融风险有较强关系，历史上发生金融危机的国家大多都经历过一个快速加杠杆的过程。从国内

情况看，近年来，由于企业杠杆率高企，债务规模增长过快，债务负担沉重。在国际经济环境更趋复杂、我国经济下行压力仍然较大的背景下，一些企业经营困难加剧，一定程度上导致债务风险上升，并存在沿债务链、担保链和产业链蔓延的风险隐患。

为此，必须未雨绸缪，根据底线思维，主动作为，缓释风险，而不能坐视风险不断累积扩大。党中央、国务院高度重视债务风险问题，从战略高度对降低企业杠杆率相关工作作出了决策部署，把去杠杆列为供给侧结构性改革的五大任务之一，《意见》的出台表明去杠杆工作进入了实质实施阶段。在当前形势下，针对有需求且符合条件的企业开展降杠杆，可以有效增强企业资本实力，防范企业债务风险；有利于帮助优质企业降本增效、增强竞争力，推动优胜劣汰；有利于实现企业股权多元化，促进企业改组改制，完善现代企业制度；有利于加快多层次资本市场建设，提高直接融资比重，优化融资结构，是稳增长、促改革、调结构和防风险的重要结合点。

二 适应新形势要求以市场化法治化方式稳妥有序推进降杠杆

降杠杆必须坚持市场化法治化。当前，我国已建立起了社会主义市场经济体制，所有制结构更加多元化，银行、企业均为利益独立的市场主体，相互之间不再是计划经济时期"左兜右兜"的关系，客观上不允许再采取以往使用过的行政性、政策性方式降杠杆。党的十八届三中全会提出使市场在资源配置中起决定性作用，十八届四中全会提出要全面推进依法治国，这要求降杠杆和其他经济工作一样必须采用市场化法治化方式。与此同时，当前我国也具备开展市场化法治化降杠杆的较好条件，公司法、证券法、企业破产法、公司注册资本登记管理规定等法律法规已较为完备，银行、金融资产管理公司和企业治理结构更加完善，资本市场更加成熟，在资产处置、企业重组和资本市场业务方面积累了丰富经验。因此，《意见》和《指导意见》确立了以市场化法治化方式降杠杆、债转股的原则，就是由市场主体依据自身需求，依法依规自主协商开展或参与相关活动和交易。以降杠杆多种途径之一的债转股为例，《指导意见》提出债转股所涉及的转股企业、债权范围、转股定价、实施机构、股权管理和退出等都是由市场主体自主协商确定，债转股过程所需资金也主要是市场化方式筹集，市场主体自担风险、自享收益，政府不承担损失的兜底责任，不干预债转股具体事务，这些都与 20 世纪 90 年代末上一轮政策性债转股有着本质不同。

　　降杠杆需要分类施策、循序渐进。我国经济发展进入新常态，出现了行业分化趋势，不同行业的增长态势与杠杆特征不尽相同。目前，高杠杆企业主要集中在原材料、电力煤炭能源、重化工、钢铁、有色、公路铁路等行业，而制药、皮革制品、食品饮料等轻工业和医药、生物、消费、科技、互联网等新动能行业的高杠杆问题并不突出。因而，《意见》提出去杠杆要分类施策，因企施策，有扶有控，不搞"一刀切"。对高杠杆企业要采取措施降杠杆，对杠杆率不高的企业、高成长性企业要尊重经济规律按自身需求确定合理的杠杆水平。同时，降杠杆也要循序渐进，要认识到杠杆上得过快有风险，去得过快也可能带来新的风险。企业杠杆率的下降需要一个过程和一定时间，这是由客观规律决定的，切不可操之过急、急于求成。《意见》强调要稳妥有序开展降杠杆工作，把握好稳增长、调结构、防风险的关系，注意防范和化解降杠杆过程中可能出现的各类风险。

降杠杆需要综合施策、协同推进。我国企业高杠杆形成的原因较为复杂，既有体制机制性问题，也有经济发展环境与条件变化因素；既有经济结构性问题，也有周期性因素，因而需要针对不同成因综合施策，提高政策的有效性。为此，《意见》提出兼并重组、完善现代企业制度强化自我约束、盘活存量资产、优化债务结构、有序开展市场化银行债权转股权、依法破产、发展股权融资等七大降低企业杠杆率途径，这些措施既有制度性建设的长效机制，也有短期可见实效的实招硬招，对高杠杆风险既有防范也有化解，体现了立足当前、着眼长远的考虑。同时，《意见》还注重将降杠杆与企业改组改制、降低实体经济企业成本、化解过剩产能、促进企业转型升级等工作有机结合，协同推进。

三 激励与约束并举规范引导降杠杆

降杠杆过程涉及债权人、股东、投资者、企业职工等多方面主体，利益关系复杂，交易环节多，协商难度大，推动起来有一定的困难，也存在发生逃废债、逆向选择等道德风险和出现违法违规行为的可能。为积极稳妥推动降杠杆工作的实施，有必要制定相应的激励性措施，提高各方参与降杠杆的积极性，同时也必须对可能出现的道德风险、违法违规和不适当行为做出约束性安排，保证降杠杆工作规范有序开展。

激励性措施方面，《意见》和《指导意见》提出的措施重在营造良好的政策环境。通过落实并完善相关税收政策，减轻企业降杠杆过程中的税收负担，并根据需要采取适当财政支持方式进一步激励引导降杠杆；通过提出鼓励债转股对象企业类型，加强正向引导；通过拓宽不良资产市场转让渠道、推动银行不良资产证券化、多渠道补充银行资本等方式提高银行参与企业降杠杆的能力；通过完善减轻企业负担配套政策，为降杠杆企业轻装上阵创造更为有利的条件；通过落实产业转型升级和化解过剩产能配套支持措施，为降杠杆企业发展提供更为良好的产业与市场环境；通过支持企业职工稳岗和分流安置，减轻降杠杆对社会稳定的影响。

约束性措施方面，《意见》和《指导意见》提出的措施重在建立有效的外部约束机制。通过对相关单位及个人建立信用记录并纳入全国信用信息共享平台、构建参与各方失信行为联合惩戒机制、依法严格追究恶意逃废债和国有资产流失等违法单位及相关人员的责任来加强市场主体的信用约束；禁止僵尸企业、恶意逃废债企业、债权债务关系不明晰企业、助长过剩产能扩张和增加库存企业等四类企业债转股，有效防范道德风险；规范债转股企业和股东资产处置行为，严格禁止债转股企业任何股东特别是大股东掏空企业资产、随意占用和挪用企业财产等侵害其他股东权益的行为，防范债转股企业和实施机构可能存在的损害中小股东利益的不正当利益输送行为；通过依法建立合格个人投资者识别风险和自担风险的信用承诺制度来健全投资者适当性管理制度，防止不合格个人投资者投资降杠杆相关金融产品和超出能力承担风险。

去杠杆是我国经济发展进入新常态后必须过的坎、爬的坡，《意见》和《指导意见》的出台为去杠杆工作明确了方向、原则和途径。下一步要抓好文件的贯彻落实，促进去杠杆工作取得积极进展，为中国经济强身健体、实现长期持续健康发展奠定坚实基础。

建立制度化庭外重组机制，
提高债务处置效率

庭外重组是市场化法治化债务处置的重要方式，但完全依赖当事人意思自治、没有成文规则约束的庭外重组效率不高，异议债权人"少数钳制多数"的问题突出。从国际经验看，近年来很多国家都在不断完善庭外重组制度体系，韩、日等国还出台了促进庭外重组机制化、法定化的指引性文件，明显提高了庭外重组效率。目前，我国庭外重组尚缺乏程序化、制度化的决策与执行机制，一定程度上影响了市场化法治化债务处置的进展。研究制定《法庭外债务重组指引》，明确庭外重组的工作机构、决策机制、流程步骤和约束要求，前期广泛开展庭外重组协商，后期通过庭内司法程序巩固前期谈判成果，促进法庭内外债务重组有效衔接，以缩短处置时间、降低处置成本、提高处置效率。

一　庭外债务重组模式的国际经验

根据市场化法治化原则，包括"僵尸企业"在内的企业债务处置主要由相关市场主体自主协商自主决策。但由于普遍存在"一企多债"现象，一个企业的债权银行动辄十几家甚至多达几十家，当前债务处置工作经常性面临多债权人格局下谈判机制松散、决策效率低下的问题，在利益诉求不一致时，只要存在少数债权人反对，债务重组方案就难以最终通过。以中钢为例，其债务重组采取了庭外重组协商谈判的模式，在庭外债务重组协议的执行过程中，要求必须所有债权人达成一致，如果出现不配合的"钉子户"债权人，利用一票否决权处在垄断地位，将使绝大多数债权人同意的重组计划付诸东流，不得不走向庭内破产程序。因此，异议债权人"少数钳制多数"的问题不解决，将严重阻碍债务处置工作进展。从国际经验看，完全依赖当事人意思自治、没有成文规则程序约束的早期庭外债务重组模式，大多都会遇到上述"钳制问题"。近年来，韩国、日本等国家针对庭外重组探索制定了机制化、程序化、制度化甚至法定化的指引文件，显著提高了企业债务重组效率，其经验值得我国借鉴。

英国采用"伦敦模式"指导以银行为主导的庭外债务重组。20世纪80年代，英国陷入债务困境企业数量明显增多，但由于当时庭内司法程序存在高成本、慢节奏、易引起公众关注等问题，债务人普遍倾向于通过庭外重组方式寻求拯救。1986年，英国破产法将庭外债务重组列入"公司自愿偿债安排"（Company Voluntary Arrangement，CVA）。1990年，英格兰银行业协会制定了关于庭外债务重组的非正式、不成文规则（即"伦敦模式"），用来指导以银行为主导的庭外债务重组。在此模式下，债权人委员会成员遵守"暂停偿债协议"，债务人和所有受协议约束的债权人均有一个"缓冲期"。"伦敦模式"后来被多国效仿改进，并在20世纪90年代初期成功挽救了许多大型企业，国际破产执业者组织（INSOL）也在此基础上提出了法庭外债务重组八项原则，即：（1）设定

"暂停期"以便债权人获取和评价债务人信息，制定和评估困境拯救方案；（2）"暂停期"内，所有债权人应同意不采取任何强制行权措施；（3）"暂停期"内，严格保障所有债权人公平，债权人不能采取任何行动（包括单独行动或集体行动）使得部分债权人获得优先；（4）重组协调通过债权人选择一个或多个协调委员会来促进，所有的债权人参与这一程序；（5）"暂停期"内，债务人应提供并允许债权人及专业顾问了解企业资产、负债、业务和前景相关的信息；（6）对债务人的困境拯救方案和"暂停期"内债权债务人达成的相关安排，需要符合适用法律要求；（7）为庭外重组程序而了解的债务人信息资料，以及困境拯救方案，应当对所有债权人公开，并对外保密；（8）如果"暂停期"内或在拯救方案中有新资金进入，对于新资金的偿还应置于优先地位。以上伦敦模式和"INSOL八项原则"在国际破产业界都具有重要影响，在早期的企业债务庭外重组中发挥了重要的作用。

美国庭外债务重组协议不具有强制约束力。尽管美国的破产重整制度非常完善，但很多困境企业，特别是有较大影响力的企业还是更倾向于通过庭外"自愿协商重组"（Out-of-court Workout）的方式重组公司债务，如通用汽车、梅萨航空、Crystal石油公司等破产案。美国庭外重组的主要做法是：（1）由债务人与其主要债权人首先谈判达成一项"延期偿债协议"。协议通常约定由主要债权人作出让步，并临时冻结其债权的执行。（2）由债权人选出债委会，代表全体债权人对债务人的财务情况、不能清偿的原因进行调查，审查债务人提出的资产负债表、利润与亏损说明等，并与债务人就和解重组条件进行谈判达成庭外重组协议。（3）协商谈判中如果发现债务人存在偏颇性清偿或者欺诈性转移财产的行为，债委会通常建议改用破产程序以行使撤销权。（4）庭外重组协议除了对延期偿债时间、重组具体方式等内容进行约定外，通常会就如何约束双方当事人的行为作出特别约定。（5）庭外重组协议通常要求债务人提供第三方或由其股东作为协议履行的保证人。（6）庭外重组协议对异议债权人不具有强制约束力，债委会只能采用劝说方式。

总体来看，在以英国、美国为代表的绝大多数欧美国家，庭外债务重组是建立在债务人、债权人之间自愿的基础上，充分尊重当事人的意思自治。但近年来，也有一些国家，其庭外债务重组程序有"机制化"甚至"法定化"的特点，如法国通过立法规定"特别程序"、意大利通过行业协会颁布行为规范提供指导、荷兰规定法院有批准自愿重组协议的权利以促进庭外债务重组的实现。

日本从民间指引的再建型"私的整理"到法定化的"事业再生 ADR"程序来指导庭外债务重组。早期的日本庭外债务重组模式，以 2001 年由日本全国银行协会、经济团体联合会、学术界资深人士为中心制定的《多方债权人法庭外债务重组指引》下"私的整理"程序为代表，与"伦敦模式"和"INSOL 法庭外债务重组八项原则"相比，这一指引明确了庭外债务重组的具体程序：当债务人破产时，债权人召开债权人会议，听取债务人的财产状况等报告，决定"私的整理"方针，同时选出债权人委员会；该委员会调查倾听债权人、担保权人及优先权人的各项意见，缔结集体合约性基本契约指导庭外债务重组。近期的日本庭外债务重组，以 2008 年政府制定的《有关产业活力再生及产业活动革新特别措施法》下的"事业再生 ADR"（Alternative Dispute Resolution，即特定认证纠纷解决程序）为代表，成为目前日本法定化的，也是最为重要的庭外债务重组方式。事业再生 ADR 程序引入了"日本事业再生实务家协会"（JATP）作为第三方参与，庭外重组具体程序包括：（1）债务人向 JATP 提出申请，经其研究债务人提出的资料及再建计划方案后，决定是否开始程序。（2）由债务人与 JATP 联名发出"暂停通知"。（3）暂停通知之日起的 2 周内召开第一次债权人会议，对财务内容、再建计划方案予以说明、解答质疑，并选入公正中立的第三方作为"程序实施者"。（4）由"程序实施者"对再建计划进行调查论证，并在第二次债权人会议中对再建计划方案的调查结果进行报告、协商。（5）在第三次债权人会议中，对再建方案进行表决，必须由所有债权人一致同意，否则程序中止，移交法庭内重整。

韩国逐步将"企业结构调整"法制化，确立法定化的庭外债务重组"共同管理程序"。1998 年，在金融监管委员会的支持下，韩国 210 家金融机构达成《金融机构之间促进公司重组的协议》，首次建立了民间主导的庭外债务重组制度，但在实践中，由于异议债权人问题，这一制度施行效果不佳。2001 年，韩国政府颁布了《企业结构调整促进法》，作为规范庭外债务重组的基本法律，其中制定了"共同管理程序"作为庭外债务重组的法定程序，包括：（1）主债权银行对企业进行信用风险评估，将判断为困境企业的事实和理由通报该企业；收到通报的困境企业可以提交自救计划书，并申请进入"共同管理程序"。（2）金融债权人会议表决是否启动"共同管理程序"，会议并不要求全部债权人均参加。（3）制定延期偿债时间。（4）制订企业改善计划，包括债务重组、新的信贷、共同管理机构自救计划、违约事项等。（5）决议通过依照多数表决制，债权总额 3/4 以上的债权人同意后通过重大决议。（6）新的信贷有优先求偿权。（7）异议债权人有权要求其他重组参与方收购其债权，但限于未参加表决或以书面形式提出反对意见的债权人，并限于7天内提出申请。（8）债权人必须诚实履行已表决事项，否则支付违约金及进行相关损失赔偿。

总体来看，亚太地区各国的庭外债务重组，多数是在1997年亚洲金融危机之后逐步运用和发展起来的，其共同特点包括：一是基本遵循"伦敦模式"，但多会结合本国实际，建立自己的庭外重组模式，除上述日本早期债务重组模式外，还包括印度尼西亚由政府设立特殊重组机构负责调解当事人纠纷的"雅加达模式"、泰国由中央银行设立特殊机构负责庭外重组并赋予法院强制批准庭外重组方案权力的"曼谷模式"。二是政府在庭外重组中普遍发挥重要作用，并通过财政资金补贴、引导银行担保、再资本化等多种方式直接或间接介入重组进程。三是普遍建立特殊的重组机构，包括重组委员会、国家资产管理公司、独立促进机构等，并赋予这些机构一定时期特殊的公权力。四是重组中普遍规定"暂停期"，并冻结债权人的追债行动。五是韩国、日本等国家对庭外债务重组进行专门立法，将庭外重组程序法定化，由不明文规则转向为准则型、规则型程序，同时提高庭外债务重组与庭内司法重整的有效衔接，明显提高了企业重组效率。

二 关于规范和明确庭外重组机制的几点建议

各国企业债务庭外重组的模式和规则都在不断发展完善，与此相比，我国企业债务庭外重组更多的是"一企一案"的市场化实践，在机制设计上尚处在探索初期，有关是否建立制度化甚至法定化的庭外重组机制、具体明确哪些关键程序、政府市场如何发挥各自力量等问题还有不同争论，但我们认为，在目前法庭能力有限的情况下，为适应和满足大量困境企业债务处置的现实需求，更好更快推动债务处置工作，需要建立程序化、制度化的庭外重组机制，建议有关部门尽快研究制定《法庭外债务重组指引》，明确庭外重组的工作机构、决策机制、流程步骤和约束要求，以切实提高庭外重组的效率，增强市场化法治化债务处置的可操作性。

一是建立程序化、制度化庭外重组机制可有效提高债务处置效率。正是由于庭外重组具有强调当事人意思自治、较少司法干预、程序便捷、方法灵活、成本较低、对企业商誉和商业秘密的影响较小等优势，其在各国困境企业拯救的实践中扮演着越来越重要的角色。但是，庭外重组本质是在民法框架下达成的重组协议，是债权人自愿参加的缔约程序，因此决定了其内在缺陷，即重组协议只能约束协议签订者，而无法约束协议外的债权人或异议债权人，个别债权人的反对意见，以及大股东和中小股东、银行债权人和非银行债权人、境内债权人和境外债权人之间的分歧可能导致整个重组方案无法通过。从国外经验看，建立强化的庭外重组机制是一个大的趋势，即通过搭建结构化的实施原则、提出监管性指引、要求全部债权人签署重组协议和仲裁条款、建立激励和抑制机制、提高债权人和债务人的参与积极性等方式，确保重组过程顺利达成一致。同样，在机制设计上，我国也有必要吸取经验，以债权人委员会制度为基础，研究制定《法庭外债务重组指引》，建立一套程序清晰、有约束力的庭外重组机制。

二是明确庭外重组机制的内容和流程。充分发挥市场化机制，债权人委员会负责庭外重组决策与执行，负责监督企业重组具体事务，制订、执行及终止重组方案，在重组方案中对企业适度资产负债率目标水平、重组流程步骤、资产负债重组具体方式等关键要素上对重组参与方提出明确要求，在必要的情况下对重组方案进行修订。仲裁和协调各方分歧，评估企业通过重组正常经营的可能性。重组方案及其他重大事项通过依照多数制表决（如超过75%的债权人），无需取得全部债权人同意。重组方案对所有债权人均具有强制约束力。庭外重组关键环节设置时间节点，参与重组各方须严格遵守时间表推进重组工作。企业和股东、潜在投资者、债权人须明确各方职责，企业需要提供充分准确的经营信息、财务信息；债权人对企业经营问题开展分析，与企业管理层共同参与决策，确立企业核心业务，清理非核心资产，重新制定企业长期经营计划和财务规划。在启动庭外重组程序后即进入"暂停期"（如3个月），暂停债权人一切执行行动，并在此期间开展尽职调查，允许企业在监督核算下继续经营。对未能在规定期限实现庭外重组的企业，依法转入破产重整司法程序。

三是庭外债务重组以债务调整和资产重构为核心。重组方案对债权人、债务人权利义务均予以重新安排，由一系列交易构成，涉及多个交易关系，包括债权人同意延期清偿债务、减免债务数额，债务人同意业务置换变更、企业资产出售重组等。债务调整重点集中在企业的存量债务，综合使用债务减免、偿还延期、债务转让、债权转让、债转股等多种手段。资产重构重点在企业的存量资产，力求通过盘活企业有效资产，使企业走向复兴，运用资本注入、兼并重组、限制担保等多种措施。

四是处理好政府和市场的关系。庭外债务重组本质上还是市场参与方的博弈过程，应以发挥市场参与主体能动性为主，政府创造良好的政策环境和沟通协商氛围，促进各方在各自让渡一部分利益的基础上，以退为进创造更大的回收空间，实现整体利益的最大化。此外，还需积极促进重组过程的市场化，推动律师、财务审计、资产评估、行业协会等中介机构参与，让重组过程更加专业、客观和透明。

完善优先股政策，助推市场化债转股

自2016年降杠杆、债转股文件颁布以来，债转股工作取得了一定成效，但也面临着落地难的问题，其中原因之一在于实施机构的收益要求和转股企业融资需求二者难以精准对接。对此，优先股兼具股债混合特点和合同条款灵活性，同时契合转股企业和实施机构的双边诉求，是适合市场化法治化债转股的理想融资工具。因此，为了更好地助推债转股工作顺利开展，有必要充分利用出台相关政策鼓励以债转优先股方式推动债转股工作。

一 以优先股方式实施市场化债转股的意义和优势

优先股具有固定收益、优先派息、优先清偿、权利有限等特点。对于已陷入债务困难的企业来说，债转优先股作为"困境融资"的一种重要方式，既满足了困难企业迫切的融资需求，也满足了投资者追求稳定的投资偏好，可以高效地降低企业的资产负债率，同时遏制银行不良贷款率的累积，是一种企业部门去杠杆的有效方式。

（一）有利于陷入债务困境企业渡过暂时难关

一是减轻财务负担。和普通股权相比，优先股通常只约定固定股息率回报，特别是非参与型优先股，将持有人的收益限制在股息，一般不参与公司的其他分红；和债权相比，优先股无需定期支付固定利息，只有在企业获得利润时才需要按约定支付股息，尤其是非累积型优先股，如果本年度因经营状况不佳不能支付或不能足额支付约定股息，此后年度也不必再补发股息。因而，对于困难企业来说，如能将债权转为优先股权，暂时可减轻应对债权的还本付息压力，而且也不用过于担心未来经营状况改善后更多利润被拿走，财务压力能得到切实缓解。

二是增强财务灵活性。优先股票一般没有最终到期日，股东不能要求退股，但允许发行公司依照赎回条款，按发行价加上一定比例的补偿收益赎回优先股，公司通常为减少资本或认定可以用较低股息率发行新的优先股时，就可用此方法回购已发行的优先股股票。此外，在优先股协议中还可以灵活设置缓冲期，要求在缓冲期后转股企业才开始履行固定分红义务。对于陷入债务困境的企业来说，将债权转为优先股权，显著增强了财务灵活性，为企业走出困境赢得了时间和空间，有利于轻装上阵、尽快改善经营状况。

三是保障经营决策权。尽管优先股的产权特征取决于双方约定情况，基于不同定制条款可能会形成不同完整程度的产权。但一般来说，优先股股东不出席股东大会会议，没有选举权、被选举权和投票表决权，只有知情权、建议权和质询权（在约定的特殊情况下有否决权），不参与公司决策管理。对于陷入困境的企业来说，将债权转为普通股可能会丧失部分决策管理权，而转为优先股则不必有这种担忧。

四是增强经营改善能力。债权转为优先股权，可使发行人突破负债率约束实现长期不需还本的非债务融资，有助于满足监管要求、缓解资金压力。同时，转股后公司股本增大，也有利于巩固债务企业财务状况、改善资本结构，进而提高企业举债能力、改善经营状况。

（二）有利于避免债权人和实施机构利益遭受较大损失

对债权人来说，在可能出现债券违约的情况下，与对债务企业进行破产清算等处置措施相比，只要公司经营状况有望改善，将债权转为股权显然是更优的选择。如果进一步将债转普通股改为债转优先股，融资优势将更加明显。

一是受益更具确定性。与普通股相比，优先股股息率事先固定，一般不会根据公司经营情况而发生变化，在分配股息和剩余财产时优先于普通股，从而大大增强了确定性，能有效降低债权人和实施机构的持股风险，避免债权人和实施机构遭受更大损失，甚至在企业未来状况改善后，债权人和实施机构还可能换来长远的更高收益。

二是条款更具灵活性。优先股条款具有较大灵活性，能够更好协调各方偏好和利益。对债权人和实施机构来说，可通过多种条款设定来保障自身利益。比如，看好债务人中长期经营情况，可选择累积型优先股，将短期股息累积至未来年份；可通过设定赎回条款，要求转股企业支付相应对价，实现兜底清偿和注销；还可以约定可转换条款，即按照一定的转换比率把优先股换成公司普通股，给予优先股股东选择不同的剩余索取权和剩余控制权的权利，对转股企业公司治理进行约束。

三是转股企业更具筛选性。采用债转优先股方式更能有效识别和筛选出确需转股的企业，减弱逃废债动机，避免明股实债。优先股股东一般不参与公司剩余利润的分红,也不享有除自身股息以外的所有者权益,不影响企业利润分配,这就有效减弱企业通过债转股进行逃废债的动机,降低逆向选择和道德风险,避免实施机构和投资人利益受损。优先股的股债混合特性也能够有效避免当前债转股过程中的"明股实债"现象,更有效保障各方利益。

除了能够更好协调各方利益外,债转优先股方式还有利于吸引中长期资金。优先股作为介于股票和债券之间的投资工具,股息率高于次级债,收益较普通股票更有保障,当公司破产进行财产清算时,优先股股东对公司剩余财产有先于普通股股东的要求权。这些特性有利于吸引保险、社保等中长期投资资金投资于暂时陷入困境的企业,在其渡过难关后即可享受较为稳定的固定收益。

此外,债转优先股方式还有助于完善资本市场功能。作为一种偿债压力小、不稀释股权的筹资手段,发行优先股进一步丰富了金融产品和资本市场功能。特别是对于上市公司来说,发行优先股不会给股市带来直接冲击,有助于在实现融资功能、扩大直接融资比重的同时,保持存量股市平稳健康发展。

(三) 实施机构对债转优先股具有强烈诉求

在推进债转股工作进程中,优先股是保障安全性收益的理想方式,因此实施机构普遍对优先股表现出强烈诉求。当前,债转股落地难的重要原因之一在于实施机构和转股企业的需求难以精准对接。一方面,困难企业希望通过债转股降低负债率,但又对出让优质股权资产心存疑虑;另一方面,在市场化债转股实施机构管理股权能力不足、权益性资金来源有限、转股股权退出渠道过窄等多方面因素制约下,实施机构往往倾向于对转股股权投资收益要求一定的安全性和稳定性。二者共同作用，导致多数债转股落地项目是附带较强"可变利益调节条款"的普通股。附带"可变利益调节条款"虽为我国股权投资的通常做法，但过强的条款（如强制企业按照固定价格固定收益进行回购等）使得债转股具有一定的"名股实债"的特征。

"明股实债"在一定程度上有助于保障债权人利益，推动债转股取得突破，但同时也容易造成股权、债权法律界限模糊，在认定交易性质时容易产生争议，一旦出现不能履约情形，债权人可能会陷入既不是债权人又不是股权持有人的尴尬境地，投资利益最终仍无法得到保障，不利于市场化债转股实现企业深度改善治理的目标。

对此，由于优先股具有的优先分配利润、（有利润的前提下）必须分红、剩余财产优先分配权等多项优先特征，可在很大程度上满足实施机构对债转股投资安全性、稳定性的诉求。前期，通过优先股降低企业杠杆率和债务负担，并通过对转股对象企业经营财务进行约束，有助于实现企业经营企稳；随着企业境况好转，实施机构有动机将优先股转换为普通股，更深层次上对企业进行改革改组改制，完善企业治理结构和经营管理体制，在推动实现企业真正扭亏为盈的同时，实现股权价值增值。

二　优先股发行制度的国际比较

优先股作为一种灵活的直接融资工具，在发达国家经历了悠久的发展历史。与普通股相比，各国对优先股发行制度的差异主要体现在程序要求、财务要求和规模限制三方面。尽管英美法系和大陆法系国家在优先股的立法模式上存在较大差异，但是总体而言，各国优先股法律制度的发展与社会经济的发展相适应，整体趋向自由化方向发展。

其中，英美法系优先股制度采取授权式立法，以契约自由、非禁止即合法为原则，将公司章程和备忘录作为判断优先股股东权利以及优先股种类的依据，公司可根据自身需要，灵活设计优先股合同条款，只有在公司章程未规定的时候才适用公司法，政策弹性大，实用性强。大陆法系采取法定式立法模式，在法律条款中对优先股的发行、交易和退出等各个环节均设置了细致的限制，有助于增强优先股制度的确定性，更好防范金融创新引发的市场风险。总体来说，大陆法系法定式立法更加强调对优先股发行企业的保护，而英美法系授权式立法则对优先股股东的权益保护更强。

（一）优先股发行的程序要求

通过比较各国公司法，可发现由于西方发达国家的公司治理结构相对健全，各国公司法出于完善公司内部治理机制和保护优先股股东的利益考虑，仅从发行主体的实质条件和发行程序上做出了相应规定，而并未对优先股的发行主体做出特殊限制，发行公司只要符合公司法所规定的实质性和程序性条件就可以发行优先股。按照各国法律，无论是公开发行还是非公开发行优先股，均须具备公司章程修订本、公司董事会和股东大会决议的内部审核。

英美法系国家的优先股发行要求由公司章程规定，可以授权董事会决定。例如，美国《标准公司法》对公司优先股的发行依靠公司章程的授权，公司章程必须就公司发行股票的类别、同一类别中股票的系列以及每一类别和每一系列股票的数量等方面进行授权；

公司章程可以授权公司董事会决定各个类别或者系列股票的条件而无须经过股东同意，但是董事会必须确定任何类别股票的条件，并且在发行前将修正条款提交政府备案成为公司章程的一部分。这种授权方式有利于协调股东大会与董事会之间的权力，能够在多变的市场环境下灵活满足公司运营管理的需要，符合利益平衡的公司治理理念。

大陆法系国家对公司发行优先股的要求不仅包含了程序性要求，还进行了实质性规定。大陆法系公司法明确规定，公司发行优先股必须经由股东大会批准。以原有股东绝对多数同意的方式通过优先股的发行预案，体现了对原有股东利益的尊重。如《法国公司法典》规定优先股的特别权利由公司章程规定，优先股的发行应当经过将要发行此种证券的公司的特别股东大会以及在其内行使上述特别权利的公司的特别股东大会批准。《德国股份公司法》具体规定，发行无表决权的优先股需取得至少四分之三的股东同意；如果公司已经发行过优先股的，要发行包含相同或者更加优先权利的优先股，还需取得四分之三以上原有优先股股东的同意。

（二）优先股发行的财务要求

对大陆法系国家而言，企业发行优先股除了需要得到公司章程或股东大会决议的发行授权外，还受到特定发行条件的制约，如发行优先股的公司需满足特定的财务指标、优先股发行规模需满足特定比例的要求、优先股发行目的或者发行时期的限制等。

无论是英美法系还是大陆法系国家，均没有对优先股发行公司的财务指标如是否盈利，以及盈利规模提出具体要求。目前大多数国家对优先股的公开发行并未做出主体资格的限制，而是将同一公司公开发行优先股的条件与普通股的发行条件相关联，统一体现在上市规模标准和财务信息披露要求中。以美国为例，美国上市公司和非上市公司在不同市场发行优先股，上市公司在纽约证券交易所和纳斯达克等主板市场发行，非上市公司则在美国场外柜台交易系统（OTCBB）等场外市场（粉单市场）发行。其中，主板市场发行需要对公司规模有一定要求并且要求公司充分披露财务报表和公司信息，而场外交易市场对企业没有任何规模或盈利上的要求，仅需要按照分级制度的要求披露相关财务信息，上述要求对普通股和优先股发行并无差别。

（三）优先股发行的规模限制

部分国家对优先股的发行比例进行限制。对优先股的发展历史和功能的分析表明，由于优先股在公司盈余利润分配权、剩余财产分配权和表决权等方面都与普通股存在一定差异，尤其是无表决权优先股无法影响公司的经营决策，容易导致控股股东利用优先股稀释权利侵害中小普通股股东和优先股股东的利益。尤其在投资者保护法律制定不健全、公司治理相对落后的国家，如优先股发行过多，有可能导致控股股东"一股独大"，损害中小普通股股东和优先股股东利益。因此，对优先股发行比例适当进行限制对于稳定公司治理结构有一定合理性。

英美法系国家没有对优先股发行比例设限。英美两国的资本市场发展已非常成熟，英国成文公司法中并没有对优先股的发行比例上限作出明确要求，仅规定董事会发行优先股的权利应通过公司章程授权。类似地，美国也没有法律条文对优先股的发行数量作出限制，而是运用税收手段进行调节，由各州通过税法增加优先股的发行成本，起到制约优先股发行规模过大的政策效果。

大陆法系国家的公司法对优先股发行比例明确设置上限。法国《公司法典》规定，非上市公司发行的无表决优先股总量不得高于公司总资产的50%，上市公司发行的无表决权优先股总量不得高于公司总资产的25%；德国《股份法》规定优先股发行不得超过公司总资本的50%；日本《公司法典》对上市公司优先股的发行总数进行了限制，具体为表决权受到限制的股份不得超过已发行股份总数的50%。可见，各国只采取了资产比例或股份比例其中一方面进行限制，并未对二者同时设限，并且资产比例中的参考指标为公司总资产而非净资产，股份比例中的参考指标为已发行股份总数而非普通股股份总数。

（四）优先股的相关政策支持

为鼓励优先股市场的发展，当前欧美发达国家均不同程度上对债转优先股予以税收和监管政策支持。其中最具代表性的政策支持为税收优惠。例如，美国对优先股的税收优惠包括两种方式：一种是税收改革方案直接规定，公司法人投资者获取的优先股股利可以享受70%的税收减免，但个人投资者不享有此优惠；另一种是美国税务署规定，母公司发行信托优先股所要支付的股利可以在税前进行抵扣，从而使信托优先股的避税方式合法化。上述优惠政策有效激发了开展优先股企业和投资者等投融资各方的积极性，极大地推动了美国优先股市场的快速发展。

（五）对我国完善优先股制度的启示

与普通股相比，优先股最大的优势在于灵活设定股权权利内容，满足融资过程中不同类型投资者的风险和收益偏好，以实现股权融资的多样性和适应性。从各国优先股市场的发展经验看，正是由于美国公司法充分尊重当事人意思自治，赋予优先股发行公司与投资者之间合同安排的自由，才促使美国形成了全球规模最大、最为成熟的优先股市场，为公司融资提供了最大限度的灵活性。因此，我国为更好地推进市场化法治化债转股，有必要适当放宽过严的优先股发行条件，对债转优先股予以一定的政策支持，充分发挥优先股作为困境融资工具的优势和价值。

三 我国优先股制度的发展演进

从优先股制度演进上看，以国务院 2013 年发布《国务院关于开展优先股试点的指导意见》（以下简称《指导意见》）为分界点，可大致分为无正式法规阶段、有初步法规阶段和配套法规发展阶段。

（一）无正式法规阶段

第一阶段为正式法规未出台阶段。2013 年前，我国各政策法规均未对优先股的发行、分红等进行正式表述，关于优先股性质的一些权益安排零散于多个公司治理的相关法规中。

一是公司法为优先股发行预留法律空间。《公司法》第 132 条规定："国务院可以对公司发行本法规定以外的其他种类的股份，另行作出规定。"在公司法在第 167 条第四款和第 187 条第四款中规定，公司未分配利润可在股东之间分配，但均未对公司剩余财产分配权在不同性质股东之间的分配优先顺序进行规定。这些虽然都为优先股的产生留下空间，但缺乏具体的指导性规则。

二是其他政策法规明确提到优先股。如 2005 年国家发改委、商务部等十部委联合发布的《创业投资企业管理暂行办法》。该办法第 15 条规定："经与被投资企业签订投资协议，创业投资企业可以以股权和优先股、可转换优先股等准股权方式对未上市企业进行投资"。该办法是将优先股作为一种"准股权"，同时也没有对准股权投资方式作出更为具体的规定。

（二）有初步法规阶段

第二阶段为正式法规出台阶段。国务院在 2013 年 11 月颁布指导意见，首次从法规层面确定了优先股的概念以及股东的权利与义务范围，对优先股发行与交易做了原则性的规定。2014 年 3 月中国证监会公布了《优先股试点管理办法》（简称《管理办法》），对优先股的发行方式程序、交易转让及登记结算、信息披露等方面做出了规定，为商业银行发行优先股补充一级资本预留了政策空间。2014 年 4 月，证监会发布《公开发行证券的公司信息披露内容与格式准则第 32 号—发行优先股申请文件》等文件，对上市公司申请发行优先股的申请文件、预案及募集说明书等方面的信息披露内容和格式进行规范，为优先股的发行铺平道路。

（三）配套法规发展阶段

国务院和证监会发布相关政策文件后，相关部门出台了一系列优先股的政策文件，进一步规范优先股的发行。2014 年 4 月银监会、证监会联合发布《关于商业银行发行优先股补充一级资本的指导意见》，对商业银行发行优先股的申请要求、股息支付、回售条款、强制转股等条款做出具体规定。财政部于 2014 年 3 月印发了《金融负债与权益工具的区分及相关会计处理规定》等法规，对金融工具会计处理进行了规范。此外，2014 年 5 月，财政部还出台了《关于转让优先股有关证券（股票）交易印花税政策的通知》，明确了优先股交易中由出让方按 1‰ 的税率计算缴纳证券（股票）交易印花税。为规范优先股业务试点，2014 年 5 月和 6 月，上交所和深交所相继发布管理办法，对上市公司优先股上市、转让和交易、信息披露进行了规范。这一系列法律、法规和规范性文件的发布，在一定程度上为我国企业发行优先股提供了政策依据。

四　我国优先股相关法律法规存在的问题

当前我国优先股相关法律法规主要借鉴大陆法系法定式立法，甚至较之更加严格，特别是对潜在的债转股企业发行优先股的限制较多，极大地窄化了优先股的类型，降低了优先股的灵活性和吸引力，难以激发优先股的发行和投资的积极性，制约了优先股市场发展。考虑到在债转股背景下，发展优先股的意义主要在于困境融资功能，对优先股股东即债转股实施机构的权益保护的重要性更加凸显。

（一）发行优先股的企业类型狭窄

从国外经验看，尽管各国公司法对优先股的发行审核和发行程序均做出了规定，但并未对优先股发行主体有明确的限制，只要符合公司法规定的实质性和程序性条件就可以发行优先股。与国际做法相比，我国现行规定下将优先股的发行范围限于上市公司和非上市公众公司，企业类型非常狭窄。

当前优先股的发行范围仅限公众公司（股东人数超过 200 人的股份有限公司），以及上证指数 50 指数成分股的上市公司。上证指数 50 指数成分股的经营业绩一般较好，实施债转股的需求不大。相较而言，大量 50 指数成分股之外的上市公司更有可能成为遇到暂时困难的优质企业，成为实施债转股的对象企业；现有规定不允许此类上市公司发行优先股，实质上阻碍了它们通过债转优先股方式实施市场化债转股。非金融上市公司目前不允许发行可转换优先股。从已发行的优先股案例来看，主要是为商业银行补充资本充足率服务。这主要是由于根据相关管理办法规定，除商业银行外，上市公司不得发行可转换为普通股的优先股，非上市公司遵照执行。不允许优先股转换为普通股，将相应减少实施机构制约企业道德风险、维护自身权益的手段，不利于提高实施机构积极性。

现实中对债转股具有较大需求的国有企业，因属于非上市非公众公司而不能发行优先股。从已签约的市场化债转股项目上看，国有企业是市场化债转股的主力，共有 92 家，占比达 95% 以上。然而大量国企因未完成股份制改造，属于非上市非公众公司，而目前《指导意见》对非上市非公众公司发行优先股的政策并不明确。因此在实践中，企业和实施机构往往因无法可依而不敢发行优先股，大大限制了国有企业通过优先股的方式开展市场化债转股，国有企业降杠杆工作也因此受到阻碍。

（二）优先股发行的财务要求过高

优先股的重要优势之一在于发行人与投资者可自主协商、设计结构化股息支付条款，如持有优先股前几年可以零股息，在公司盈利转好之后再派发股息，这一点对于暂时处于困境的债转股企业尤为重要。因此从国际经验看，无论是英美法系还是大陆法系国家，均没有对优先股发行公司的财务指标如是否盈利，以及盈利规模提出具体要求。

然而，我国对发行优先股的上市公司提出了严格的财务盈利要求。具体而言，规定上市公司发行优先股需满足最近三个会计年度应当连续盈利的要求，且股息率应不高于最近三个会计年度的年均可分配利润，非公开发行的票面股息率不得高于最近两个会计年度的年均加权平均净资产收益率。如果拟开展债转股工作的上市公司处于暂时亏损，按规定则无法公开发行优先股。对于非上市公司，在股息率方面参照上市公司，这就将优先股的发行对象限制在经营情况较好的公司。

上述要求显然与国发〔2016〕54号文的要求相矛盾，即鼓励发展前景良好但遇到暂时困难的企业开展市场化债转股。从当前债转股实践看，目前拟转股企业往往是暂时亏损的企业，特别是钢铁、煤炭等强周期性行业，下行期往往会出现全行业的时点性亏损，即使业内龙头企业、优质企业也可能面临暂时的财务困境，已签约的对象企业中大部分在过去三年内都存在亏损记录。尽管某些具有生存前景的企业通过市场化债转股后有望实现扭亏为盈，但《管理办法》的财务要求规定导致这类亏损企业无法通过发行优先股的方式实现债转股。

《管理办法》对优先股发行企业的盈利要求规定不仅极大地限制了债转股优先股的规模，其保护优先股投资者的政策初衷也往往难以达到，尤其是对机构投资者而言其实际意义更为有限。首先，美国次贷危机中政府通过优先股救助危机企业的成功经验表明，优先股是经济危机中解决企业融资困境的有效途径,对优先股发行公司的持续盈利要求必然将处于暂时融资困境中的公司从优先股市场排除出去,从而极大地限制了优先股发挥困境融资作用。其次,较佳的财务状况只具有历史意义,却不能代表未来投资价值。即便公司最近三年持续营利,未来能否继续营利仍受到公司经营策略、市场周期、经济环境等诸多不可测因素影响,发行的财务要求虽然一定程度上有助于保护优先股投资者,却无法保证投资者利益最终一定实现。

（三）优先股发行的规模限制过严

与国际做法相比,我国同时采用优先股发行股份规模和筹资金额的双重比例限制过于严格。《指导意见》和《管理办法》规定,"无论是上市公司还是非上市公众公司,公司已发行的优先股均不得超过公司普通股股份总数的50%,且筹资金额不得超过发行前净资产的50%"。这种对资产比例和股份比例的双重限制甚至比大陆法系国家更为严格,尤其是不同于其他国家对总资产比例要求,我国对优先股占资产比例要求的是相对于净资产,从而完全排除了困难企业在净资产为负的情况下,通过发行优先股融资的可能性。

优先股发行规模的限制与我国债转股工作的紧迫性之间存在矛盾。当前我国多数债转股对象企业资产负债率较高、净资产规模较低,对通过市场化债转股和降低企业杠杆率需求较大。据统计,已签约市场化债转股项目平均规模超过100亿元,部分转股规模超过原有净资产规模。鉴于多数债转股企业资产负债率较高、净资产规模有限,若按现行规定优先股发行规模将相当有限,难以满足转股企业需求。《指导意见》和《管理办法》的发行比例要求,使得部分企业发行优先股的规模受限，导致无法通过债转优先股的方式满足企业债转股的需求。

事实上，优先股发行规模的严格限制不仅制约了优先股市场的发展和流动性，也缺乏合理性。第一，对发行公司而言，优先股发行比例的限制容易导致优先股发行数量少、股本规模小，上市困难，尤其是阻断了困难企业的股权融资渠道，极大影响了优先股发挥困境融资作用。第二，从公司治理角度看，对优先股发行比例进行限制的一个目的，是防止大股东通过"滥发"优先股放大资本控制权。但对于我国目前大量有债转股需求的公司来说，相当一部分属于地方国有企业，股权相对集中，甚至是国有独资公司，上述大小股东代理矛盾问题并不突出。同时，放松优先股发行比例限制，有助于扩大优先股的市场规模，提高市场流动性，为实施机构退出创造良好的市场环境。第三，对优先股股东而言，其投资利益能否实现主要取决于公司的营利能力，并受制于公司的分红决定，以及股利累积与否、强制分红与否等具体条款要求，与优先股发行规模并无直接关联。第四，对普通股股东而言，优先股发行并非越少越好，而是取决于公司的融资目的和融资环境，影响普通股股东利益的核心不是优先股的发行规模，而是通过发行优先股能够多大程度上改善公司的经营情况。因此，无论从维护优先股和普通股股东权利，还是从缓解公司融资约束、改善公司经营能力、推动优先股市场发展来看，对优先股发行规模的限制都应适当降低。此外，从债转股企业股权结构特点和提高优先股市场流动性角度看，也应适度放松优先股发行规模比例限制。

（四）发行可转换优先股被禁止

现行规定不允许非金融企业发行可转换优先股，不利于实施机构维护自身权益。可转换权是优先股股东在收益优先索取权以外的重要权力之一，附有转换权的优先股将安全性和较大的升值机会结合在一起，实施机构将有机会选择是否从债转股企业的财务投资人转为战略投资人，从而获得公司普通股的获利机会。允许非金融企业发行可转换优先股，将有效提高实施机构的积极性，也有利于提升公司的治理水平。从国际经验看，由于优先股的合同属性较强，公司法对优先股的权利内容一般不做强制规定，优先股股东的权利和义务主要由公司章程等法律文件确定，至于优先股的可转换权，大多数国家都允许优先股转换为普通股，法国甚至允许优先股转换为另一类型的优先股。因此，应认可和鼓励双方自主协商安排优先股的附加条款，给予公司章程充分的意思自治权。

（五）优先股表决权和发行程序有待完善

优先股的表决权有待进一步明确。《上市公司章程指引》《上市公司股东大会规则》等相关规范性文件在其修订中均新增了对优先股股东权利的说明：一方面规定了优先股股东不能出席股东大会，没有相应的表决权；另一方面又规定了优先股股东在一些重大事项审议时有表决权，例如修改公司章程、合并分立等事项，同时对程序性的要求做了细化的规定。但是在其他很多重大事项上，如增资扩股、股权转让、合并分立、收购兼并引入新投资者、更改公司章程及清算解散等重大环节，《上市公司章程指引》《上市公司股东大会规则》并未对优先股的表决权进行明确规定。

此外，我国优先股的发行程序也有进一步简化的空间。当前，借鉴大陆法系的做法，我国优先股发行需经股东大会的批准。《管理办法》规定，"优先股发行必须提请股东大会批准，除须经出席会议的普通股股东（含表决权恢复的优先股股东）所持表决权的三分之二以上通过之外，还须经出席会议的优先股股东（不含表决权恢复的优先股股东）所持表决权的三分之二以上通过"。事实上，在我国授权董事会决定优先股的发行并无制度上的障碍。在公司章程允许发行优先股，并且股东大会授权董事会决定的情况下，可以借鉴美国的做法，通过公司章程授权董事会决定优先股的发行时机，从而实现股东大会放权，由股东大会中心主义特别是大股东中心主义，向股东大会和董事会相互平衡、相互制约的公司治理方向转变。

（六）优先股的相关法律缺乏衔接

《指导意见》、《管理办法》和《公司法》中就优先股在股利分配请求权、赎回请求权、转换请求权等内容和理念方面存在诸多不洽之处，缺乏有效衔接。

一是优先分配股利中商业银行不公平的强制性条款与《公司法》维护股东的合法权益的理念。中国银监会、证监会《关于商业银行发行优先股补充一级资本的指导意见》则规定，商业银行有权取消股息支付且不构成违约事件。这一对商业银行的特别保护条款虽然赋予商业银行根据指导意见可在公司章程中明确公司在有可分配利润情况下是否分配利润的权利，但使投资者在得不到股利的情况下，也无权要求商业银行承担违约责任，从而将不可抗力的风险转嫁给了股东，其自身则不承担风险。可见，该违约责任条款实为不公平条款。维护股东的合法权益是《公司法》的基本理念，公司章程是体现全体股东共同意志的共同意思表示而形成的协议，应当照顾不同利益主体的不同需求。强行规定"商业银行有权取消优先股的股息支付而不构成违约"条款，违背了公平的理念。

二是优先股的回购条款与《公司法》中资本维持原则相悖。国务院《指导意见》和证监会《管理办法》赋予了公司章程可以设置公司有权回购优先股的权利，并且对回购条件、价格、比例和回购程序作出了明确规定。而《公司法》第142条规定："公司不得收购本公司股份。但是，有下列情形之一的除外：（一）减少公司注册资本；（二）与持有本公司股份的其他公司合并；（三）将股份奖励给本公司职工；（四）股东因对股东大会作出的公司合并、分立决议持异议，要求公司收购其股份的。"依此规定，优先股回购并不符合收购本公司股份的特殊规定。《公司法》规定不得收购本公司股份是公司资本维持原则的体现，即要求在公司存续过程中应维持与其资本相当的实有财产。《公司法》是针对普通股进行的规定，优先股回购若写入《公司法》，势必要对《公司法》相关条款进行修改。

（七）其他相关法规对债转优先股的制约

债转股资产的风险权重过高导致实施机构的资本占用压力较大。当前，根据我国《商业银行资本管理办法（试行）》的规定：商业银行对一般企业债券的风险权重为100%；对工商企业股权投资，被动持有并在法律规定处分期限（一般为两年）内，或因政策性原因并经国务院特别批准的，风险权重为400%，其他情况下的风险权重为1250%。在现行规定下，银行将对企业的债权转为股权后，两年内风险权重计为400%，但两年后的风险权重将计为1250%，对银行资本占用产生较大压力，极大地影响了商业银行及其下设实施机构、金融资产管理公司等持有债转股股权的积极性。

此外，债转股的最终目的是通过引入实施机构长期持有企业股权、参与公司治理，待公司盈利转好、资产升值后，实施机构再适时退出。因此，将持股两年后股权投资的风险权重大幅提升为1250%也违背了通过债转股改善公司治理的政策初衷，不利于实施机构长期持有转股企业的股票。

五 我国下一步完善优先股法律制度的建议

为更好地推进市场化法治化债转股，有必要适当放宽过严的优先股发行条件，对债转优先股予以一定的政策支持，充分发挥优先股作为困境融资工具的优势和价值，引导对投资回报安全性有要求的实施机构通过债转股优先股的方式开展债转股。

（一）完善优先股法律制度的基本原则

未来我国在优先股立法上有必要将授权式立法和法定式立法相结合，适当借鉴英美授权式立法的做法，充分把握强制性条款和任意性条款的恰当边界，合理把握优先股制度中强制性规范与任意性规范的平衡，实现效率与安全的最佳契合，以保障优先股制度的灵活性与适应性。

完善优先股法律制度应把握好以下三个基本原则。

一是进一步明确优先股的制度框架。对关涉投资人重大利益保护及金融市场稳定的事项应当进行统一的强制性规范，阻断恶意、盲目的发行行为，主要涉及发行人的信息披露义务、优先股持有人的表决权行使机制、优先股退出机制及其持有人权益保护等方面。

二是充分尊重市场主体的契约自由及公司自治理念。通过设置授权性条款，对优先股的发行进行非强制引导或直接授权公司章程自行决定，诸如发行种类、股息设置、发行规模等应当认定为公司自治范围，可交由公司章程规定。

三是加强各类相关法律法规的有效衔接。《指导意见》和《管理办法》在性质上属于国务院政策和部门规章，法律上效力等级不高，为完善我国优先股制度，提高优先股的法律保障，应尽快修改《公司法》《证券法》《破产法》的相关规定，提高效力等级使优先股制度在整个体系上规范化。

（二）对完善优先股发行制度的具体建议

一是放宽发行主体的资格限制，允许"双非"公司类债转股企业进入发行门槛。建议允许"双非"公司发行优先股，赋予更多债转股企业发行优先股的资格。以债转股为目的发行优先股的，在股息率设计上，股息率可超过过去三年平均利润率；在发行条件上，放宽上市公司最近三个会计年度应当连续盈利的财务要求，允许经营暂时困难的企业发行优先股；在发行范围上，上证指50指数以外的企业也可发行优先股，同时，制定非上市非公众公司发行优先股的相关规定，支持此类公司债转优先股；在优先股类别上，允许非金融企业发行可转换优先股。

二是放宽优先股发行规模比例限制，以适应和满足债转股企业较大的转股规模需求。建议适当放松优先股发行规模比例限制。以债转股为目的发行优先股的，在股息率设计上，股息率可超过过去三年平均利润率；在发行条件上，放宽上市公司最近三个会计年度应当连续盈利的财务要求，允许经营暂时困难的企业发行优先股；取消"筹资金额不得超过发行前净资产的50%"，只保留"不超过公司已发行股份总数的 50%"。未来，随着优先股市场的不断发展，公司治理的不断完善，可考虑进一步逐步放松限制。

三是适度放宽对发行主体的财务要求，充分发挥优先股拯救暂时困境企业的优势。建议适当降低上市公司发行优先股的财务要求，允许暂时亏损的企业发行优先股，如过去三年未出现连续亏损的上市公司可以公开发行优先股，取消"最近三个会计年度实现的年均可分配利润不少于优先股一年的股息"这一要求。

四是允许附加条款多样化，提高实施机构参与债转股的积极性。建议允许优先股股东权利和义务内容由双方协议安排，允许股份公司可优先发行的优先股具有（不）可转换、可（非）累积、可（不可）赎回、固定（浮动）股息等一种或多种属性组合。对于转换条款设置，要求公司章程明确规定是强制性转换还是任意性转换、转换的条件及期限、在转换前是否清偿积欠的股息，以及转换价格或转换比例的确定方法。

五是简化优先股发行的内部程序。与英美模式相比，我国优先股的发行程序存在进一步简化的空间。在公司章程允许发行优先股，并且股东大会授权董事会决定的情况下，我国可考虑借鉴美国的做法，通过公司章程授权董事会决定优先股的发行时机，从而实现股东大会放权，由股东大会中心主义特别是大股东中心主义，向股东大会和董事会相互平衡、相互制约的公司治理方向转变。

六是修改相关法律法规对优先股股东权利的保障。《证券法》应在规定普通股股东权益的同时明确优先股股东的权益。《破产法》应明确提出债权人获得法定收益后，剩余收益应由优先股首先分配；《上市公司章程指引》《上市公司股东大会规则》应进一步明确在公司的重要事件中给予优先股股东更多的表决权项，如增资扩股、股权转让、合并分立、收购兼并引入新投资者、更改公司章程及清算解散等，提升优化股股东的认同感，激发实施机构债转优先股的积极性。

（三）对债转优先股予以税收和监管政策支持

我国现行的企业税收、实施机构资本占用等方面政策对企业发行优先股、实施机构投资优先股的支持力度均不够，下一步有必要在税收、相关监管政策上给予优先股发行企业和投资者一定支持。

一是加大对优先股的税收优惠力度。税务成本直接影响发行人和实施机构的决策，我国目前的税收政策对投资者的优先股股利有税收减免，但对发行人的股息支出没有抵扣政策。考虑到优先股虽为权益，但多具有固定股息、有限获得剩余财产分配权的优先权利，一定程度具备债的特征，因此可借鉴美国经验引入税收等市场化手段，对各类优先股给予"类债券"税收待遇，允许债转股企业将优先股股息税前扣除，并在印花税、增值税等方面给予优惠，最终达到有效调节优先股发行比例的目的。

二是解决实施机构的资本占用问题。债转股实施机构持有优先股的资本占用明显高于普通债权，限制了实施机构开展债转优先股的积极性，解决持有优先股的资本占用问题十分迫切。目前巴塞尔协议等国际标准对商业银行投资或持有优先股的风险权重尚无明确规定，优先股属于介于股权和债权之间的一种特殊股权，完全按照一般股权设置风险权重不尽合理，应予以适度修正。对此，建议按照国际通用做法合理确定债转股的风险权重。适度降低优先股风险权重，实施机构持有的由债权转换后的优先股股权，两年内将风险权重计为400%，两年后将风险权重计为600%。

建立完善国有企业资产负债约束机制，助力结构性去杠杆工作取得关键成果

国有企业降杠杆是结构性去杠杆工作的重中之重。近年来，随着去杠杆工作的持续推进，我国经济总体杠杆率虽然保持基本稳定，但国有企业杠杆率依然是当前最突出的焦点问题和去杠杆工作的重点领域。针对这一问题，近日，国务院正式公布了《关于加强国有企业资产负债约束的指导意见》（以下简称《指导意见》），这是落实党的十九大精神、推动国有企业降杠杆、防范化解国有企业债务风险的一个重要文件，也是推动国有资本做强做优做大、提高经济发展质量、增强经济发展韧性的一项重要举措。

一 建立国有企业资产负债约束机制具有重要意义

杠杆率高企是现阶段我国经济面临的突出问题，更值得高度重视的是，杠杆率在不同部门之间以及各部门内部体现出明显的结构性特点，杠杆率最高的是企业部门，而企业部门的债务三分之二以上聚集在国有企业。因此，降低国有企业资产负债率是结构性去杠杆的重要攻坚任务。长期以来，由于国有企业内部治理结构不完

善、外部约束机制不健全，国有企业资产负债约束较少，举债融资时通常不会过多地考虑杠杆率或资产负债率的高低，过度融资、规模冲动问题比较严重，造成债务规模无效扩张和各类债务风险交叉传染。

近年来，党中央、国务院高度重视国有企业债务风险问题，从战略高度对降低企业杠杆率相关工作作出了一系列重大决策部署，并取得了显著效果。随着企业去杠杆工作的纵深推进，体制机制层面的顽疾痼疾逐步显露，国有企业缺乏有效管用的资产负债约束机制便是其中之一，当前形势下，必须建章立制，切实解决国有企业预算软约束问题，通过建立和完善国有企业资产负债约束机制，强化监督管理，做到标本兼治，促使高负债国有企业资产负债率尽快回归合理水平。

二 建立科学完善的国有企业资产负债约束机制是一项系统工程

《指导意见》对国有企业资产负债约束的指标标准、降低目标、管控体系、配套政策、组织落实等方面都做出了周密部署。

有效的资产负债约束需要目标明确、有的放矢。《指导意见》非常明确地提出，要促使高负债国有企业资产负债率尽快回归合理水平，推动国有企业平均资产负债率到2020年末比2017年末降低2个百分点左右，这为下一阶段国有企业减负债、降杠杆工作制定了清晰的时间表和任务书。目前，我国主要行业中国有企业的平均资产负债率相比本行业平均水平高出3~5个百分点，考虑到不同行业、不同规模的企业资产负债率差异，在国有企业总资产负债率降低 2 个百分点后，将使得大部分国有企业的资产负债率接近行业平均值，基本回归合理水平。同时，《指导意见》还甄选了管控负债的对象企业、抓住了防范风险的关键企业，提出以企业资产负债率为核心，综合考虑企业所在的行业特点、发展阶段、债务类型、债务期限，以及息税前利润、利息保障倍数、流动比率、速动比率、经营活动现金净流量等指标的风险监测和管控体系，科学评价企业债务风险程度，对超出约束标准的企业，根据风险大小分别列入重点关注和重点监管企业名单，采取适当管控措施。

有效的资产负债约束需要全面覆盖、分类管理。建立完善国有企业资产负债约束必须是无死角、无盲区，要把所有行业、所有类型国有企业都纳入资产负债约束管理体制，切实做到约束标准的细化、到位和硬化。同时，由于我国不同行业国有企业资产负债特征不尽相同，不同行业的资产负债率差异较大，高负债率企业主要集中在原材料、电力煤炭能源、重化工、钢铁、有色、公路铁路等行业，而制药、皮革制品、食品饮料等轻工业和医药、生物、消费、高科技等行业国有企业高负债率问题并不突出。因而，《指导意见》提出要根据不同行业资产负债特征，分行业设置国有企业资产负债率基准线、警戒线和重点监管线等各类约束指标标准，避免设置单一标准而出现过松或过严问题。对于产能过剩行业国有企业资产负债率要严格管控，对于战略性新兴产业企业、创新创业企业等有利于推动经济转型升级发展的国有企业资产负债率则灵活适度掌握，这也体现了因业施策、有扶有控的基本原则。同时，由于企业资产负债率存在一定周期波动性，《指导意见》中的资产负债约束标准使用的是可动态调整的年度值而非固定值，这也考虑到不过多干扰企业根据市场变化调整其资产负债结构的自主性。

有效的资产负债约束需要完善内部治理、强化外部约束。我国国有企业资产负债结构不合理的原因较为复杂，既有对过度举债融资行为缺乏日常约束管理、集团对所属子企业资产负债约束不到位、内源性资本积累意愿能力不强等企业内部治理问题，也有缺乏科学规范的企业资产负债监测及预警体系、有关方面对高负债企业协同约束和考核惩戒力度不足等外部因素，因而需要针对不同成因综合施策，提高政策的有效性。为此，《指导意见》提出加强国有企业资产负债约束，要与深化国有企业改革、建立现代企业制度、优化企业治理结构等有机结合，建立健全长效机制。同时，要通过强化考核、增强企业财务真实性和透明度、合理限制债务融资和投资等方式，加强国有企业资产负债外部约束，这些措施既有制度性建设的长效机制，也有短期可见实效的实招硬招，对国有企业高负债风险既有防范也有化解，体现了标本兼治、内外并举、立足当前、着眼长远的考虑。

有效的资产负债约束需要各方主动作为、政策适度支持。对国有企业而言，要根据相应资产负债率预警线和重点监管线，综合考虑多种因素，加强资本结构规划与管理，合理设定企业资产负债率和资产负债结构；企业管理层要忠实勤勉履职，审慎开展一切有可能增加债务规模的业务活动；要强化企业集团对所属子企业内部约束和统一管理；要坚持提质增效苦练内功，通过扩大经营积累增强企业资本实力。对国有资产管理部门而言，要尽快建立科学规范的企业资产负债监测与预警体系，扎实铺好相关基础设施；要加强过程监督检查、发挥考核引导作用，敦促高负债企业限期落实降低资产负债率。对相关金融机构而言，要加强贷款信息共享以全面审慎评估企业信用风险，对重点关注企业新增债务融资引入联合授信机制，对重点监管企业不予新增债务融资。此外，《指导意见》也明确了要为高负债国有企业降低资产负债率创造良好的政策环境、制度环境，通过完善资本补充机制，扩大股权融资、支持盘活存量资产，稳妥有序开展债务重组和市场化法治化债转股，围绕国有企业降杠杆、减债务工作中的各项痛点、难点和堵点进行靶向突破。

国有企业资产负债约束机制本身涉及多方面主体，利益关系复杂，协调难度大，推动起来有一定的困难，为推动建立国有企业资产负债约束机制，有必要多方联动、共同制定相应措施，保障工作规范有序开展。对此，《指导意见》强调要严格划分政府债务和企业债务边界，严禁地方政府及其部门违法违规或变相通过国有企业举借债务。鼓励支持国有企业采取租赁承包、合作利用、资产置换、资产整合、盘活无形资产以及开展各类资产证券化业务等方式提高资产使用效率；通过开展债务清理，减少无效占用，加快资金周转；鼓励国有企业在风险可控前提下利用债券市场提高直接融资比重，优化企业债务结构。

国有企业降杠杆、减负债是我国经济进入高质量发展时期必须过的坎、爬的坡，《指导意见》的出台为建立国有企业资产负债约束机制明确了方向、原则和途径。下一步要抓好文件的贯彻落实，促进工作取得积极进展，为中国经济强身健体、实现长期持续健康发展奠定坚实基础。

以恢复资产负债表健康为核心推进去产能企业债务处置

我国去产能企业的债务，有一部分是因监管标准变化等政策性因素形成的"合规成本"。日本在20世纪70年代的经验显示，"合规成本"需要由市场和政府共同分担，当无法通过市场机制传导消化且存在较大经济负外部效应时，政府通常会通过财政补贴、税收优惠、低息贷款等手段给予部分补偿。下一步，为加快我国去产能企业债务处置工作，需要以资产负债两头并重，以资产处置带动债务处置，突破行动僵局；以政府补偿企业部分"合规成本"为切入口，政府市场共担政策成本，激活各方积极性；以恢复资产负债表健康为核心，明确债务处置工作流程，再造企业融资能力。

一 以恢复资产负债表为核心开展涉去产能企业债务处置的基本思路

根据相关部门的调研，由于目前缺乏对涉去产能债务处置的具体规定和细则，债务处置工作难以开展，基本停滞。我们建议以恢复去产能企业资产负债表为核心开展债务处置工作，基本操作方法和流程是：（1）处置企业相关去产能资产，并确认资产损失并进行相应的会计处理；（2）根据不同情况，政府组织对企业的资产损失予以一定比例的补偿；（3）对去产能企业设定合理的资产负债率，并要求企业和股东、潜在投资者、债权人以市场化法治化原则自主协商开展多种形式的资产重组和债务重组，在一定期限内（如 3 年内）将企业资产负债率降至合理水平；（4）对未能在规定期限降至合理资产负债率且按期偿付债务发生困难的企业，禁止通过展期续贷、借新还旧、过桥贷款和关联企业担保等方式滚转债务，而依法转入破产重整司法程序，通过司法程序实现企业合理的资产负债水平。按以上流程开展涉去产能债务处置，既可以达到减轻企业债务负担轻装前进的目的，又贯彻了市场化法治化和公平性的原则。

二　聚焦资产负债表可以有效破解涉去产能债务处置中存在的各类障碍

从资产端处置有利于消除责任不清、公平性难体现的障碍。由于去产能企业债务形成的责任很难厘清，从债务端处置难以实现公平性原则。如果对所有涉去产能债务均按一定比例由银行减免，则部分有偿还能力的债务也无需偿还，对认真做贷前调查和贷后管理的银行不公平；如果仅对无偿还能力的涉去产能债务进行减免，有偿还能力的贷款继续还贷，则对经营良好、积极还贷的企业不公平，这类企业将独自承担全部的去产能损失。而从资产端看，以环保、能耗、质量、技术、安全等标准推动去产能而产生的损失，在经济学概念范畴上可以认为是一种广义的"合规成本"（Compliance Cost），即因法律法规变化、监管标准变化、政策措施变动所额外产生的企业成本。合规成本需要市场和政府共同分担，以避免更大的经济负外部效应。这方面也有一些国际上成功的经验可资借鉴，如20世纪70年代，日本政府出台了对企业因环保标准提高而产生的废弃设备进行补偿的政策，促进了过剩产能淘汰和技术水平提高。因而，对因去产能而损失的资产给予一定比例的补偿，责任清晰；同时所有去产能企业均可享受到，对所有企业也是公平的。在损失补偿完毕的基础上开展债务处置，对银行也是公平的，银行所承担的不再是政策性损失，而是经营性损失。

以资产处置带动债务处置有利于克服债务债权关系不清的障碍。从负债端看，大部分去产能企业存在债务清分难度大、债权债务关系无法一一对应的问题。由于存在集团统贷统还、内部交叉担保等融资特点，去产能企业政策性债务难以清晰界定、计量和分割，难以获得债权债务人双方共识和法律认可，仅从债务端入手处置往往陷入行动僵局。但从资产端看，由去产能导致的资产损失十分明确清晰，没有太多争议。同时资产处置到位，将为债务处置提供基准，债务处置的目的就是使债务规模和结构与资产规模和质量相适应，以使企业恢复资产负债表健康和持续经营能力。银行等金融机构根据合理资产负债率的需要开展包括贷款本息减免、期限调整和债转股在内的债务重组，出发点将不是弥补去产能的损失，而是维护自身债权安全，符合市场化法治化原则，债务重组的规模也不是政府行政命令确定的，而是由市场决定的。

以恢复资产负债表健康为核心，有利于明确债务处置工作流程、再造企业融资能力。如果仅从债权人、债务人、重组参与方角度或仅从资产重组、债务重组的具体方式出发，难以形成去产能企业债务处置的系统性、流程化、约束性的工作机制，也难以对整体工作进展准确评估和监督执行。同时，如果不针对企业资产负债表"出血点"分类施策，哪怕是多种资产负债处置手段轮番上阵，也难以最终改善和修复企业的资产负债水平、结构和弹性，无法改善企业融资条件，恢复企业融资能力。

以企业资产负债率为核心开展债务处置有利于克服企业和银行债务处置积极性不高的障碍。在对企业资产负债不加约束的情况下，企业和银行均因担心损失显性化而缺乏开展债务处置的主动性和积极性，更倾向于通过借新还旧等方式滚转债务，导致企业债务进一步增加，陷入持续加杠杆的泥潭而不能自拔。而建立企业资产负债约束，则会倒逼企业和银行尽快开展债务处置，同时规定在一定期限内达不到合理资产负债水平且无法偿付到期债务的企业将被禁止通过借新还旧方式滚转债务，而进入破产重整程序，这将对企业和银行产生很强的倒逼作用。因为一旦进入破产重整程序，银行债权人面临着很大的债权损失风险，企业股东则面临着很大的股权损失风险，对企业现股东和债权人是双输的局面。同时，以资产负债为核心开展债务处置还有利于建立企业负债的长效约束机制，建立企业资产负债表健康度的监测评估体系，将其引入国有企业考核机制，使得企业有动力自我控制资产负债规模、结构比例等关键因素，防止高杠杆风险周而复始、不断累积。

三 围绕资产负债表开展债务处置工作的建议

一是采取"四步走"方式组织实施资产债务处置工作。首先，对政策性因素形成的企业资产损失给予部分财政补偿。处置企业相关去产能资产，确认资产损失，进行相应会计处理。对由于去产能政策性因素、监管标准变化造成的资产损失，通过国有资本预算注入资本金、划拨资产、国有股减持引进新投资者、建立和使用补偿基金等多种方式，给予一定比例的补偿。其次，设定去产能企业合理的资产负债率目标。政府、企业、债权人、行业专家通力合作，分行业、分类型、分规模明确去产能行业、企业合理的资产负债率水平，设置降低资产负债率的目标和实现目标的期限（如3年内），企业自行制定降低资产负债率的方案并实施。积极稳妥降低企业杠杆率部级联席会议负责对方案进行评估和监督落实。再次，要求财政补偿后的去产能企业限期内降低资产负债率。对于财政补偿、资本注入、资产重组后形成新的资产负债率仍高于正常经营水平的保留债务，要求企业和股东、潜在投资者、债权人以市场化法治化原则、以庭外重组方式自主协商开展债务减免、停息挂账、贷款重组、市场化债转股等多种形式的资产重组和债务重组，恢复企业财务和经营可持续性，在一定期限内（如3年内）将企业资产负债率降至合理水平。最后，如果庭外重组失败则转入破产重组司法程序。对未能在规定期限降至合理资产负债率且按期偿付债务发生困难的企业，禁止寻求债务滚转，依法转入破产重整司法程序，通过司法程序实现企业合理的资产负债水平。

二是多种方式补偿去产能企业损失。通过去产能企业互济、成立专项基金、财政补贴等方式向企业提供直接或间接补偿。开展企业互济，按照"谁受益谁承担"的原则，建立去产能行业内部的企业收益损失分担机制，要求留在市场的受益企业向退出市场的损失企业提供补偿，可从继续经营的企业销售收入中提取一定比例，经由指定银行专户建账，作为退出企业的补偿基金。设立专项基金，中央政府设立"去产能企业债务处置基金"，资金来源可考虑财政专项资金和发行长期专项债，专项解决债务处置启动经费和资金周转问题，也可对按计划在期限内将资产负债率降至合理水平的企业给予资金支持；允许地方政府、政策性开发性金融机构、商业银行共同设立"去产能企业信用保证基金"，对企业因处置过剩产能向金融机构申请的贷款给予担保。建立事后评估机制，对已实施的补偿方案进行事后评估，及时总结经验，提高补偿资金使用效率。

三是完善国有资产处置规则，激活资产处置。在防范国有资产流失的前提下，进一步明确、规范和简化国有资产转让相关程序，细化涉去产能企业国有土地再利用规则，完善债务抵押物处置规则。明确剩余矿产资源处置规则。积极利用产权交易所、租赁、资产证券化等多种方式充分盘活有效资产。对于涉及资产证券化、公开市场产权交易等方式盘活企业存量资产偿还债务的，相关监管部门应给予适当监管便利。

四是加大监管支持和业务支持力度，激发债务处置积极性。制定专门的煤炭钢铁去产能贷款减免和坏账核销方案，对涉及政策性因素的债务处置给予更大力度支持，进一步向银行机构下放自主债务减免和核销的权限，适当放松呆坏账减免和核销的相关条件，并落实尽职免责。对因债务处置损失较大的银行，在机构审慎监管指标考核、宏观审慎政策评估、绩效考核时给予适当考虑，同时，财政部门可通过注入资本金、减少国有股分红、增加金融机构利润留存等方式适当补偿。

热点焦点

股市风波记

本文记录了笔者2015年4月至2016年5月围绕股市异常波动的相关文章，原汁原味记录了当时市况。

一 全球股市风险集聚，但还未达"峰值"（2015年4月）

2015年4月，全球股票市值继1999年和2007年之后第3次超过全球GDP，海外市场普遍担心全球股市将迎来大幅调整，或将引发类似亚洲金融危机、国际金融危机的金融市场动荡。我们从累计涨幅、估值水平、股价乖离率、恐慌指数和巴菲特指数五个方面，对美、欧、亚有代表性的22个股指的泡沫化程度进行了定量测算。我们的研究结果表明，尽管不同市场股价泡沫度有所差异，但可以基本判断全球股市风险已处在正常区间的上限，还未达到泡沫即将破灭的最高顶部。

（一）多项指标显示全球股市风险渐增，但还未达风险高点

观察股市风险及股价泡沫化程度存在多个指标，如：反映股市与实体经济关系的"巴菲特指数"（一国股票市值/GDP）、一段时

间内股价累计涨幅、股票市盈率（PE）等市场估值水平、股价偏离长期趋势线的乖离率（BIAS）、反映股价波动率和市场情绪的恐慌指数（VIX指数）等。历史经验显示，股市泡沫生成及膨胀过程中，各项风险指标并非同步提高，不能从单一指标推论股市泡沫化程度，需要综合多个指标加权得到能够客观反映股价风险演进的泡沫度，以全面反映股市所处的泡沫化阶段。

1. 全球股票市值第三次超过GDP

"巴菲特指标"被视为衡量股价过热程度的重要警示指标，这一指标在1999年和2007年分别达到121%和109%，随后无一例外发生股价大幅下跌，并引发经济金融危机。世界交易所联合会（WFE）统计数据显示，4月末全球股票总市值达到74.7万亿美元；根据国际货币基金组织（IMF）推算，2015年全球GDP约为74.5万亿美元。目前，全球股市总市值再度超过全球GDP，预示全球股市已进入高风险期，短期一旦发生大幅调整，或将引发新一轮金融市场动荡。

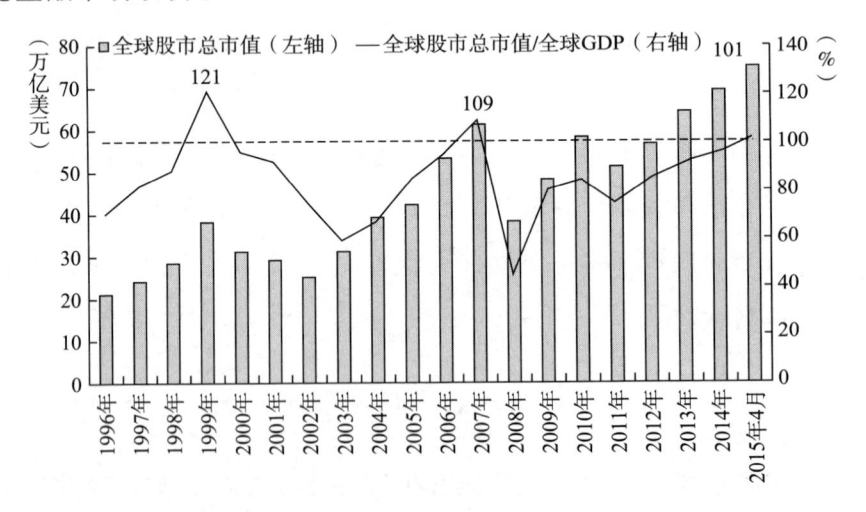

图1　全球股市总市值及其与全球GDP比值（巴菲特指数）

"第三次"是否不同于第一、二次呢？我们的研究结果证明是肯定的。根据统计，第一次股票市值超过 GDP 余额部分中的 59% 来自以英国为代表的欧洲市场，第二次股票市值超过 GDP 余额部分中的 72% 来自美国市场，而"第三次"则主要来自中国市场。截至 2015 年 4 月末，上海、深圳和香港股市总市值约 15 万亿美元，比 2014 年 1 月提高了 8.1 万亿美元，占同期全球股票总市值增长额的 48%，全球股票市值超过 GDP 余额部分中约 67% 来自中国市场。这说明"第三次"全球股市繁荣的重要引擎由传统的欧美发达市场转向以中国为主的新兴市场，这一次的泡沫走势及后续影响将有别于前两次。

2. 主要股指自上轮低点以来大幅上涨

一是美国、德国股市领涨发达市场并均创历史新高。截至 2015 年 5 月 8 日，美国纳斯达克、标普 500 和道琼斯三大股指较 2009 年 3 月低点分别累计上涨 352%、218% 和 181%，上涨时间均持续 74 个月。其中，纳斯达克指数一度突破网络泡沫时期创下的 5132 点历史高位，标普 500 和道琼斯指数也较 2007 年历史高点分别上涨 35% 和 31%。德国股市领涨欧洲市场，截至 5 月 8 日，法兰克福 DAX 指数较 2009 年低点累计上涨 226%。俄罗斯 RTS 指数、英国伦敦金融时报 100 指数、西班牙 IBEX35 指数、意大利 MIB 指数和法国巴黎 CAC40 指数则分别累计上涨 108%、104%、93%、89% 和 81%，其中，英国伦敦金融时报 100 指数也已突破 2007 年的历史高点。

二是印度尼西亚、印度、菲律宾和中国股市领涨亚洲市场。印度尼西亚、菲律宾和印度牛市启动早、持续时间长。中国内地和香港股市启动上涨时间虽晚于其他市场，但 2014 年以来涨幅位居全球前列。截至 5 月 8 日，上证综指、深证成指、中小板指数和创业板指数较 2008 年 10 月历史低点分别累计上涨 151%、160%、323% 和 408%；同期，中国香港恒生指数累计上涨 158%。此外，日本日经 225 指数、韩国综合指数和澳大利亚普通股指数也较 2008 年低点分别累计上涨 177%、134% 和 85%。

三是主要股市月均涨幅的变化趋势显示风险呈"接力棒"式传递。本轮周期以来，各国股市上涨时间持续 10～79 个月，美欧发达市场和新兴市场股市表现有所分化。美、英、德、法、加五国和印度、印尼、菲、澳四国股市，在 2007 年金融危机后呈现单边上涨格局，上涨时间超过 6 年。巴、俄、意、西、韩、日及中国内地和香港股市上涨时间较短（1～3 年）。从 22 个指数月度涨幅变化

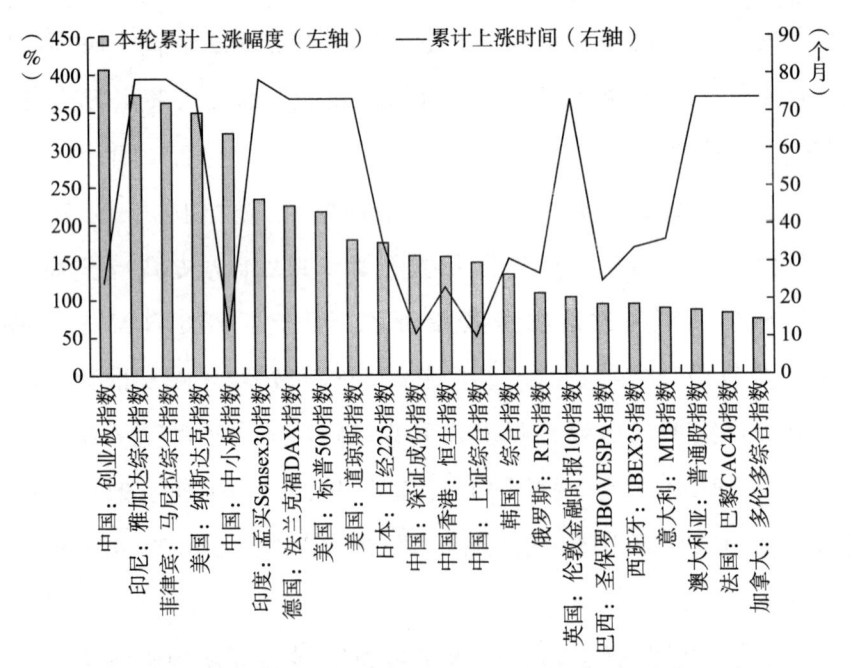

图 2　22 个主要股指数累计上涨幅度和持续时间

注：累计上涨幅度为上轮低点至 2015 年 5 月 8 日间涨幅。

资料来源：Wind。

股市风波记 | 137

表 1　全球主要股市本轮周期上涨情况

全球主要股指	5月8日收盘价	上轮高点	上轮下跌幅度（%）	下跌时间（个月）	本轮低点	本轮上涨幅度（%）	上涨时间（个月）
美国：道琼斯指数	18190	13930	2007年10月	-54	17	6469	2009年3月	181	74
美国：纳斯达克指数	5003	5132	2000年3月	-78	31	1108	2009年3月	352	74
美国：标普500指数	2116	1567	2007年12月	-57	15	666	2009年3月	218	74
加拿大：多伦多综合指数	15170	14467	2008年6月	-40	9	8720	2009年3月	74	25
巴西：圣保罗IBOVESPA指数	57092	73920	2008年5月	-60	5	29435	2008年10月	94	74
英国：伦敦金融时报100指数	7046	6751	2007年10月	-49	17	3460	2009年3月	104	74
德国：法兰克福DAX指数	11709	8100	2008年1月	-56	14	3588	2009年3月	226	74
法国：巴黎CAC40指数	5090	6054	2007年6月	-54	21	2807	2009年3月	81	74
意大利：MIB指数	23312	44364	2007年5月	-72	22	12332	2009年3月	89	36
西班牙：IBEX 35指数	11424	16040	2007年11月	-63	16	5905	2012年7月	93	34
俄罗斯：RTS指数	1052	2498	2008年5月	-80	8	505	2009年1月	108	27
中国：上证综合指数	4205	6124	2007年10月	-73	13	1678	2008年11月	151	27
中国：深证成份指数	14481	19600	2007年10月	-72	12	5577	2008年10月	160	11
中国：中小板指数	8937	6633	2008年1月	-68	10	2114	2008年10月	323	12
中国：创业板指数	2973	1239	2010年12月	-53	24	585	2012年11月	408	25
日本：日经225指数	19379	18295	2007年7月	-62	15	6994	2008年10月	177	35
韩国：综合指数	2085	2085	2007年11月	-57	12	892	2008年11月	134	31
中国香港：恒生指数	27589	31958	2007年11月	-67	11	10676	2008年10月	158	24
印度：孟买Sensex30指数	27081	21206	2008年1月	-62	9	8074	2008年10月	235	79
印尼：雅加达综合指数	5166	2838	2008年1月	-62	9	1089	2008年10月	374	79
菲律宾：马尼拉综合指数	7814	3896	2007年10月	-57	12	1684	2008年10月	364	79
澳大利亚：普通股指数	5650	6873	2007年11月	-56	16	3052	2009年3月	85	74

之间的关系看，股价上涨有从美欧市场向新兴市场溢出传递的效应。就是说，即使美欧股市已达峰值，而由于向新兴市场特别是向正处在快速开放中的中国股市产生"溢出效应"，也是有时间差的，何况美欧股市目前与风险高点还有一段距离。

3. 近半数股指估值水平已接近或超过历史高位

本轮周期以来，全球股市市盈率均出现快速上升态势，有10个股指市盈率已经接近或超过历史高点。其中，加拿大、英国、韩国和澳大利亚股市截至4月末的市盈率水平分别为18倍、29倍、18倍和14倍，已接近各自历史高点；法国、印度、印度尼西亚和菲律宾市盈率分别为24倍、23倍、19倍和21倍，已超各自历史高点。全球股票市值前四位，即美国、中国内地、中国香港和日本股市的市盈率仍低于历史高点。道琼斯、纳斯达克和标普500三大股指市盈率分别为17倍、26倍和19倍，较1999年27倍、152倍和45倍的历史高点仍有较大距离，但已快速接近2007年金融危机期间的次高点水平。日本、中国香港和中国内地股市市盈率较历史高点差距较大，截至5月8日，上证综指、深证成指、中小板指数和创业板指数分别为19倍、24倍、49倍和103倍。其中，上证综指、深证成指远低于2007年46.7倍、47.5倍的历史高点，中小板指数和创业板指数市盈率则已创新高并继续上升。

表2　22个主要股指市盈率及历史高点

全球主要股指	市盈率（2015年4月）	最高市盈率及时间
美国：道琼斯指数	17	27（1999年3月）
美国：纳斯达克指数	26	152（1999年5月）
美国：标普500指数	19	45（1999年5月）
加拿大：多伦多综合指数	18	22（2001年7月）
巴西：圣保罗IBOVESPA指数	5	19（2009年5月）

续表

全球主要股指	市盈率（2015年4月）	最高市盈率及时间
英国：伦敦金融时报100指数	29	34（2001年5月）
德国：法兰克福DAX指数	22	35（2000年7月）
法国：巴黎CAC40指数	24	22（2001年4月）
意大利：MIB指数	26	45（2007年5月）
西班牙：IBEX 35指数	28	39（2007年6月）
俄罗斯：RTS指数	6.2	18（2008年1月）
中国：上证综合指数	19	46.7（2007年10月）
中国：深证成份指数	24	47.5（2007年10月）
中国：中小板指数	49	49（2015年5月）
中国：创业板指数	103	103（2015年5月）
日本：日经225指数	19	70（1987年4月）
韩国：综合指数	18	20（2007年10月）
中国香港：恒生指数	10.4	28（2000年6月）
印度：孟买Sensex30指数	23	21.6（2008年1月）
印尼：雅加达综合指数	19	15（2007年10月）
菲律宾：马尼拉综合指数	21	16（2008年5月）
澳大利亚：普通股指数	14	16（2007年10月）

4. 股价乖离率显示主要指数正向偏离长期趋势

乖离率（BIAS）反映股价偏离均线程度，当股价偏离趋势值过大时，都存在"均值回归"过程。22个股指乖离率（偏离120日均线）显示，截至5月8日，多数股指乖离率处在高位，反转信号较为强烈。其中，美国纳斯达克指数、德国法兰克福指数、菲律宾马尼拉指数、印尼雅加达指数和中国创业板指数偏离长期趋势值较大，乖离率在68%~85%，其他股指乖离率在50%以下。因此，全球股市价格偏离趋势值持续一段时间之后，市场自发向下调整的力量也将不断增大。

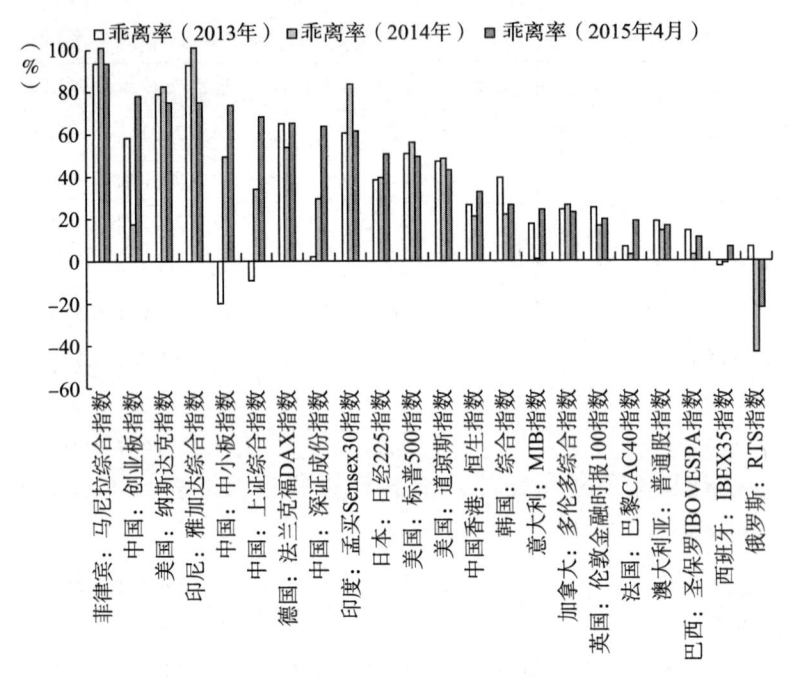

图 3　22 个主要股指乖离率指标

注：截至 2015 年 4 月末，乖离率指标为 BIAS（120 日）。
资料来源：Wind。

5. 恐慌指数尚未预警后续调整风险

股票市场波动性指标（VIX 指数）被称为市场恐慌指数，是股价调整的重要先行指标，可以预警市场重大敏感事件。对比美国标普 500 指数和 VIX 指数走势可以发现，VIX 指数明显提高后，往往在几个月内引发股指大幅下跌。以国际金融危机期间为例，2007 年 1～8 月，VIX 指数由 10.1 的历史低位快速提高至 30.7，标普 500 指数随即在 10 月开始快速下跌。同时，在股指下跌期间，VIX 指数更是急速上升至 80，加大了股指调整幅度。本轮周期以来，虽然 VIX 指数在 2010 年 5 月、2011 年 8 月也分别达到 45、48 的阶段性高点，但持续时间短暂，股指调整轻微。2015 年以来，VIX 指数在 10～23 的低位区间运行，尚不存在明显的风险信号。但值得注意是，如有系统性事件发生，将触发 VIX 指数大幅飙升。5 月 12 日，芝加哥期货交易所（CBOE）近 1 亿美元 VIX 期权合约 1 秒钟成交，创造了该产品有史以来最大单笔交易，这也反映市场多空双方对后市分歧较大。

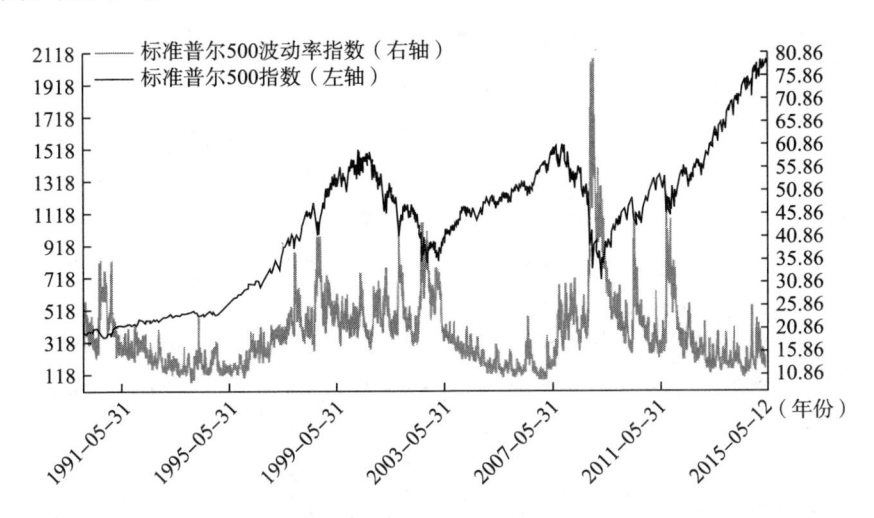

图 4　美国标普 500 指数和波动率指数

注：截至 2015 年 5 月 12 日。
资料来源：CBOE。

综合以上五项风险指标，我们对全球 22 个股指进行分项风险评级。结果显示，本轮周期以来，各项风险指标并非同步提高，不同指标反映的市场风险程度有较大差异，需要一个能够综合判断股价泡沫化程度的加权指标。

表 3　全球股指风险评级

风险指标评级	累计涨幅	市盈率	乖离率	恐慌指数	巴菲特指数
美国：道琼斯指数	★★★★	★★★	★★★	★	★★★★
美国：纳斯达克指数	★★★★★	★★	★★★★★	★★	★★★★
美国：标普 500 指数	★★★★	★★	★★★	★	★★★★

续表

风险指标评级	累计涨幅	市盈率	乖离率	恐慌指数	巴菲特指数
加拿大：多伦多综合指数	★★	★★★★	★★	★★	★★★
巴西：圣保罗 IBOVESPA 指数	★★	★★	★★	★★★★★	★★
英国：伦敦金融时报 100 指数	★★★	★★★★	★★★	★★	★★★★
德国：法兰克福 DAX 指数	★★★★	★★★	★★★★	★★	★★★
法国：巴黎 CAC40 指数	★★	★★★★★	★★★	★	★★
意大利：MIB 指数	★★	★★★	★★	★★★	★★★★
西班牙：IBEX 35 指数	★★	★★★★	★★	★★★	★★★★
俄罗斯：RTS 指数	★★★	★★★★	★★★	★★★★★	★★★★
中国：上证综合指数	★★★	★	★★	★★	★★★★
中国：深证成份指数	★★★	★★	★★★	★★	★★★★
中国：中小板指数	★★★★	★★★★	★★★	★★★	★★★★
中国：创业板指数	★★★★★	★★★★★	★★★★	★★★★	★★★★
日本：日经 225 指数	★★★★	★★	★★★	★★★★	★★★★
韩国：综合指数	★★★	★★★	★★★	★★★	★★★
中国香港：恒生指数	★★★	★★★	★★★	★★★	★★★
印度：孟买 Sensex30 指数	★★★★★	★★★★★	★★★★	★★★★	★★★
印尼：雅加达综合指数	★★★★	★★★★	★★★★★	★★★	★★★★
菲律宾：马尼拉综合指数	★★★★	★★★★	★★★★★	★★★★	★★
澳大利亚：普通股指数	★★	★★★★	★★★	★★	★★★

注：根据各项指标的历史数据及横向比较结果进行区间打分。其中恐慌指数除美国三大股指外使用股指 60 日波动率代表；巴菲特指数用股票市值/GDP 代表；其他指标同前文。

（二）境外股市接近风险区间上限，中国股市仍处区间下限

为全面反映股指泡沫化程度，我们选取"巴菲特指数"（一国股票市值/GDP）、股价累计涨幅、市盈率（PE）、股价乖离率（BI-AS）和恐慌指数（VIX 指数），进行加权和指数化处理，得到能够反映股指泡沫度的指标。

表 4 全球主要股指泡沫度

年份	1995	1996	1997	1998	1999	2000	2001	2002	2003	2004	2005	2006	2007	2008	2009	2010	2011	2012	2013	2014	2015
美国：道琼斯指数	32	43	68	71	76	45	32	20	38	32	43	76	100	32	15	18	23	34	67	76	86
美国：纳斯达克指数	69	72	88	93	91	96	100	32	19	21	25	56	82	31	17	15	18	35	54	83	95
美国：标普 500 指数	38	42	43	52	65	79	43	24	23	34	56	72	100	34	18	23	25	40	69	81	89
加拿大：多伦多综合指数	33	55	43	46	73	82	36	12	30	36	52	75	100	23	34	56	63	52	61	78	79
巴西：圣保罗 IBOVESPA 指数	79	95	100	23	32	26	15	18	16	25	47	58	89	27	45	63	86	75	68	57	56
英国：伦敦金融时报 100 指数	58	60	78	75	89	92	65	54	23	63	75	89	100	32	38	45	65	54	57	65	77
德国：法兰克福 DAX 指数	48	59	65	69	87	95	48	25	32	54	67	87	92	39	27	37	59	67	79	88	90
法国：巴黎 CAC40 指数	45	57	63	76	85	100	65	34	27	42	67	75	100	43	38	59	65	62	75	79	80
意大利：MIB 指数									34	56	84	87	92	46	23	19	23	39	46	59	67
西班牙：IBEX 35 指数	13	17	19	53	19	23	31	47	30	52	70	83	100	32	16	16	26	37	41	54	77
俄罗斯：RTS 指数	11	23	30	18	19	43	63	56	43	49	76	94	100	96	57	76	92	84	79	65	61
中国：上证综合指数	15	27	34	22	23	47	67	60	42	23	32	82	100	23	45	57	51	46	39	52	68
中国：深证成份指数									46	27	36	86	100	26	51	63	57	58	47	59	73
中国：中小板指数												91	100	43	57	68	73	69	71	78	81
中国：创业板指数																71	79	74	78	81	87
日本：日经 225 指数	6	45	25	36	11	31	40	47	30	37	67	69	100	33	18	19	28	38	78	85	92
韩国：综合指数				48	54	50	37	18	29	10	53	59	90	10	59	74	46	45	65	89	95
中国香港：恒生指数	23	78	91	75	93	82	72	67	56	48	32	86	100	21	56	75	52	57	67	71	88
印度：孟买 Sensex30 指数				16	63	20	17	18	56	24	42	64	100	31	65	79	86	89	92	96	96
印尼：雅加达综合指数				13	45	23	16	18	63	44	16	55	69	41	67	78	84	93	96	97	95
菲律宾：马尼拉综合指数				23	36	37	19	21	59	49	21	59	71	33	74	77	89	95	88	95	91
澳大利亚：普通股指数	37	58	28	39	63	71	39	18	38	41	59	77	100	23	45	71	74	83	89	78	81

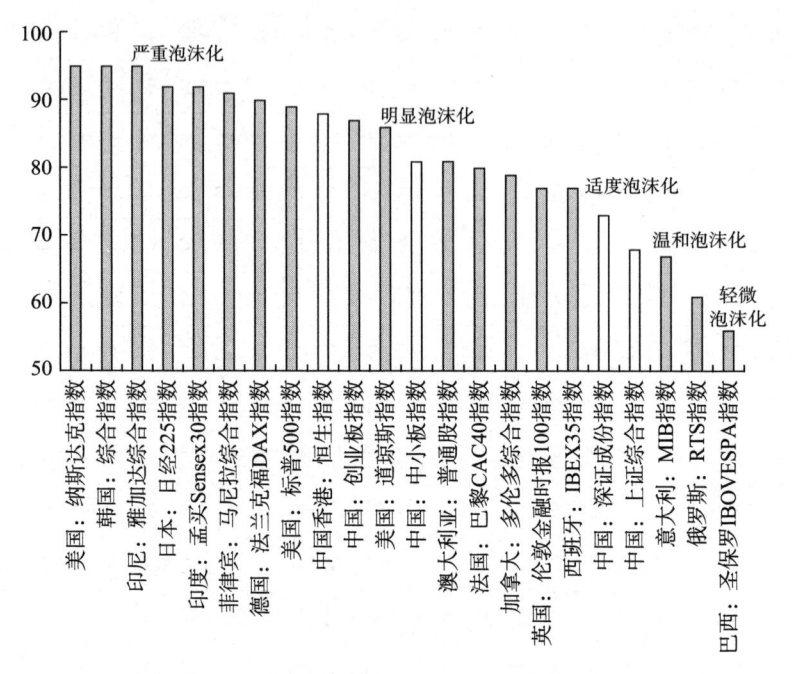

图 5　22 个股指泡沫度指数（2015 年 4 月）

注：根据五大风险指标加权并指数化处理，股价泡沫度数值为 [0, 100]，其中 [0, 50] 为股价处于股价负泡沫区间；[50, 100] 根据泡沫化程度可以依次划分为"轻微"、"温和"、"适度"、"明显"和"严重"五个区间。

1. 境外股市接近风险区间上限

我们的研究结果表明，发达市场和部分新兴市场泡沫度进入红色警界区，但还未达到泡沫破灭前夕的最高峰值。截至 2015 年 4 月，美国纳斯达克、韩国综指、印尼雅加达综合指数、日本日经 225 指数、印度孟买 Sensex 30 指数、菲律宾马尼拉综合指数已处于"严重泡沫化"阶段（泡沫度在 90～100 区间）；德国法兰克福 DAX 指数、美国标普 500、中国香港恒生指数、美国道琼斯指数和澳大利亚普通股指数处于"明显泡沫化"阶段（泡沫度在 80～90 区间）；法国巴黎 CAC40 指数、加拿大多伦多指数、英国伦敦金融时报 100 指数和西班牙 IBEX35 指数处于"适度泡沫化"阶段（泡沫度在 70~80 区间）；意大利 MIB 指数、俄罗斯 RTS 指数处于"温和泡沫化"阶段（泡沫度在 60~70 区间）；巴西圣保罗 IBOVES-PA 指数处于"轻微泡沫化"阶段（泡沫度在 50~60 区间）。

2. 中国股市整体进入风险区间，但还未接近风险中值和上限值。

以上证综指和深证成指为代表的主板市场泡沫度低于全球其他市场，尤其是其中的蓝筹股目前仍处在股价从明显低估到回归正常化的阶段。成长中的创业板泡沫化程度相对高于成熟市场，但需要客观看待创业板风险问题。一是不能以传统的、老化的泡沫化概念看待创业板风险。创业板代表着中国经济转型升级的新方向，代表着中国企业创新发展的新方向，代表着中国市场增量拓展的新方向，因此，创业板的风险是成长中的风险，不能照搬成熟市场泡沫化指标。二是创业板出现阶段性风险是成熟市场创新型板块发展过程中的必经阶段。我国创业板繁荣的可比标的是世纪之交的美国纳斯达克互联网泡沫。纳斯达克指数从 1998 年至 2003 年 3 月上涨了 6.62 倍，创业板指数则从 2012 年至 2015 年 5 月上涨近 6 倍。全新技术路线、全新商业模式和"工程师红利"等因素支撑了两个市场的两次繁荣，创业板发展过程中适度的泡沫化可以通过技术和资本外溢进而实现全新增长点。三是股票市场近期对外开放度不断提高也支撑创业板存在上升空间。不同于境外成熟市场，我国股票市场开放程度仍然不高，但开放速度不断加快。一方面，已推出的沪港通和即将推出的深港通、内地—香港基金互认等证券市场互联互通建设，以及规模持续扩大的境外合格机构投资者（QFII、RQFII），都将为内地股票市场带来增量资金；另一方面，随着中国股市的总市值、对外影响力和开放程度不断提高，MSCI 等国际知名证券指数公司将评估把上海、深圳股指纳入其指数产品，带动国际资本配置包括创业板在内的中国股市。股市开放度的不断提高为创业板继续上涨提供了空间。四是创业板快速繁荣是市场各方参与者通过股票达成的共识。活跃的股票市场是我国当前经济运行中为数不多的突出亮点，创业板快速上涨既包含了对前期出台各项改革和政策措施的积极响应，也反映了对"互联网+""中国制造2025""大众创业、万众创新"等重大战略的市场认可，需要保护健康良性的投资者预期和市场活力，而不是过分强调泡沫风险。五是应对创业板风险重在市场建设而不是将短期的股价变动纳入调控目标。我国股票市场在长期低迷之后，存在价值回归的趋势，货币政策不宜也不应盯住短期的股指变动。相比其他成熟市场，当前我国创业板风险很大部分来源于交易行为和市场秩序问题，应将重点放在培育公平、公正、公开市场环境的制度建设上，加强对各类交易行为风险的监管警示。

（三）股市进入风险区间后的效应分析

1. 主要经济体货币政策分化将带动全球股市走势出现差别化

发达国家方面，美联储自 2014 年 10 月退出持续六年的量化宽松，并着眼于最早 2015 年 9 月、最晚 2016 年年中开始近十年来的首次加息，货币政策处在从"紧数量（退出 QE）"向"紧价格（加息）"的转变期；欧央行和日本央行仍在继续加大量化宽松政策力度，扩大债券购买规模，加拿大、澳大利亚等其他发达国家也多次降息，非美经济体货币政策呈现全面宽松态势。新兴市场国家货币政策整体处在放松阶段，2015 年以来，印度、俄罗斯、印尼、土耳其和中国等新兴经济体纷纷降息。因此，主要经济体货币政策分化主要表现在美国与非美经济体之间。美联储加息将成为触发全球股市调整的重要政策信号，但从宣布加息到股市进入调整存在时间差；同时，即便美股呈现振荡下跌走势，其他泡沫风险不高和适度的非美股市也可能继续上涨，全球股市将出现有别于此前共同繁荣的差别化走势。

2. 国际资本快速流动将冲击新兴市场国家

主要经济体货币政策分化将带动部分发达国家股市资金部分撤出转而流入新兴市场。5月以来，资金从发达市场向新兴市场流出速度加快。5月第一周，投资于美国的股票基金流出资金158亿美元，创2014年8月以来流出规模最大的一周，投资于欧洲的股票基金流出15亿美元，为近17周以来首次净流出；同一时期，流入新兴市场股市的资金规模为315亿美元，也创新兴市场股市2015年以来最大流入规模。一方面，场外资金大规模快速进入新兴市场股市，会继续推高股价；另一方面，对国际收支条件有所恶化、股市存在高风险的印度、印度尼西亚、菲律宾等国负面冲击较大。

3. 国际债券市场和股票市场或重现"跷跷板"的反向走势

股票和债券两个大类资产价格常常表现出此消彼长的反向关系，但国际金融危机以来，全球流动性充裕推动出现"股债双牛"格局。我们判断，未来一个时期，在全球政策分化和增长分化情况下，"双牛格局"可能有所变化，如果股票价格调整将引发资金再配置进入债券市场，债券价格将重拾上行走势。此外，股市调整也会对大宗商品、黄金和外汇等市场产生影响，可以预见，未来一个时期，国际金融市场整体波动性将有加大趋势。

二 股市暴跌源自多重短期利空（2015年6月19日）

6月19日，沪深股市出现恐慌性、踩踏式暴跌，尾盘近千股跌停，上证综指收报 4478 点，暴跌 307 点，跌幅高达 6.42%；深证成指收报 15725 点，暴跌 1009 点，跌幅高达 6.03%；中小板综暴跌 6.14%；创业板综暴跌 5.46%。两市成交金额合计 1.29 万亿元，创 1 个月来最低值。6 月 15~19 日五个交易日下跌了四天，周跌幅达 13.32%，创 7 年来最大周跌幅。两市总市值一周下跌 9.24 万亿元，打破股市 25 年来单周市值损失历史纪录。按照有效账户数 1.75 亿户计算，单周户均浮亏 5.28 万。

（一）资金面收紧引发市场预期变化是暴跌主要原因

1. 股市暴跌并非趋势反转，而是对短期资金环境变化的一次剧烈反应

在中国人民银行短期流动性控制、证监会加大场外配资监管力度、新股发行资金冻结、产业资本大规模减持、银行备战年中考核等多重因素影响下，近期股市资金面有所收紧，加之前期大量获利盘兑现需求旺盛，股价呈现急跌走势。

一是股票市场资金面有所收紧。宏观流动性方面，虽然整体流动性宽松环境并未改变，但由于央行近期公开市场零投放带来资金阶段性偏紧。市场资金利率呈现全面上涨，其中周四涨幅最大，交易所隔夜回购加权利率大涨 867BP，7 天 Shibor 利率创下最近两个月最高，国债逆回购利率也明显飙升。从经验上看，无风险利率显著提高会引发股价明显下跌。

二是新股批量申购"抽血"效应明显。6 月 15~19 日，批量新股集中申购冻结资金逾 6 万亿元，其中国泰君安的单只募集资金超 300 亿元，创 5 年多来 A 股最大 IPO，存量资金逢高减仓导致个股剧烈下跌。

三是产业资本大规模减持加剧市场动荡。2015年以来净减持额超过4500亿元，其中4~5月减持超过2000亿元，远高于2014年全年1149亿元的水平。上市公司大股东减持对市场造成短期脉冲式供给压力。

四是证监会对场外配资监管力度加大。本轮牛市以来，股票配资平台、P2P公司、担保公司、小贷公司等场外配资成为股市重要增量资金，预计总规模已超万亿元。去杠杆进程中，场外高杠杆比例配资的爆仓形成的被动性平仓效应加剧了市场震荡，按照杠杆比例的不同，股价跌20%以上就可能爆仓，进而形成强制性平仓，造成市场恐慌情绪和非理性杀跌。

（二）短中期市场维持震荡格局，但"长牛"趋势未变

短期来看，市场超跌反弹后将持续震荡以释放风险。资本市场的常态就是有涨有跌，从2008年以来股价暴跌（当日跌幅超过5%）后的走势来看，多数在第二交易日有所反弹，且单次指数暴跌并不构成趋势反转的充要条件。此次暴跌是本轮牛市以来最大级别的一次调整，由于本周下跌过快过猛，市场已严重超跌，乖离率较大，短期可能迎来技术性反弹，但短线走势已明显由强转弱，市场或将面临月度级别的短期调整。

表5 2008年以来上证综指暴跌日及后续走势

单位：%

日期	当日涨跌幅	第二日涨跌幅	第三日涨跌幅	后一个月涨跌幅	走势形态
2014年12月9日	-5.43	2.93	-0.49	1.86	上升通道
2013年6月24日	-5.30	-0.19	-0.42	2.96	下跌通道
2010年11月12日	-5.16	0.97	-3.98	-2.51	上涨顶板

续表

日期	当日涨跌幅	第二日涨跌幅	第三日涨跌幅	后一个月涨跌幅	走势形态
2010年5月17日	-5.07	1.36	-0.27	-1.83	下跌通道
2009年8月31日	-6.74	0.60	1.16	4.19	回调
2009年8月17日	-5.79	1.40	-4.30	3.21	回调
2009年7月29日	-5.00	1.69	2.72	-12.42	上涨顶部
2008年11月18日	-6.31	6.05	-1.67	6.10	底部
2008年10月27日	-6.32	2.81	-2.94	8.58	下跌底部
2008年10月6日	-5.23	-0.73	-3.04	-19.60	底部
2008年8月18日	-5.34	-1.06	7.63	-10.55	下跌通道

中期来看，市场较大概率进入牛市第二阶段的"盘整市"。本轮A股市场全面牛市行情，大节奏类似于1996~2001年的"牛市—盘整市—牛市"，可能延续三到五年，且有三大阶段：一是2014年7月到2015年6月的持续上涨；二是目前突破5000点之后的季度性甚至年度性调整、震荡；三是持续数年的上涨。目前市场很可能处于第一阶段尾声，之后将进入调整阶段。

长期来看，本轮牛市支撑因素并未改变。本轮牛市有望伴随我国经济转型的全过程，是多层次资本市场的大牛市，包括主板、创业板、新三板、OTC甚至港股，通过发展直接融资来解决经济问题，推动经济转型和改革。股权投资大繁荣，能实现多方共赢。政府部门可以通过资产证券化，解决地方债务问题、盘活存量、推动创新。企业部门可以利用牛市降低融资成本、降低负债率、"去杠杆"。社会财富通过资本市场实现保值增值、参与创业创新。真正的牛市有其自身的形成逻辑，短期时点性的市场起伏不会逆转趋势演进。

（三）需要关注潜在风险，引导市场回归常态

面临 5000 点重要关口，越来越多的市场风险正在显现。

一是当前股市已经存在非理性与泡沫成分。经历本轮上涨后，A 股证券化率（股市总市值与 GDP 的比值）快速提升。截至 6 月 12 日，沪深股市总市值达 71.25 万亿元，证券化率已经高达 109%，比上年 7 月的 55% 翻了近一倍，比 2013 年最低点证券化率翻了 3 倍，快速接近 2007 年 122% 这一历史最高水平。之所以值得警惕在于历史教训显示，经历了 2007 年的快速繁荣，2008 年股市惨跌，当年年末证券化率回落至 38%，开启持续六年熊市。随着市值飙升，主板及创业板市盈率也相对较高。数据显示，上证 A 股当前市盈率约为 23 倍，而在数月之前，其市盈率还不足 10 倍。深证 A 股市盈率接近 80 倍，中小企业板 94 倍，创业板高达 151 倍。更有一些业绩亏损、市盈率为负值的股票仍然能够涨幅跑赢大盘。增长过快，且脱离了业绩支撑的股价上扬，已经体现了一定的非理性与泡沫成分。

二是经济持续低迷，改革预期领先于政策落地。本轮资本市场与经济面脱离是一个明显特征，而脱离基本面太久的牛市不可持续。数据显示，5 月宏观经济数据仍然低于预期，特别是 1~5 月固定资产投资继续下滑至 11.4%。与此同时，改革红利的释放尚待时间，改革并未取得实质性进展之前过度透支政策利好同样存在风险。

三是股市出现"负财富效应"。股票等资产价格上涨一直被认为可以产生财富效应，带动经济增长，美国本轮经济复苏中的股市便是例证。但是，伴随着我国资本市场快牛，并未看到明显财富效

应,反而是负的财富效应,即居民推迟消费,资金进入股市。例如,5月社会消费品零售总额同比名义增长10.1%,依然保持低位;汽车消费大幅减缓,2015年3月、4月、5月,汽车消费同比增长分别仅为-1.3%、1.6%、2.1%,形势不容乐观。

四是资金流入实体经济效果有限。根据统计,5月以来,沪深两市有多达1403名高管(或其亲属)进行减持,合计减持24亿股,套现569亿元。5月以来,因上市公司大股东或高管违规减持,深交所已对22家上市公司发出监管函,数量超过深交所当期发出监管函总数的1/4。如果产业资本只是利用股市上涨时机大规模减持圈钱,将造成资金进一步错配,与引导资金进入实体经济的初衷有所背离。

活跃的股票市场是我国当前经济运行中为数不多的突出亮点,需要在保护健康良性的投资者预期和市场活力的同时,下一步在股市逐步进入"盘整期"后,加大对各类交易行为风险的监管警示力度,培育公平、公正、公开的市场环境,更好发挥股票市场对实体经济的促进作用。

三 股市资金流出入估算及展望(2015年6月)

资金尤其是杠杆资金是影响本轮股市表现的重要因素。2014年下半年和2015年上半年,通过杠杆资金、保证金、股票基金和保险资金四个渠道,资金流入分别约0.9万亿元和3.5万亿元,其中保证金和杠杆资金是两个最大来源;通过新股发行、增发、大股东减持和交易损耗四个渠道,资金流出分别约为0.74万亿元和1.25万亿元,其中大股东减持和增发是两大流出点。下半年,在居民储蓄流入股市减慢、场内券商两融业务和场外配资收紧、万亿元养老金入市和海外增量资金流入等因素影响下，股市资金流入规模接近1.6万亿元，而预计资金流出规模将明显增加至1.5万亿元，资金环境较上半年环比明显恶化。持续大量的资金净流入会启动牛市，同样，短期过度收紧资金流入规模、人为调整资金流入渠道也会造成市场流动性枯竭和触发股价暴跌。近期，股市持续快速大幅暴跌，一定程度上已经成为"中国版次贷危机"事件，为避免引发系统性金融危机，我们建议：一是限制场内融券和场外配资等杠杆资金抛售股票交易；二是证券投资者保护基金、中央汇金入市增持，提供市场流动性，释放稳定股市信号；三是降低交易印花税率；四是不排除临时休市，彻查并声明近期股市下跌原因；五是合理控制、适度放缓IPO进度和节奏。

（一）2014年至2015年上半年股市资金流出入估算

1. 资金流入规模估算

2014年下半年股市资金流入约9000亿元，而2015年上半年猛增至3.5万亿元左右。根据股市交易资金托管和清算的不同主体，可以估算资金进入股市的途径和规模（见表6）。我们把股市资金流入的具体来源分为四类：一是股票类基金的新增资金，二是保险的新增投资资金，三是通过券商两融业务流入的资金，四是通过券商开立的资金账户银证转账净流入的资金。四个资金通道基本代表了四类主要投资人的资金变动，即利用第一类通道的公募基金，第二类通道的保险资金，以及利用第三类、第四类通道的私募基金、产业资本和个人投资者。从总规模上看，股市资金流入季度总规模由2014年一季度的2025亿元上升至2015年二季度的20795亿元，增长近十倍。

表 6　股市资金流入统计

单位：亿元

项目	2014 年一季度	2014 年二季度	2014 年三季度	2014 年四季度	2015 年一季度	2015 年二季度
总流入资金	2025.6	-303	2021.2	6986.4	14081	20794.7
股票基金新增资产	-905.2	-115.9	-390.2	-709.3	-820.4	-4142
保险资金增加额	1215	-485.2	-336.3	-2325.8	1218.1	-716.4
融资余额增加额	491.8	108.1	2035.7	4101.4	4692.3	7530.1
保证金累计净流入	1224	190	712	5920	8991	18123

保证金和杠杆融资是资金流入的两大重要来源。2015 年上半年，保证金累计净流入 2.7 万亿元，场内券商融资业务余额增加 1.2 万亿元，分别占同期股市资金流入的 77% 和 35%；保险资金流入规模约 500 亿元；公募基金整体上在牛市过程中被净赎回，流出规模约 5000 亿元。

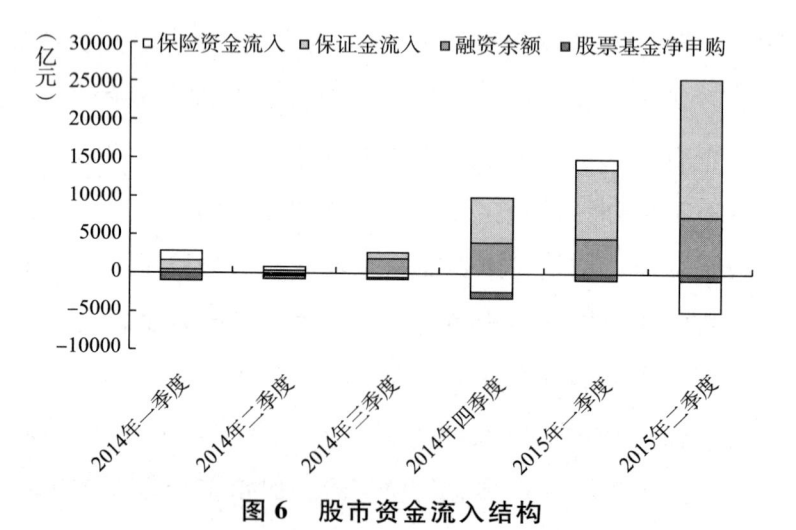

图 6　股市资金流入结构

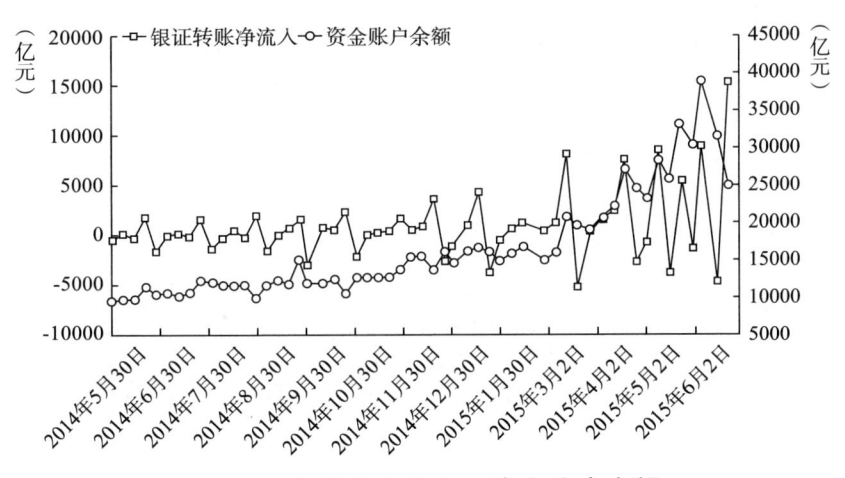

图 7　银证转账净流入和资金账户余额

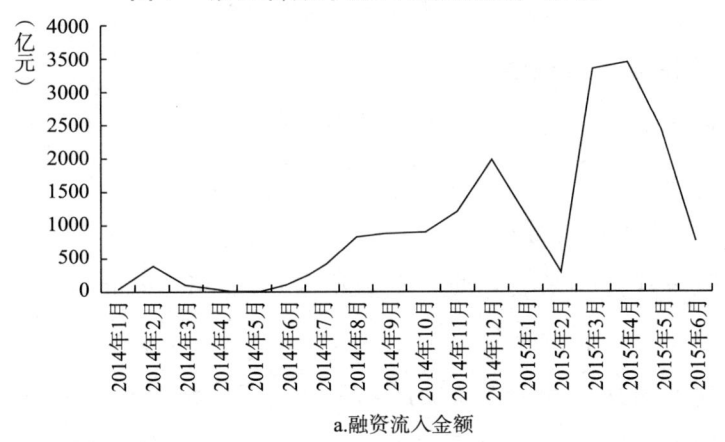

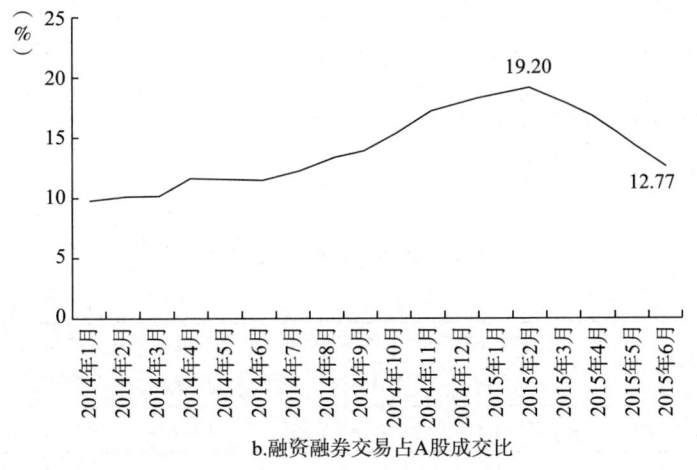

a.融资流入金额

b.融资融券交易占A股成交比

c.融资余额占总市值的比例

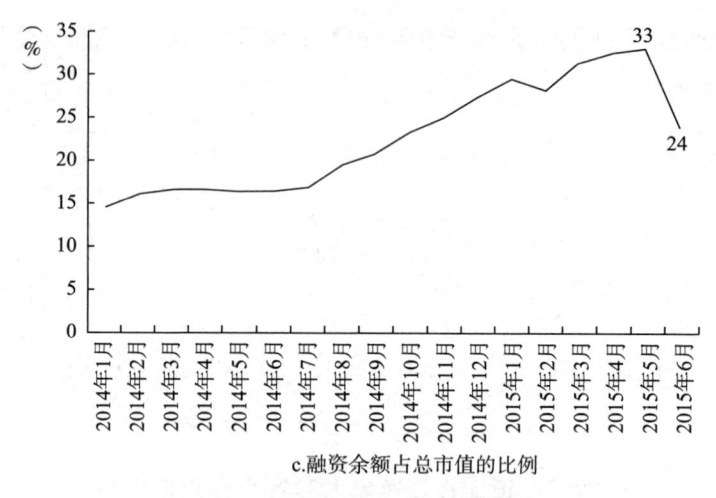

图 8　券商融资余额变动情况

2. 资金流出规模估算

资金流出股市的主要渠道为新股发行、增发、大股东减持和交易损耗。2014年下半年股市资金流出约7400亿元，2015年上半年增至1.25万亿元左右。

大股东减持和增发是两大资金流出点。2015年上半年，大股东减持、增发和新股发行规模分别为4861亿元、3635亿元和1466亿元，分别占同期股市资金流出的39%、29%和11%。值得注意的是，此轮牛市以来，股票成交额急剧扩张，2014年下半年日均成交额为4153亿元，2015年以来放大至1.14万亿元。包括印花税和交易手续费等在内的交易成本不可忽视，上半年交易损耗达2489亿元，占同期资金流出的20%。

表 7　股市资金流出统计

单位：亿元

项目	2014年一季度	2014年二季度	2014年三季度	2014年四季度	2015年一季度	2015年二季度
总流出资金	2448.6	1611.5	3344.1	4069.9	4822.9	7648.2

续表

项目	2014年一季度	2014年二季度	2014年三季度	2014年四季度	2015年一季度	2015年二季度
新股发行	223.9	53.6	139	240	481.6	984
增发	1592.1	1088.7	2034	2113	1997.7	1637.5
大股东减持	390	280.9	792	1049.5	1522.9	3338.5
交易损耗	242.7	188.3	379.1	667.2	820.7	1668.3

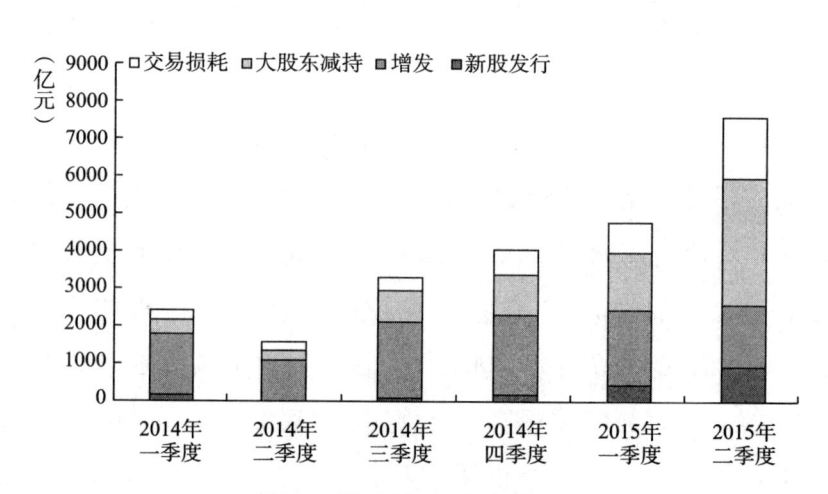

图9 股市资金流出结构

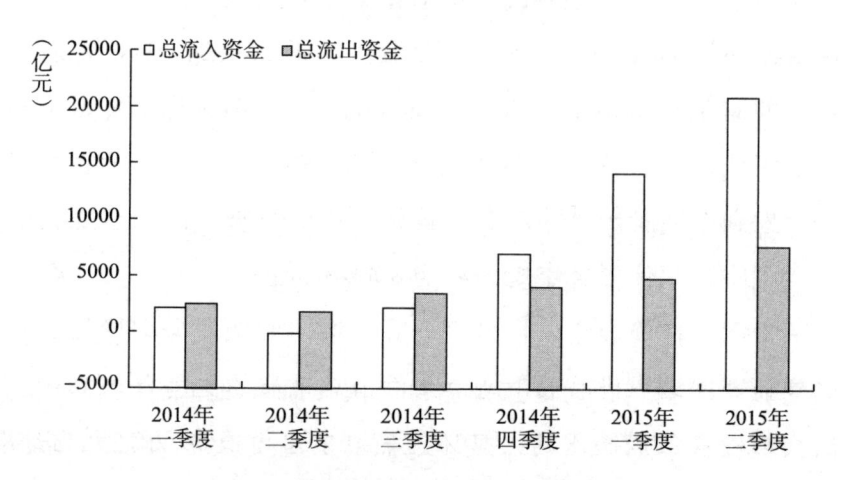

图10 股市资金流出入规模对比

（二）下半年股市资金流出入展望

1. 资金流入规模展望

在居民储蓄股市配置需求不减、场内券商两融业务和场外配资收紧、万亿元养老金入市、社保基金改革和海外增量资金流入等因素影响下，预计下半年股市资金流入规模接近1.6万亿元。

储蓄存款流入股市增速下降。从经验看，存量储蓄出现余额下降的情况较为罕见。即使在2006~2007年大牛市中，储蓄存款余额也仅仅在2007年个别月份出现时点性下降。但值得关注的是储蓄存款的相对变化，从经验看，当股市走牛时，M2增速往往高于储蓄存款增速，而股市表现较差时，M2增速则往往低于储蓄存款增速。2006年以来，M2增速与储蓄存款余额增速差值的历史平均值为2%，而在2007年和2009年，这一数值最高分别达到14.4%和12.2%。可以将储蓄存款增速较M2增速的大幅下降，理解为部分储蓄转移至股市等资产市场进行投资。按照较为乐观的情况估算，2015年M2增速与储蓄存款增速差值将达到10%，相较于2014年底的3%的水平提高7个百分点，那么根据2014年底49.3万亿元的储蓄存款测算，全年存量储蓄可转移的规模为3.6万亿元，从银证转账、基金发行等方面粗略估算，约一半资金流入股市。考虑到近期股市暴跌对储蓄转移股市的影响，流入速度较前期将有所下降，预计下半年规模约为8000亿元。

融资盘杠杆资金流入将显著下降。场内两融业务和场外配资业务受到显著压缩。目前股市融资余额占总市值的比例为2.4%左右，两融交易占A股成交比例为10%左右。以总市值60万亿元为基准，按照1%比例，估计融资余额可能大幅降至6000亿元。

万亿元养老金入市带动新增资金。6月29日,财政部公布《基本养老保险基金投资管理办法(征求意见稿)》,提出各地养老金结余额预留后,确定具体投资额度进行委托投资运营。其中,投资股票、股票基金、混合基金、股票型养老金产品的比例,合计不得高于基金资产净值的30%。截至2014年底,全国基本养老保险基金累计结余超过3.5万亿元,据此测算,可用投资资金逾1万亿元,按照目前全国社保基金14%的股票投资比例计算,可进入股市新增资金约为1400亿元,预计下半年实际进入股市规模约为200亿元。

多项开放政策吸引国际资本流入。自新"国九条"中对扩大资本市场开放的指导意见出台以来,沪港通、中港基金互认、上海自贸区国际金融资产交易平台建设等多项开放措施相继落地,深港通也在积极筹划,有望吸引海外新增资金入市。一是海外机构投资者QFII和RQFII不断扩容,两项机制下总额度已经达到8500亿元。二是国际知名指数公司纷纷考虑将中国股市纳入其指数产品篮,如英国富时集团(FTSE)将我国A股纳入其新兴市场指数,初期权重约为5%,这一举措长期将吸引约100亿美元资本进入我国股市。三是沪港通和未来深港通约带动1000亿元新增资金。综合考虑以上多方面因素,保守估计,海外资本进入A股增量资金约为2000亿元。

2. 资金流出规模展望

预计下半年股市资金流出规模明显增加至1.5万亿元左右,流出规模较上半年的1.25万亿元增加20%。

(1)新股发行方面

截至6月26日,已过发审委会议尚未发行的新股共有34只,预计累计募集资金154亿元;另外处于已处理、已反馈、已预披露更新和中止审查状态的新股共有512只,按照平均拟募集资金5亿元计算，预计将募集资金 2560 亿元。二者累计最大募集资金 2714 亿元，其中，预计下半年将有 200 只新股上市，实现 IPO 融资规模约 1000 亿元。

（2）增发方面

2015 年以来，共有 492 家公司公告增发预案且尚未实施，共计拟募集资金 1.53 万亿元，如果其中有一半的项目年内实施完毕，则将共计募集资金 7650 亿元，其中上半年已完成增发 3637 亿元，预计下半年增发规模为 4013 亿元。

（3）大小非解禁和大股东减持方面

数据显示，下半年限售股解禁市值将达到 2.36 万亿元，如果其中 20%~25% 通过二级市场减持，则将流出资金 5000 亿元。考虑到市场减持意愿不断加强等因素，实际减持比例可能高于这一水平，预计下半年实际减持量可能达到 7000 亿元。

（4）交易损耗方面

按照日均 1 万亿元成交额、印花税税率 0.1%、平均交易手续费率 0.15% 计算，每日交易成本损耗约 25 亿元，预计下半年产生交易损耗 3000 亿元。

持续大量的资金净流入会启动牛市，同样，短期过度收紧资金流入规模、人为调整资金流入渠道也会造成市场流动性枯竭和触发股价暴跌。近期，股市持续快速大幅暴跌，在一定程度上已经成为"中国版次贷危机"事件，为避免引发系统性金融危机，建议：一是限制场内融券和场外配资等杠杆资金抛售股票交易；二是证券投资者保护基金、中央汇金入市增持，提供市场流动性，释放稳定股市信号；三是降低交易印花税率；四是不排除临时休市，彻查并声明近期股市下跌原因；五是合理控制、适度放缓 IPO 进度和节奏。

四 发挥好股市对实体经济积极作用正逢其时（2015年7月）

2014年下半年以来，我国股市进入新一轮快速繁荣周期。随着大量资金进入股市，一些将股市发展和实体经济相对立的片面甚至极端的言论再次出现，如"赌场论""脱实向虚论"等。我们认为，在全面市场化改革进程当中，股市可能是较早实现市场在资源配置中发挥决定性作用的一个前沿领域。新形势下，我国股市发展对实体经济的积极作用也将具有新内涵，即股市逐步成为经济运行和改革进程的双重"晴雨表"，成为转型升级和存量调整的先行"探路者"，成为孕育新兴产业和创新商业模式的最佳"选秀场"，成为平衡全社会杠杆分布和优化国家资产负债表的合意"工具包"，成为破解改革难题和响应国家战略的市场"投票箱"，成为活跃民间资本和管理社会财富的有效"推动器"，多渠道、多维度为实体经济发展提供强大动力。

（一）股市"财富效应"可促进消费支出进而拉动经济增长

1. 股市繁荣周期往往存在显著的财富效应

理论和现实表明，由于金融资产价格股价上涨，金融资产持有人财富增长，影响短期边际消费倾向，促进消费增长进而拉动经济增长。美国2009年至今股市繁荣周期中的财富效应便是例证，高盛研究报告显示，这一时期美国股市市值每增长1美元，相应带动消费支出增长0.04美元，有力地带动了美国经济复苏。此外，近5年美国股市连创新高，也使得美国百万富翁家庭数量接近经济衰退前最高点，2014 年末有 910 万个美国家庭净资产（不含住房）高于 100 万美元，而这一数字仅次于 2006 年创下 920 万个家庭的历史纪录，高净值群体数量增长也被认为是美国经济向好的一个观察指标。值得注意的是，财富效应的释放存在时滞，甚至出现短时期的"负财富效应"，当前我国股市繁荣和提升消费、促进增长之间似乎并无直接联系，但长期来看，财富效应仍然存在，如牛市后期购房、购车等意愿支出通常会明显增加，拉动增长的效果将逐步显现。

2. 股市参与度不断提高，居民存量财富配置股市需求较大

2015 年以来，在股市"赚钱效应"带动下，尤其是"一人多户"政策推出后，股民队伍迅速扩大，沪深两市新开户人数从每周几万增加到几十万甚至几百万，参与股票交易的有效活跃账户数也快速增加。截至 2015 年 6 月 13 日，沪深两市股票账户总数 2.16 亿户，其中有效账户 1.75 亿户，持仓账户 6821 万户，活跃账户 5467 万户，以此计算，目前全国有约 8% 的自然人（或企业）参与股市，其中交易活跃群体的比例约为 2%。

股市参与度快速提升的背后，体现的是我国居民存量财富资产配置调整的巨大需求。近年来，我国居民可投资资产规模快速提高，中金研究报告显示，2015 年 5 月末，全国居民持有的可投资资产规模达到 112 万亿元人民币。在目前居民资产配置中，房地产占比 39%，储蓄存款占比 17%，股票占比 21%，股票资产配置比例虽未达到 2007 年 28% 的历史高点，但增速较快，且有替代房地产的配置趋势。值得注意的一个新趋势是，我国正处在中产阶级和高净值群体加速形成的时期，目前个人可投资资产 1000 万亿元人民币以上的高净值人群规模已超过 100 万人。这一趋势在股市上则反映为一个新特征，即本轮牛市以来投资者结构呈现"散户不散"的特点，持有流通市值 1 万元以下的账户数占全部账户比例，由前些年的 35% 下降至目前的 20% 左右；持有流通市值 10 万~50 万元、100 万~500 万元的账户数占全部账户比例，则分别由 11% 上升至 26%、由 0.9% 上升至 4%。可以看到，股市在管理社会财富、实现保值增值方面发挥着越来越重要的作用。

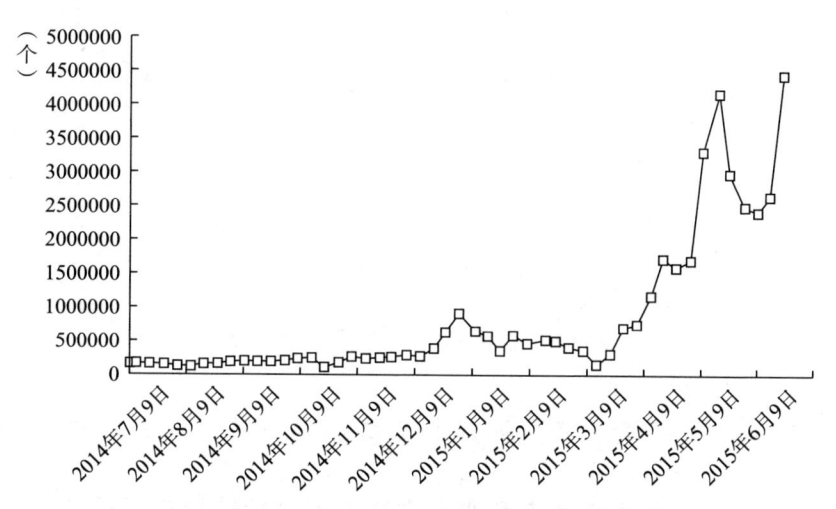

图 11　沪深股市每周新增股票账户数量

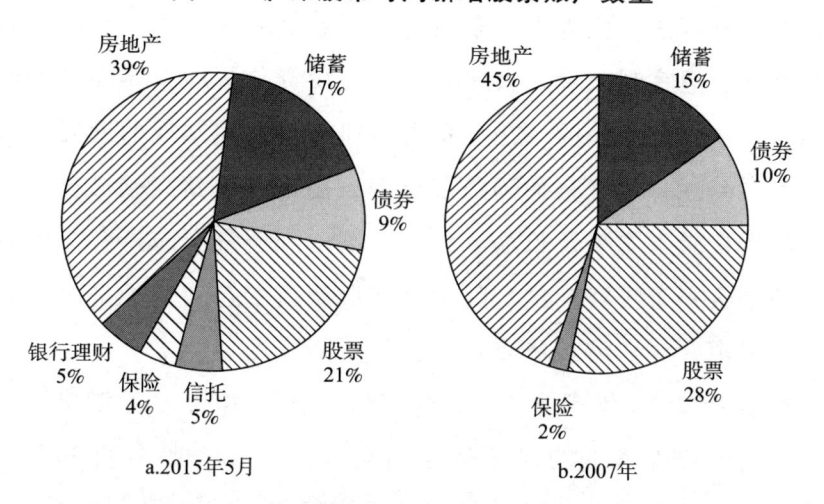

a.2015年5月　　　　　　b.2007年

图 12　全国居民总资产配置中的股票占比

资料来源：中金公司研究报告。

```
—— 持有已上市A股账户数比重：流通市值：100万~500万元
—○— 持有已上市A股账户数比重：流通市值：10万~50万元
—✳— 持有已上市A股账户数比重：流通市值：1000万至1亿元
—□— 持有已上市A股账户数比重：流通市值：1万元以下
```

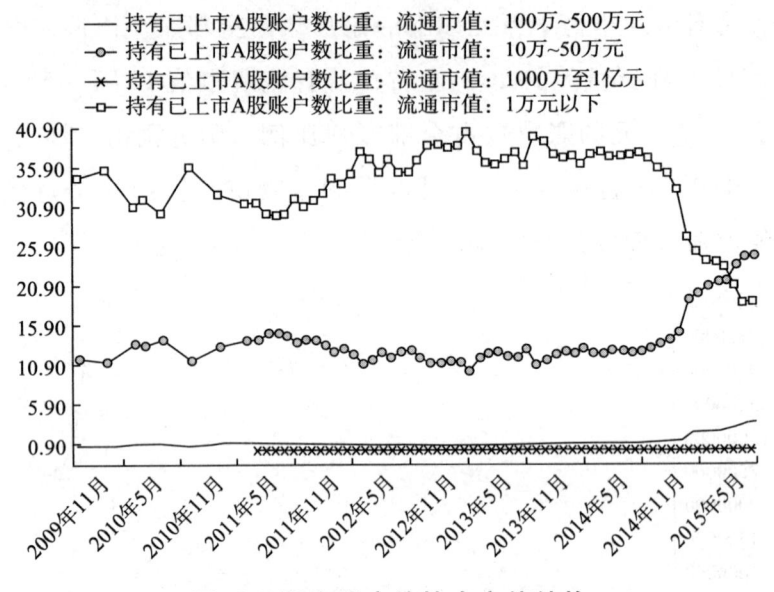

图 13　股市账户的持仓市值结构

（二）股市繁荣可支持产业资本通过减持进入新兴投资领域

1. 大小非减持资金为产业资本进入新兴领域提供重要支撑

有一种看法，认为大股东减持是不看好后市表现，趁股价高点抛售圈钱。但客观来看，大股东往往在投资与管理实体经济方面具有相对丰富的专业经验，在不丧失对原有企业控制权的同时，将一部分股票套现，使资金抽调腾挪出来，用于开展新兴领域投资，这从经济大格局来看惠及长远、无可非议。产业资本减持资金的绝大部分还是会用于投资，这实际上是在股票市场与实体经济之间开辟了一条通道，对实体经济有着直接的正面作用。

2. 预计 2015 年产业资本通过减持可获得 4000 亿元增量资金

从目前我国 A 股市场市值结构来看，全部 A 股中的 39% 为自由流通股，已解禁未减持股占 46%，限售股占 15%（其中有 6% 的部分 2015 年解禁）。也就是说，我国 A 股有 5.7 万亿元限售股，其中 2.3 万亿元在 2015 年解禁。与此同时，在流通市值中还有 16.8 万亿元市值为已解禁未减持且由产业资本股东持有。根据中登公司披露数据，以往年度小非减持累计比率在 47% 左右，大非则在 8% 左右；上交所减持比率 12.6%，深交所减持比率 19.4%。据此假设，2015 年全年减持资金约为 4000 亿元。这些资金可以成为支持产业资本进军新兴投资领域的重要支撑。

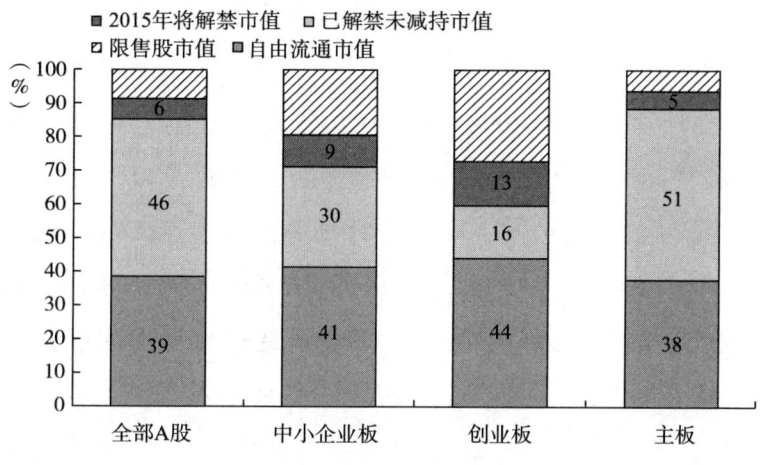

图 14　A 股市场市值结构（截至 2015 年 5 月末）

（三）首发增发配股可扩大实体企业资金来源

1. 股市繁荣促进直接融资发展有利于化解实体经济融资难

上市公司通过首发、增发、配股募集的资金，是实实在在地进入实体经济之中的，切实起到缓解企业资金压力、降低财务成本、收缩企业杠杆率的积极作用。同时，新三板和区域性股权交易市场的快速发展，也大大拓宽了地方中小微企业的融资渠道，有力支持了"大众创业、万众创新"。此外，上市公司还可以通过股权抵押的方式进行银行贷款，股市走强带动上市公司市值扩大，股权融资额度也相应增大。

2. 预计 2015 年全年股市可为实体经济提供 1.5 万亿元以上资金支持

股市走好带动 2015 年上市公司 IPO 首发和增发、配股等再融资规模持续扩大。新股首发方面，2015 年截至 6 月 15 日，上交所 79 只新股融资 1034 亿元，深交所 113 只新股融资 440 亿元，合计 192 只新股融资 1474 亿元，融资额比上年同期 353 亿元增加逾 3 倍。从全球主要证券交易所 IPO 筹集金额来看，上海 IPO 市场已超越纽约和伦敦，排名全球第一。预计下半年新股发行家数在 300～500 家，预计发行规模 2000 亿～3000 亿元，全年 IPO 规模预计达到 3500 亿～4500 亿元。增发、配股再融资方面，2015 年 1～5 月，提出定向增发的上市公司 431 家，计划募集资金 9278 亿元；其中，完成定向增发的公司 186 家，筹集资金 2380 亿元；另外，完成配股 300 亿元。预计 2015 年全年上市公司通过增、发配股筹集资金超过 1 万亿元。以上融资再融资规模加总将超过 1.5 万亿元，相当于降准 1 个百分点以上，或者相当于正常状态下两个月的新增贷款，稳增长力度明显。

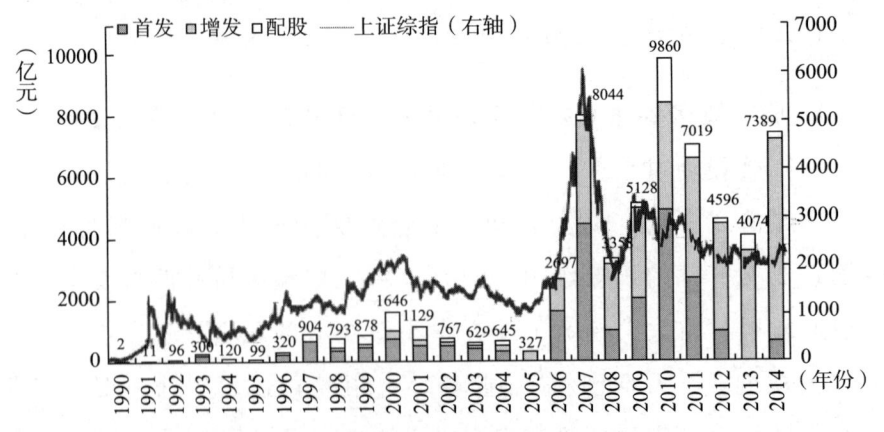

图 15 　A 股市场新股发行和再融资统计

（四）有利于并购重组孵化新兴产业

1. 股市在资产并购重组与孵化新兴产业方面具有独到优势

在转型升级和改革预期双轮驱动下，以产业资本为代表的增量资金借道定增进入并购重组市场，股市迎来并购重组潮，对于实体经济中产业整合与升级，能够产生重大的引领与推动作用。上市公司通过收购实体经济优质资产，不仅充实了自己的持续盈利能力，更给实体经济带来了积极投资。毫无疑问，上市公司眼中的优质资产，绝不是产能过剩的夕阳产业，也不是价格预期扭转的房地产行业，而是那些代表着新消费和产业升级的朝阳行业、热点行业和新兴行业。

2. 本轮牛市伴随着创纪录的并购重组交易

2015年5月末，A股并购重组个数达到1123家，也就是说平均每天都会发生超过7起上市公司收购兼并案例；相对于2776家上市公司来说，几乎每两家A股上市公司涉及一次并购。并购重组过程中，具备创新发展优势、新技术路线、新商业模式的企业受到追捧，在推进整个国民经济资产证券化的同时，也实现了企业跨越式发展。

（五）股市不断对外开放带动更多国际资本进入中国

1. 多项开放政策正吸引大量国际资本进入中国股市

新"国九条"中对扩大资本市场开放的指导意见的出台，以及沪港通、深港通、中港基金互认、上海自贸区国际金融资产交易平台建设等多项开放措施相继落地，有望给国内股市带来新的变化，吸引海外新增资金入市。目前，海外机构投资者QFII和RQFII不断扩容，两项机制下总额度已经达到 7000 亿元。此外，2015 年以来海外 ETF 中国化出现新趋势，国际知名指数公司纷纷考虑将中国股市纳入其指数产品篮。5 月 26 日，英国富时集团（FTSE）将中国 A 股纳入其新兴市场指数，初期权重约为 5%，此后逐期评估调升，这一举措或将吸引 100 亿美元资本。此外，美国摩根士丹利资本国际（MSCI）也在积极酝酿未来将 A 股纳入其指数，大致匡算，如果 A 股指数加入比例为 5%，将有约 130 亿美元增量国际资本配置 A 股。综合考虑以上多方面因素，保守估计，海外资本进入 A 股增量资金约在 2000 亿元量级，将有助于促进我国股市在开放中不断走向成熟。

表 8　A 股纳入 MSCI 指数后吸引国际资本配置规模

MSCI 指数类型	总资产（亿美元）	A 股占各指数市值比（%）A 股指数加入比例 5%	A 股占各指数市值比（%）A 股指数加入比例 100%	A 股配置市值（亿美元）A 股指数加入比例 5%	A 股配置市值（亿美元）A 股指数加入比例 100%
MSCI 中国指数	189	2.90	37.00	5.47	69.80
MSCI 亚洲国家（非日本）	320	0.75	13.00	2.40	41.56
MSCI 新兴市场指数	17460	0.60	10.20	104.76	1780.92
MSCI 全球指数	22870	0.07	1.30	16.01	297.31
合计				128.69	2190.60

相对于庞大的以银行为主导的传统间接融资渠道，我国股市这一配置资源的"池子"仍然较小，服务实体经济的积极作用尚未完全彰显。在这种情况下，应抛开不必要的争论和非议，抓住这一轮股市周期性大繁荣的有利时机，巩固、提升和挖掘股市支持实体经济发展的积极作用。

五　当前稳定股市的治本之策是股指期货交易"T+2"（2015年7月7日）

股市在过去 16 个交易日经历暴跌。截至 7 月 7 日收盘，相比 6 月初最高点，上证综指、深证成指、中小板指和创业板指分别累计下跌 28.0%、37.5%、37.7% 和 41.7%，日均跌幅在 1.8% ~ 2.6% 不等。如此大幅快速暴跌已属严重股灾，中小散户损失惨重，市场恐慌性抛售造成股价无底洞式下跌。与 2008 年的暴跌不同，这一次股市大起大落有一个突出特点，即市场拥有此前没有的股指期货工具，并且现行股票现货"T+1"、股指期货"T+0"的交易制度不同步，破坏了期现市场联动关系，助涨了市场做空杀跌力量，加快了股价暴跌速度。近期推出的一揽子救市政策出发点正确，但主要针对资金面，仍治标不治本。为了稳定股市，保护投资，限制投机，我们建议尽快调整股指期货交易制度，短期将"T+0"调整至"T+3"，至少调整至"T+2"，以公平一致期现交易制度，起到鼓励投资、限制投机、遏制做空的作用，并与其他已出台政策一起发挥合力推动市场尽快回归稳定。

（一）过度投机造成本轮股市大起大落

1. 股市大起大落特征明显，与利用股指期货过度多空投机不无关系

股市本轮周期以来，大起大落特征较以往更加明显。一方面，上涨更为快速。从各指数较启动前期低点翻倍所用时间来看，2007 年牛市期间，上证综指、深证成指用了 8.5 个月；2014 年以来，两大指数翻倍时间缩短至7.5个月，而中小板指和创业板指翻倍所需时间更短，分别只用了6个月和4个月。相比之下，海外成熟股市指数翻倍所需时间较长，如美国道琼斯指数和纳斯达克指数自2007年在底部之后翻倍经历了58个月。另一方面，下跌更为剧烈。2008年股市暴跌期间，上证综指从6124点高位下跌30%用了77个交易日，而本次指数暴跌28%只用了16个交易日。其实，近期暴跌的原因在前期上涨时就已经出现，本轮股市周期与以往有两点显著不同：一是场内场外融资盘杠杆资金大进大出，二是市场利用股指期货进行多头空头过度投机。近期针对前者出台的政策较多，而对后者尤其是股指期货市场交易制度缺陷的关注和呼吁不够。

2. 已推出救市政策主要针对资金面，方向正确但治标不治本

股市暴跌以来，尤其是7月4~5日，各部委、监管部门、市场机构协力密集出台救市政策，包括央行为证金公司提供流动性支持、汇金入市、保险资金增持、养老金入市、IPO暂停放缓、21家券商1200亿元资金入市、QFII规模大幅提高、25家公募基金入市增持、上市公司回购增持、私募基金联合声明等。总体来看，政策出发点是好的，但主要针对市场资金层面，缺乏修改调整目前明显不公平、不合理市场交易制度的举措，其中，调整股票"T+1"、股指期货"T+0"交易制度就是当前救市工具箱中应及早动用的优先选项。

（二）股票现货和期货交易不公平是股市大起大落的根本原因

1. 股票"T+1"、股指期货"T+0"交易制度不公平、不合理

目前股指期货交易制度不仅没有起到约束股价过度波动的风险防范作用，反而大大加剧了股票现货市场的波动风险，这主要源于股票现货交易"T+1"、股指期货"T+0"交易制度的不同步。股指期货设置的门槛把中小投资者挡在门外，只能进行股票现货交易，当天投资买入一旦失误，即使知道错了也没法卖出纠错。而机构大户可以凭借股指期货"T+0"的优势及时买进卖出对冲保值，这样既可以拉高诱使多套牢散户，也可以砸盘抛出及时出逃。此外，投机客广泛使用程序化交易策略进行"裸卖空"，对于大盘暴跌的影响力成倍放大。可以看到，过去17个交易日中的8个暴跌交易日，每次A股现货暴跌都是从股指期货大量卖空开始的。这样的交易制度让众多中小散户处在"任人宰割"的劣势地位，而投机客则利用期现迟滞进行多空转换、大肆套利，与公平一致的市场制度建设相悖。

2. 海外力量与国内做空力量借制度缺陷做空市场

据彭博社6月4日报道，2015年4月曾豪言做空德国国债是"一辈子只有一次的机会"的"债券之王"比尔·格罗斯，对外公布了他的下一个做空目标——中国深圳股市。从这些海外投机者惯用做空策略来看，虽然QFII、RQFII和借助沪港通渠道进入A股市场总体规模有限，但仍存在针对这一期现市场不同步进行套利做空的可能性。国内做空力量往往也借助这一期现交易迟滞，先通过股指期货做空砸盘，带动股市杀跌，引发场内场外融资盘被迫平仓，引发市场大面积跌停。

目前，如果股市暴跌延续以至于形成典型的股灾，有可能助推下半年经济下行，使初有企稳回升迹象的国民经济再次陷入下滑风险之中。这样会严重损害国民经济发展元气，既不利于短期稳增长目标的实现，也不利于中长期经济健康持续发展。为防止海外和国内投机力量借做空"深创"达到"做空中国"的目的，应构建保护投资和限制投机的新股指期货交易制度，将我国股市从大起大落、暴涨暴跌的市场转变为健康、稳定、有效的市场，将股市构建为促进国民经济平稳发展的市场力量。

（三）建议将股指期货交易制度改为"T+2"

1. 将股指期货交易制度由"T+0"调整至"T+3"，至少是调整到"T+2"

要遏制目前股市暴跌，单将"T+0"改为"T+1"力度不够，短期应将其改为"T+2"甚至"T+3"。不让股指期货平台成为独一无二的"做空"平台，给恶意炒作者带来可乘之机，尽快起到鼓励投资、限制投机、遏制做空的作用，并与其他已出台政策一起发挥合力推动市场尽快回归稳定。

2. 将股指期货与现货市场、融资融券的操作规则统一起来

去掉股指期货现有规则中对于部分机构只能套保、不能自由做多的限制，降低股指期货资金门槛要求。

六 股市震荡将通过三大渠道影响下半年经济回稳向好（2015年7月）

本次股市大幅震荡从三个方面对短期增长形成负面冲击：一是股市交易金额下降直接导致金融业增速回落；二是居民财富缩水导致消费增速回落；三是股市融资规模下降不利于扩大投资稳增长。综合测算，以上渠道将分别下拉2015年三、四季度GDP增速0.37个和0.26个百分点，下拉2016年上半年GDP增速0.47个百分点。建议及早研判和应对股市震荡对实体经济的苗头性、倾向性影响，在巩固前期稳增长政策效果的同时,财政货币政策需要进一步加力增效,在对冲股市对经济增长负面影响的基础上,打好富余量,保障下半年稳增长目标的实现。

(一)交易量骤减引发金融业增加值增速明显回落

1. 上半年股市繁荣带动金融业在第三产业中担当稳增长的托底重任

2015年一、二季度GDP同比增长均为7.0%,第二、三产业增速走势出现明显分化。第二产业累计增速回落至6.1%,对GDP增长贡献率降至40%以下,创1990年以来新低。第三产业累计增速则回升至8.4%,对GDP增长贡献率创56.8%的历史新高。而在第三产业包含的交运仓储邮政、批发零售、住宿餐饮、金融、房地产以及其他服务业的六大行业中,由股市繁荣带动的金融业出现快速增长,一、二季度增速分别大幅提升至15.9%、18.9%,增速在六大行业中一枝独秀。从内部来看,金融业增加值由银行业的存贷款余额、保险业的保险公司保费收入和证券业的股市成交金额决定,前两者增速均相对平稳,而沪深两市成交额增速则持续走高,因此,上半年股市繁荣是金融业托底经济下滑的主因。6月15日以来的股市大幅震荡,令市场出现量价齐跌的局面,这可能将对金融业增加值增速形成负向冲击。对比2008年金融危机,美国金融和保险行业增加值增速当年大幅下滑至-13%,而日本更是暴跌至-15.7%。尽管本次股灾不能与之相提并论,但在经历了6月底、7月初的大幅震荡后,A股市场的交易量可能难以重回前期高点,三、四季度金融业增加值增速也将随之逐步下滑。

2. 定量分析表明股市震荡通过券商和银行渠道,将分别下拉

三、四季度 GDP 增速 0.18 个和 0.11 个百分点

可以借鉴以往 A 股市场经验，测算股灾对金融业增加值的冲击程度，进而推算对 GDP 增速的直接影响。

一是通过对券商交易佣金和融资业务收入的影响渠道，将分别下拉三、四季度 GDP 增速 0.16 个和 0.1 个百分点。股灾对券商收入最直接的影响是交易佣金和融资融券中的融资收益。历史经验表明，A 股市场在遭受重大冲击之后，成交金额增速走势将出现大幅下挫。以 2007 年 10 月开始股灾为例，当年四季度成交金额环比下跌 33.3%，2008 年一季度环比增速小幅回升至 7.6%；2010 年一季度成交金额环比下跌 21.7%，二季度环比增速回升至 -5.4%。本次股灾也不例外，6 月 16 日至 7 月 15 日的 21 个交易日内，A 股市场成交金额较前 21 个交易日大幅减少 30%。券商交易佣金收入方面，假设 2015 年三季度股票交易金额环比下降 30%、四季度环比回调至 7%，对应的交易佣金为 0.06%，那么相对于二季度，三、四季度券商佣金收入将分别减少 353 亿元和 295 亿元。券商融资业务收入方面，6 月中旬融资余额达到 2.23 万亿元，如果三、四季度融资余额分别减少至 1.3 万亿元和 1 万亿元，假设两融利息率为 8%，估算三、四季度融资收入将分别减少 186 亿元和 246 亿元。综合以上两方面估计，本次股灾将使三、四季度券商佣金融资总收入同比分别减少约 35% 和 21%，预计分别下拉三、四季度 GDP 增速 0.16 个和 0.1 个百分点。

表 9 股灾冲击券商收入对 GDP 的下拉作用

项目	股票成交金额（万亿元）	股票成交金额环比（%）	融资金额（万亿元）	两融金额净增加（万亿元）	佣金收入较二季度增加（亿元）
2015 年三季度	68.56	-30	1.3	-0.93	-352.6

续表

项目	股票成交金额（万亿元）	股票成交金额环比（%）	融资金融（万亿元）	两融金额净增加（万亿元）	佣金收入较二季度增加（亿元）
2015年四季度	73.36	7	1	-1.23	-295

项目	两融收入较二季度增加（亿元）	上年同期券商收入（亿元）	对券商收入冲击（%）	对金融业增速冲击（个百分点）	拖累GDP（个百分点）
2015年三季度	-186	1556.1	-34.6	-2.2	-0.16
2015年四季度	-246	2602.8	-20.8	-1.3	-0.1

二是通过对银行中间业务收入的影响渠道，将分别下拉三、四季度 GDP 增速 0.02 个和 0.01 个百分点。根据大致估计，目前银行入市理财资金规模达到 2 万亿元，股灾影响下预计银行入市资金将减少至 1 万亿元，假设管理费在 1% 的水平，那么三、四季度理财收入受股灾影响将减少 100 亿元。初步测算，股灾通过导致银行收入下降的影响渠道，将分别拖累三、四季度 GDP 增速 0.02 个和 0.01 个百分点。

表 10 股灾冲击银行收入对 GDP 的下拉作用

单位：亿元，个百分点

项目	银行入市理财资金	银行理财收入增加额	上年同期商业银行收入	对银行收入冲击	冲击金融业增速	拖累GDP
2015年三季度	10000	-100	31000	-0.32	-0.26	-0.02
2015年四季度	10000	-100	42000	-0.24	-0.19	-0.01

（二）居民财富缩水导致消费增速逐步回落

1. 股灾造成居民财富大幅缩水，经验显示可能导致消费增速下滑

数据显示，2014 年我国居民新增财富中，40% 来自房地产、

17%来自银行理财、16%来自存款、12%来自股票，其他还包括信托、基金、保险等金融产品，居民财富配置呈现多元化特征，本次股灾使居民财富中的股票类资产价值大幅缩水。尽管居民消费并不完全由其现期收入决定，而股灾也不会大幅改变居民未来收入水平，但财富存量大幅缩水会改变居民未来可支配财富总量，从而改变其短期消费水平。从国际经验看，美国在1987年股灾、2000年互联网泡沫破裂和2008年金融危机爆发后，个人消费支出增速都出现了因财富缩水而大幅下滑的现象。日本家庭消费增速也曾在2008年金融危机和2010年次贷危机中大幅下跌。在这一点上，A股市场与美国、日本股市并无根本区别。同样，我国居民消费增速在2007年A股暴跌之后也出现了大幅下滑，社会消费品零售总额增速由2008年7月的23.3%大幅回落至2009年3月的14.7%。

表11 居民财富缩水对GDP增速的下拉作用

项目	悲观	中性	乐观
对应上证综指点位	3500	3900	4300
总市值（万亿元）	50	53	58
流通市值（万亿元）	41.5	44	48
2015年三季度市值损失占GDP比重（%）	-9.42	-5.99	0
2016年一、二季度消费增速冲击（%）	-1.40	-0.90	0
2016年GDP增速冲击（%）	-0.36	-0.47	0

2. 定量分析表明股市震荡造成居民财富缩水，将下拉2016年上半年GDP增速0.47个百分点

影响居民消费的因素主要是居民收入和资产价值，同时两者影响居民消费存在时滞。定量分析表明，我国居民收入增速（以GDP增速代表）领先居民消费增速4个季度，资产价值变化幅度（A股流通市值季度平均变化占 GDP 比重）领先居民消费增速 2~3 个季度。当季度平均流通市值较上一季度减少达到 GDP 的 1% 时，未来 6~9 个月的社会消费品零售总额的名义增速将下滑约 0.3%。在上证综指 3900 点的中性情景下大致估算，股灾将下拉 2016 年上半年消费增速 0.9 个百分点，考虑到消费占 GDP 的比重约为 52%，将下拉 2016 年上半年 GDP 增速 0.47 个百分点。

（三）股市融资功能暂失不利于扩大投资稳增长

1. 股灾之后往往伴随股市融资规模下降

过去十余年历次金融危机冲击之后，我国 A 股市场融资规模均出现大幅下降。2008 年金融危机爆发后，A 股融资规模下降近一半；2010 年次贷危机后，A 股融资规模也出现连续三年下降。本次股灾之后，即使是恢复了一揽子救市政策中的 IPO 暂停放缓，二级市场低迷也将传导至一级市场，引发股市融资规模下降。值得注意的是，股市融资大幅下降也伴随投资增速的回落。其中，2008 年金融危机后，我国固定资产投资完成额同比增速由 2009 年三季度的 38.1% 骤降至 2010 年四季度的 18.2%。虽然本次股灾严重程度无法与 2008 年金融危机比拟，但其对股市融资能力和固定资产投资的后续影响值得关注。

2. 定量分析表明股市震荡造成融资规模下降和固定资产投资少增，将下拉 2015 年全年 GDP 增速 0.08 个百分点

可以通过估算 IPO 暂停对股权融资以及固定资本形成的影响来判断对 GDP 增速的下拉作用。上半年 IPO 规模为 1470 亿元，假定 IPO 为暂缓而非停止，同时下半年 IPO 募资规模下降至 600 亿元，考虑到 2015 年上半年股权质押率约在 40%，这意味着下半年新增

IPO融资可通过质押贷款再获得240亿元，两者相加综合预计下半年融资规模为840亿元，较上半年减少1218亿元。2014年资本形成总额为固定资产投资的56.4%，因而1218亿元固定资产投资对应的固定资本形成总额约为687亿元，对应分别下拉三、四季度GDP增速0.17个和0.14个百分点，拖累2015年全年GDP增速0.08个百分点。

表12　IPO融资下降对GDP增速的下拉作用

项目	IPO募资（亿元）	股权质押融资（亿元）	对应资本形成总额（亿元）	上年同期GDP累计值（万亿元）	上年同期GDP当季值（万亿元）	拖累GDP增速（个百分点）
2015年一季度	459.9			13.29	13.29	
2015年二季度	983.8			27.87	14.58	
2015年三季度	300	120	237	43.50	15.63	-0.17
2015年四季度	300	120	237	63.65	20.14	-0.14
2015年全年				63.65	63.65	-0.08

综合来看，本次股市大幅震荡将分别下拉2015年三、四季度GDP增速0.37个和0.26个百分点，下拉2016年上半年GDP增速0.47个百分点。当前需要及早研判股市震荡对实体经济的苗头性、倾向性影响，在巩固前期稳增长政策效果的同时，财政货币政策需要进一步加力增效，在对冲股市对经济增长负面影响的基础上，打好富余量，保障下半年稳增长目标的实现。

七 围绕去泡沫、调预期和优制度三大着力点稳定、修复和建设股票市场（2015年8月）

开始于6月15日的股市异动，在一揽子政策托救后有回稳迹象，但7月27日上证综指再度重挫8.48%，创2007年以来最大单日跌幅，反映股市稳定的基础仍比较薄弱。截至7月29日收盘，上证综指报3789点，较6月12日最高点5178点下跌26.8%，但较7月9日最低点的3373点回升了12.3%，市场情绪已经由前期对杠杆资金爆仓的恐慌，转为对救市资金撤出时点的猜疑。今后一个时期推动股市回稳向好，需要深刻反思本轮股市异动的内在原因，结合短期稳市场、中期化风险、长期促改革的思路，做好信心重建、市场重建和制度重建。我们建议：一是以降低股市泡沫度、重建合理估值水平和审慎安排平准资金退出策略为核心稳定市场。二是以调整市场预期、重建股市资金供求关系和逐步恢复市场常态化功能为重点修复股市。三是以完善优化制度和加强股市基建为根本途径，建设一个健康运行并对下半年"稳增长"目标有切实贡献的股票市场。

（一）稳定股市的核心是"去泡沫"

1. 股市整体泡沫度仍然较大、估值水平仍然较高，去泡沫、重建估值体系仍有必要

即使经历大跌之后，股市整体估值仍高于基本面所能支撑的合理市盈率水平。截至7月29日，上证综指和创业板动态市盈率（TTM）已经分别由6月高点的16倍和138倍，下降至12倍和86

倍。从 2000 年至今和 2008 年至今两个时间段的历史市盈率来看，上证综指的平均市盈率分别为 35 倍和 16 倍，目前上证估值水平较合理市盈率有一定距离；但以创业板为代表的成长型"小票"则明显高估，自 2011 年有创业板以来，平均市盈率平均值为 53 倍，远低于目前即使是暴跌后的市盈率。值得注意的是，当前市场有跟随救市资金动向、主动加杠杆再度炒作中小创股票的苗头，"小票泡沫"的风险不容忽视。

2. 维稳资金建仓成本较高、后续风险较大，退出策略、时机和节奏应统筹安排、慎之又慎

关于救市救什么？我们认为，前期一揽子救市政策主要是"救流动性"和"救指数"，一定程度上起到了托住市场的效果，缓解了因杠杆资金平仓等引发的流动性枯竭和股价断崖式下跌。但"救指数"存在风险：一方面，各类维稳资金，尤其是证金公司平准资金和养老金等具有公共资源属性的"国家队"入市点位仍然偏高，买入股票多数仍有泡沫；另一方面，把 4500 点作为具体托救点位，容易推动市场跟风炒作"救市概念股"、形成"跟随策略红利"，一旦有退出迹象会严重影响预期并带动股价再度下跌。我们建议，在政策收放不应拘泥于股指点位，而应以杠杆资金动向为主要参照，将场内场外杠杆资金规模作为政策操作标的，由前期的"盯住指数点位托市"转向"盯住杠杆区间调控"。在震荡行情中实现降低杠杆资金规模，促进杠杆资金内部的预期分化，避免单边上涨或下跌的预期带来杠杆资金快进或快出。

关于平准资金如何退出？本次救市过程中，证金公司通过注资、发债、同业拆借、获得银行授信等多渠道获得人民银行、商业银行流动性支持，截至目前已买入万亿元股票资产，发挥了平准基金稳定市场的重要作用，应予以充分肯定。但严格意义上，平准基金属于公共资源，对于高风险投资者实施长期全覆盖救助有失公平，也容易产生道德风险，未来随市场回稳，平准基金的逐步撤出是应有之义。但我们认为，目前仍未到谈退出的时候。从日本、美国、韩国、中国台湾、中国香港等成熟市场平准基金应对非理性波动的经验看，在应对股灾入市之后都经历了 1~4 年的退出期。我们建议，继续发挥证金公司作为行使平准基金的稳市功能，根据持仓成本和市场变化加强风险控制，研究探索后期不同退出策略：一是将存量股票转换为 ETF 基金或转至专业投资机构；二是将存量股票作为转融券券池，再平衡融资融券业务比例，逐步提高融券业务规模，提升市场主体熨平股价波动的自发能力；三是将资产负债同时划拨全国社保基金运营；四是探索针对场外配资方提供定点化、时点性流动性支持，起到平滑场外融资盘波动的作用。

（二）修复股市的重点是"调预期"

1. 调整预期、稳定信心仍是修复股市功能的第一要务

当前，市场情绪已经由前期对杠杆资金爆仓的恐慌转为对救市资金撤出时点的猜疑，投资者情绪非常脆弱，市场信心需要重建。此外，目前仍有约 600 家上市公司停牌，市场仍未实现有效出清，这也不利于市场企稳。值得注意的是，海外投资者对这一次股灾和后续救市政策颇有微词，桥水公司等一些前期看好中国股市的海外知名基金纷纷清盘 A 股资产。根据课题组近期在香港与有关机构调研的情况，境外机构对 A 股市场的主要疑惑包括：一是监管部门一系列规则修改、以行政方式强力干预市场交易的政策措施不可长久，如禁止上市公司大股东和董高监在六个月内减持、要求上市公司"五选一"释放利好、暂缓 IPO 并退回打新资金、限制期指空头开仓、禁止券商自营盘 4500 点下卖出等，认为这些措施对市场形成了全面干预，行政化救市可能形成后遗症。二是上市公司大面积停牌对 A 股市场的定价机制和流动性造成严重扭曲，在无法自由买卖的市场只能全部退出。三是担心本次股市异动会延迟政府提出的全面市场化改革和金融改革的步伐，甚至出现倒退。我们建议，在市场企稳后，IPO 暂缓暂停、禁止上市公司正常减持、限制投资者套保等行政性救市政策应及早退出，避免在投资者中形成其对市场运行和金融改革产生的负面预期。同时，继续推进改革，增强社会各界对中国发展资本市场的信心。

2. 保持舆论中性，避免政府背书、推动共识和同化预期

股市正常化交易的一个特点就是，需要市场参与主体存在不同的观点，对于股票后市表现预期各有不同，才能有买有卖，价格才能充当市场出清的手段，而过分人为推动市场达成共识是危险的。当前，微信、微博等自媒体，知乎、雪球等社交网站，大数据等新技术，对市场主体预期同化具有极强的推动作用。在前期股市上涨期间，在一些非中性言论推动下，投资者看涨预期不断强化，甚至认为牛市由国家背书，这与股市快速上涨不无关系。同样，在暴跌过程中，恐慌情绪在自媒体传播扩散效应下不断强化，也造成股市践踏式抛售。今后应保持舆论中性，厘清政府与市场的边界，避免政府背书、推动共识和同化预期。

3. 对于场内场外杠杆资金，采取"稳杠杆"、"转杠杆"和"去杠杆"三步走战略

杠杆资金是本轮股市急涨快跌的核心风险点。在金融创新、金融开放、监管套利等多重因素驱动下，银行、信托、券商、机构投

资者和中小散户通过场内融资、场外配资进入股市的资金出现几何增长、大进大出。虽然杠杆本身不会直接推动股价涨跌，但会加快涨跌速度。杠杆资金平仓和股指下跌往往形成相互加强的恶性循环，市场调整时杠杆资金规模过大会导致市场因卖压过重而丧失流动性，令下跌压力加大。首先，做好"稳杠杆"，即对杠杆资金控制存量、限制增量，并将场外配资纳入监管视野，做好压力测试，短期将杠杆资金规模保持在一个相对稳定的水平。其次，推动"转杠杆"，即通过证金公司在向市场提供流动性的同时，做到有买有卖，控制好风险敞口，以较小的成本实现替换场内高杠杆资金的目的。最后，实现"去杠杆"，利用杠杆资金的高逐利性、低稳定性，在不引发市场大幅波动的前提下降低其绝对规模，提倡市场自发主导的有序退出，而不是釜底抽薪和休克式行政去杠杆。

4. 从供求两个方面平衡下半年股市平稳运行的资金基础

2014 年下半年和 2015 年上半年，通过杠杆资金、保证金、股票基金和保险资金四个渠道，资金流入股市分别约为 0.9 万亿元和 3.5 万亿元。通过新股发行、增发、大股东减持和交易损耗四个渠道，资金流出分别约为 0.74 万亿元和 1.25 万亿元。2015 年下半年，随着救市政策出台后，对 IPO、再融资、大小非减持等资金需求方有所控制，但场外配资和两融等资金供给方同样受制于去杠杆，公募净申购受限于银行入市资金趋于谨慎，保险资金加大权益配置比例空间有限，资金环境较上半年环比明显恶化，需要从供需两个方面重建新的平衡。

(三) 建设股市的根本途径是"优制度"

1. 修改调整目前明显不公平、不合理的股市交易制度

一是探索逐步取消涨跌停板交易机制。从流动性角度看，实行多年的涨跌停板和透明度要求，与新出现的杠杆交易不兼容，是形成股灾的一个关键原因。可探索放开流动性较好的大盘蓝筹股涨跌停限制，或在未来上证交易所推出的新兴产业板试行暂停交易和熔断机制。二是调整不同步的股票现货"T+1"、股指期货"T+0"交易制度。股票期现交易不公平是本轮股市大起大落的一个重要原因，股指期货不仅没有起到约束股价过度波动的风险防范作用，反而大大加剧了股票现货市场的波动风险。未来应将股票期现交易制度逐步统一为"T+0"，通过资金跨市场有效套保风险，起到鼓励投资、限制投机、遏制做空的作用。

2. 加强分业监管框架下的大协作

本轮股市震荡凸显了金融混业经营的发展趋势和金融分业监管的现有模式之间的矛盾。市场监管条块分割，缺乏统一性、穿透性和协调性，明处的市场风险得到有效控制，系统性风险却在监管盲区爆发，其中尤其是场外监管没有官方测度，对其监管升级明显存在时滞。"各扫门前雪"式的防范风险，往往引发系统性风险。在互联网技术广泛运用和金融混业经营趋势下，需要正视监管分置、监管盲区和监管套利问题，通过干中学、学中干，不断提升逆周期调节的能力和技术。

3. 对股市融资进行严格的资本充足率监管，保障系统性重要金融机构的绝对安全

尽管本次股市动荡的金融系统传染度有限，金融体系流动性良好，但可以看出，股市融资是一项具有系统重要性的金融业务，有威胁金融体系稳定的潜在破坏力。因此，应把股市融资当成具有系统重要性的金融业务来监管，要求提供融资的金融机构为其准备足够的资本金，以便通过资本缓冲来吸收可能的损失，控制风险蔓延。

4. 加强保障股市健康发展的法制基础

监管部门着力提高上市公司信息披露质量，提高上市公司治理水平。打击各类标榜"市值管理"，实则坐庄炒作和编题材、炒故事等不法行为，对虚假陈述、内幕交易、市场操纵的违法违规事件进行严惩，营造公平、公开、公正的市场秩序。

八 多重因素影响全球股市暴跌，中国是稳定世界经济的重要力量（2015年8月15日）

最近一周，全球股市暴跌。从8月19日收盘至24日盘中最低点，美国三大股指分别下跌10%、11.5%和14.5%，欧洲斯托克50指数下跌13.3%，德国DAX30指数、法国CAC40指数和英国富时100指数分别下跌12.6%、13.4%和10%，日本日经225指数和印度孟买SENSEX30指数分别下跌12.2%和9.5%。同期，中国上证综指、深证成指和创业板指分别下跌15.9%、15.4%和16.3%。这一次股市暴跌几乎全球同步，主要经济体市场都被波及。国际上多数机构认为，多重因素共同作用造成了此次暴跌，既受全球经济不景气的影响，也有美联储加息预期提前等诱因，不能归咎于任何单一经济体。但也有部分观点认为，近期人民币汇率形成机制完善、个别经济数据不佳、前期股市暴跌等"中国因素"引发全球暴跌，似乎中国应对此负责，但这显然有失公允。

（一）全球股市暴跌源于多重市场因素叠加而非中国引发

1. 从股市见顶回落的时间顺序看，美、欧、印在前，中国在后

全球股市自2008年反弹见顶及后续回落基本情况是，印度孟买 SENSEX 指数最早于 2014 年 3 月 4 日见顶后回落。欧洲市场多数在 2015 年上半年陆续见顶，其中，德国 DAX 指数、西班牙 IBEX35 指数和法国 CAC40 指数分别于 4 月 10 日、4 月 13 日和 4 月 27 日相继见顶回落。美国股市见顶稍晚，道琼斯指数、标普 500 指数分别于 5 月 19 日、5 月 20 日升至本轮高点。相比之下，中国股市见顶最晚，上证综指于 6 月 12 日才达到本轮高点。从主要股指见顶回落的次序看，印度和欧美主要股市的见顶回落早于我国股市，本轮全球股市的普遍下跌并非由中国引起。

2. 从国际股市的运行情况看，市场自身存在较大调整压力

从上涨看，2014 年 6 月底到 2015 年 6 月中旬，上证综指由 2064 点上涨到 5174 点，不到一年上涨 150%，翻倍时间为 7.5 个月，比 2007 年牛市的上证综指翻倍时间的 8.5 个月更短。这种短期的快速上涨难以长期持续，暴涨之后往往或早或晚地会出现快速回调。海外市场特别是欧、美、日、印等主要股指的翻倍时间虽然长一些，但持续近 6 年的上涨累积了巨大涨幅。自 2008 年底部以来，美国纳斯达克指数、印度孟买 SENSEX 指数、德国 DAX 指数、美国标普 500 指数、日本日经 225 指数累计涨幅分别达到 413%、373%、331%、320%、265%。从这些国家股市波动的历史看，经历了多倍增长且超过平均周期时间后，股市向下调整是一个必然趋势，一旦某个具有全局性意义的影响因素如美联储加息等对市场产生直接冲击，就会导致市场出现剧烈调整。

3. 从全球股市暴跌的直接诱因看，美联储加息可能提前是最主要的触发因素

当前，美国股市市值约占全球市值的 40%，仍是对全球股市影响最大的市场。近几个月，国际货币市场波动与美联储货币政策信号披露高度相关，美联储货币政策的任何一个微小变化，都会对美国乃至全球股市、债市、期市、汇市以及大宗商品市场产生极大的影响。8月20日凌晨，媒体报道美联储7月份联邦公开市场委员会政策会议纪要中有"多数美联储官员认为已接近加息时刻"的相关表述，被市场解读为美联储加息动作将会提前，这加剧了市场不安情绪，成为引发本轮全球股市暴跌的最直接导火索。过去一周反映市场情绪的恐慌指数变化也可以看出美联储加息预期变化的影响。2015年以来，恐慌指数一直在10～23的低位区间运行，但在8月18日之后，恐慌指数在5个交易日内由13迅速飙升至53，恐慌情绪逐步蔓延，市场抛售盘大量涌现，加大了股价下跌的幅度。

4. 从股市暴跌的外部影响因素看，全球经济增长格局调整及国际金融市场系统性风险释放是深层次原因

国际金融危机后，美、欧、日为应对危机通过量化宽松方式向金融市场注入大量流动性，这成为美、欧、日股市上涨的支撑因素。美国等国家经济逐步企稳或复苏，特别是美国量化宽松政策退出，使得依赖于过度宽松流动性支撑的美、欧、日股票市场正逐步失去支撑，从而有向下调整的必要。与此同时，近两年，在全球金融危机后支撑全球经济增长的新兴市场开始增速放缓，巴西甚至陷入严重经济衰退，进而带动资源型国家经济下滑。由于美、日等发达国家的经济增长难以弥补新兴经济体增长率下滑的缺口，全球经济增长率下滑，国际投资者对市场前景越来越担忧。同时，美联储货币政策加息预期带动美元步入升值周期，欧、日和许多新兴市场国家货币宽松的政策空间越来越窄，这一系列因素都加强了金融资本从估值水平已经很高的市场撤出的意愿。加之美联储货币政策变化导致美元汇率在国际货币市场上的波动放大，使得全球股市承载着快速下调的压力，同步暴跌随之产生。

（二）中国经济是稳定世界经济增长的重要力量

对世界经济周期性复苏和中长期可持续增长具有深刻影响和非凡意义的中国经济不会出现衰退和危机。相反，一大批"叫得响、落得地、有分量"稳增长政策和改革措施作用不断发挥，将在国际社会中形成"经济稳得住、货币守得住、政策有空间、改革在推进"的"中国预期"，这对全球资本市场稳定无疑具有重要意义。

1. 中国经济对世界经济增长做出了巨大贡献

2015年上半年中国GDP同比增长7%，增速在主要经济体中仍然位居前列。据IMF预测，2015年中国经济增速大约是发达经济体的3.2倍，是新兴市场和发展中经济体的1.6倍。其中，是美国的2.7倍、欧元区的4.5倍、日本的8.5倍。特别是，中国经济总量已突破10万亿美元，约占全球经济总量的13.4%，是全球仅次于美国的第二大经济体。IMF测算，2014年中国对世界经济增长的贡献率约为27.8%，高于美国的15.3%。与此同时，中国开放型经济发展水平进一步提升，连续两年为全球第一货物贸易大国，是世界上120多个国家和地区的最大贸易伙伴。随着"一带一路"等建设的深入推进，中国与其他国家的经济联系进一步增强，其全球经济增长重要引擎作用将更加凸显。

2. 中国经济运行仍处在合理区间

当前中国经济确实正处在"爬坡过坎"的关键时期，新旧增长动力正在转换，以往积累的不少矛盾和问题集中显现，加上世界经济仍处于深度调整期，全球有效需求不足，面临较大的经济下行压力。针对这一情况，中国出台的一系列稳增长措施，既拉动了投资，也较好地释放了消费潜力，改善了企业预期，增强了市场信心，激发了创新活力。总的看来，基础设施投资快速增长，房地产市场逐步回暖，消费保持平稳增长，企业融资成本有所下降，新的经济增长点逐步显现，经济运行仍处于合理区间。同时，中国经济发展的内涵也正在发生显著变化，结构在改善，质量在提升，动力在增强，已成为全球经济复苏进程中一道亮丽的风景线。

3. 支撑中国经济向好的积极因素正在不断积聚

新的增长动力正在培育形成，高技术产业增加值增速显著高于工业平均增速，相关新产业、新技术发展将为经济增长注入新动力；体制机制环境更加优化，新一轮全面深化改革提速，市场配置资源决定性作用增强，全面依法治国深入推进，有利于激发各类市场主体的活力与创造力；宏观调控的理念和方式不断完善，针对经济运行中的苗头性问题采取预调微调措施，这既有利于熨平经济周期，还有利于减少"后遗症"，将为结构调整赢得更多的时间和空间。这些都表明，中国经济有巨大的韧性和回旋余地，完全有能力、有条件实现全年7%左右的增长目标。

九 股市去泡沫已近尾声，下一步应着力制度稳市（2015年9月）

始于6月15日的股市异动至今已过去3个月，从"价、量、质"三方面的最新情况看，目前股市去泡沫已近尾声，估值水平的"重建"初见成效，股市风险得到相当程度的释放，市场内在稳定性有所增强。当前需要高度关注前期救市措施引发的后遗症问题，政府干预的"形"不能替代或削弱市场运行的"势"，政策"退"

和市场"进"需实现有序接替。下一步需着力制度稳市,多措并举、多管齐下、协力共进,将股市从大起大落、暴涨暴跌的市场转变为健康、稳定、有效的市场,将股市构建为对国民经济平稳发展有切实贡献的力量。

(一) 价、量、质三方面显示去泡沫已近尾声

1. 在经历过去20年最快暴跌后价格风险快速释放

截至9月18日,在两轮暴跌之后,上证、深综、中小、创业四大股指较本轮高点分别累计下跌40.2%、46.0%、45.3%、50.1%。以上证综指为例,从跌幅来看,40.2%的下跌幅度在过去20年的5次暴跌中排名第3;从跌速来看,近期每月12.5%的暴跌速度,是过去5次之首。在经历前所未有的快速暴跌后,股价整体风险有所释放。

表13　过去20年上证综指涨跌情况

	开始日期	结束日期	持续时间 (个月)	涨幅 (%)	月涨速 (%)
上涨 阶段	1996年1月21日	1997年5月12日	15.5	188	12.1
	1999年5月18日	2001年6月14日	25.0	112	4.5
	2005年6月6日	2007年10月16日	28.5	513	18.0
	2008年10月18日	2009年8月4日	9.5	80	8.4
	2014年7月21日	2015年6月12日	10.5	153	14.6
			(平均) 20	(平均) 209	(平均) 11.5
	开始日期	结束日期	持续时间 (个月)	振幅 (%)	月涨速 (%)
震荡 阶段	1997年5月12日	1999年5月18日	24.0	47	2.0
	2002年1月29日	2004年4月7日	26.5	36	1.4
	2009年8月4日	2011年4月18日	20.5	50	2.4
	2012年1月6日	2004年7月21日	30.5	32	1.0
			(平均) 25	(平均) 41	(平均) 1.7

续表

	开始日期	结束日期	持续时间（个月）	跌幅（%）	月涨速（%）
下跌阶段	2001年6月14日	2002年1月29日	7.5	-40	-5.3
	2004年4月7日	2005年6月6日	14.0	-44	-3.1
	2007年10月16日	2008年10月18日	12.0	-68	5.7
	2011年4月18日	2012年1月6日	8.5	-30	3.5
	2015年6月12日	2015年9月18日	3.2	-40	-12.5
			（平均）9	（平均）-44	（平均）-6

2. 市场已由尾部严重泡沫区间向中位合理区间移动

一般情况下，上证综指回报率持续偏离长期趋势超过2个标准偏差，是A股整体出现严重泡沫的迹象。在6月上证综指出现严重泡沫时，极端收益率开始密集分布，经历3个月暴跌之后，截至9月18日，上证综指收益率已回落至1倍标准差以内的估值合理区间。

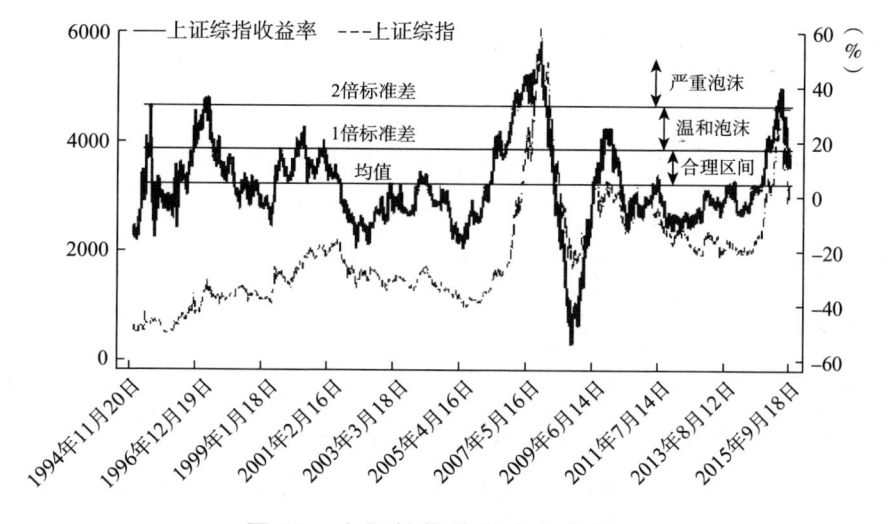

图16 上证综指收益率变化情况

3. 主要股指市盈率水平逐渐合理

主要指数估值水平持续大幅下降，上证显著低于均值，中小板

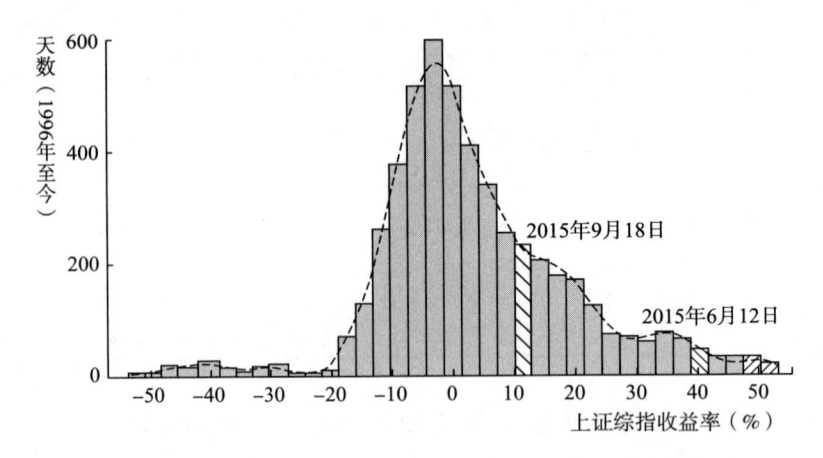

图 17　1995～2015 年上证综指收益率分布情况

略低于均值，创业板逼近均值。截至 9 月 18 日，上证、深综、中小和创业四大股指市盈率由前期高点的 23 倍、57 倍、65 倍和 138 倍下降至 14 倍、28 倍、32 倍和 61 倍。全部 A 股上市公司 PE 中位数为 42 倍，已经跌至 2014 年 11 月上证综指 2500 点、创业板指 1500 点时的水平。如果从国际通行的"席勒指数"（CAPE，周期调整市盈率）来看，上证综指 CAPE 已经从 6 月上旬的长期均值水平重新跌落至低估区间；创业板 CAPE 由 6 月的 136 倍最高点快速逼近 62 倍的均值水平。创业板指与上证综指的市盈率之比，也已由高点的 7.4 倍下降至 3.7 倍。同时，横比海外其他市场，经过大幅调整之后，如果以上证综指市盈率来衡量，A 股已不再"贵冠"全球。

4. 不同行业估值水平既有回落也有分化

各行业当前 PE 和 PB 值偏离历史均值的程度，可以显示市场估值的结构性变化。估值正向偏离度最大，即估值最贵的行业集中于第一象限，而估值最便宜的行业集中于第三象限。目前，虽然大部分行业估值仍处于较贵的第一象限，但经过 3 个月的暴跌，几乎所

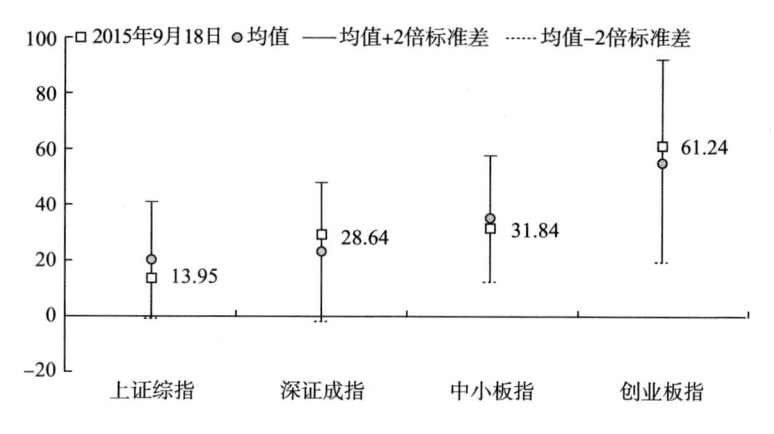

图 18　四大指数估值水平比较

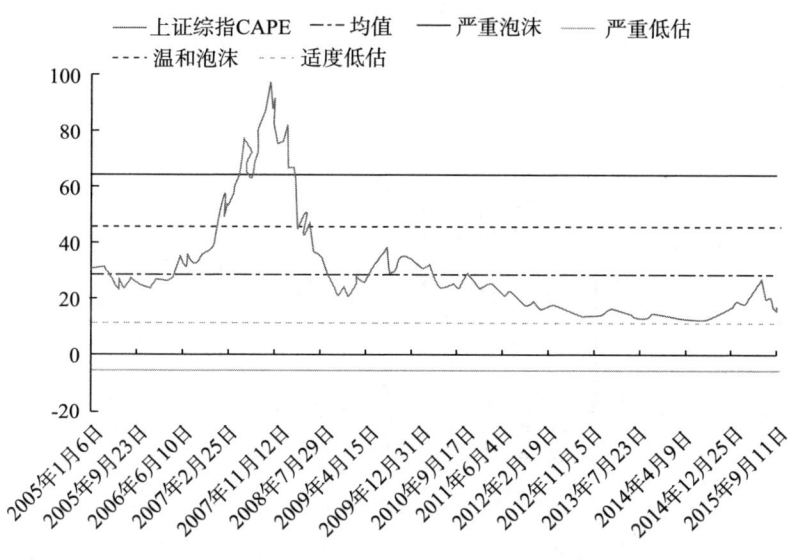

图 19　上证综指 CAPE 回落至低估区间

有的行业估值都大幅降低，出现低估的行业越来越多，房地产、电力设备、汽车、食品饮料等行业已由第一象限转移至第三象限。此外，估值最高行业与估值最低行业的 PE 差也由高点的 180 倍下降至目前的 120 倍。

5. 多个均线偏离度指标显示市场整体进入"超跌"区间

2000 年以来，110 个交易日内大盘上涨天数占比这一数据多在

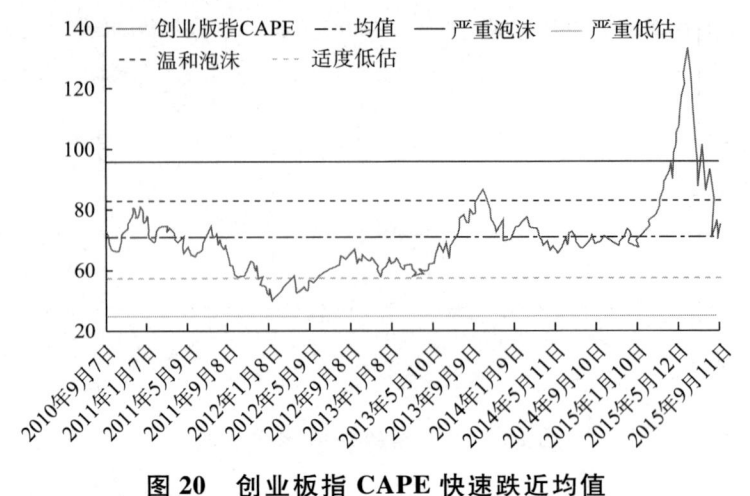

图20 创业板指CAPE快速跌近均值

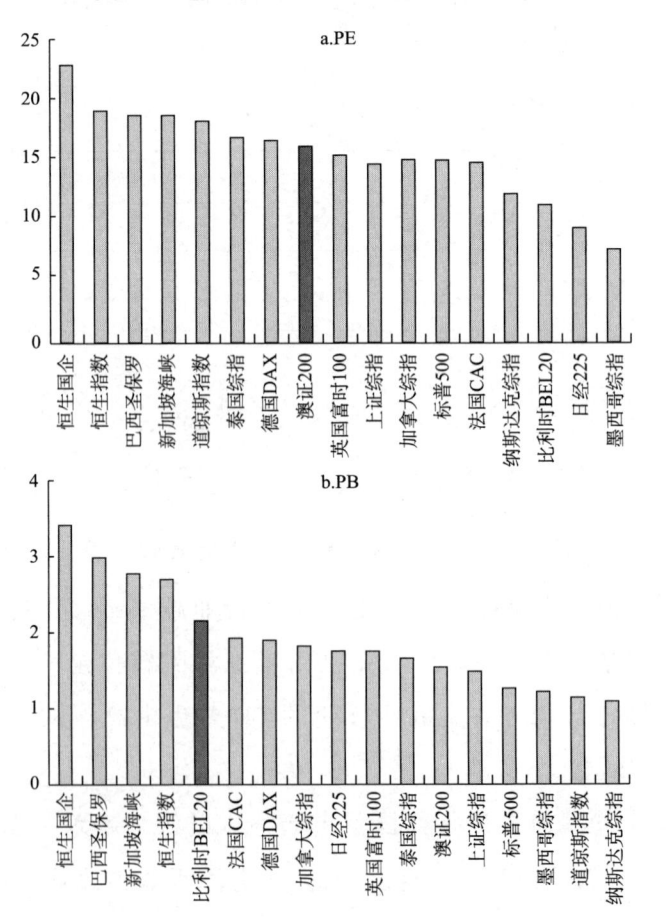

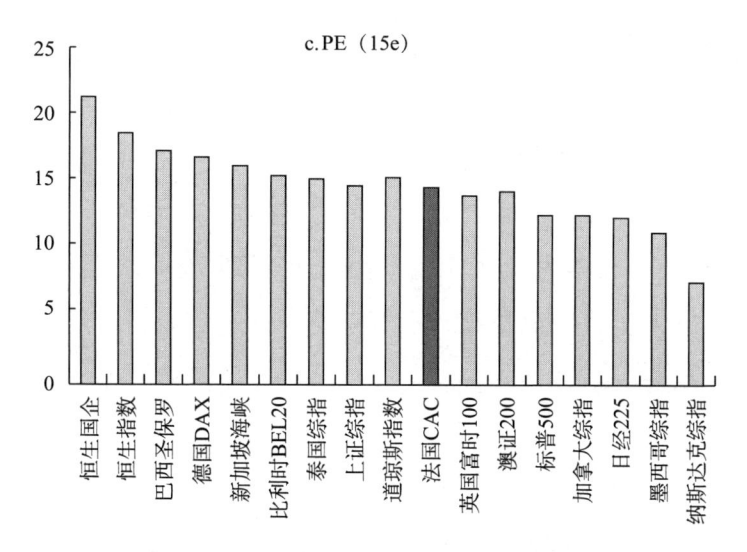

图 21　全球主要股指估值水平（截至 9 月 18 日）

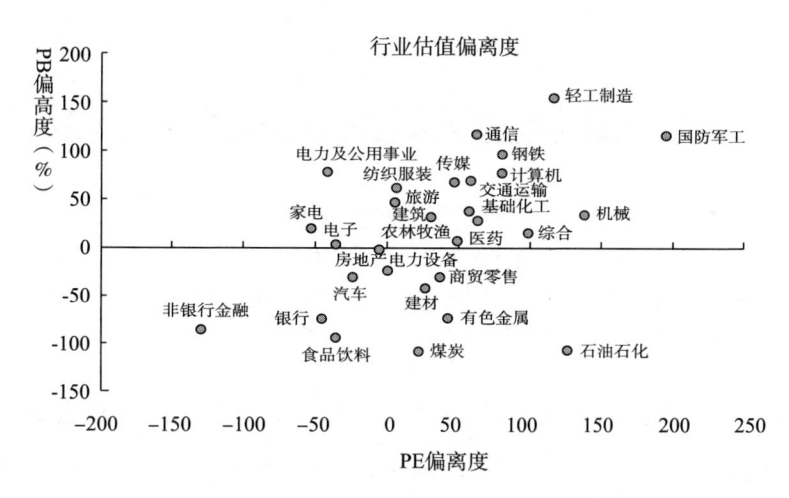

图 22　A 股行业估值偏离度（截至 9 月 18 日）

40%～65%的区间，一旦突破上下限将出现较强反转力量。这一数据已经由 6 月 12 日的 67% 快速下跌到 9 月 18 日的 31%，市场逐步酝酿反弹力量。500 日均线上方个股比例显示长期投资者能盈利的概率，这一数据在 6 月 12 日高点时为 98%（表明几乎所有股票价格均站在 500 均线上方），9 月 18 日下降至 62%，虽然仍高于历史上超跌时期的平均水平，但下降速度显著快于以往。此外，从 A 股全市场创新高股票占比来看，9 月 18 日收盘价为最近 60 个交易日最高价的个股总数占股票总数的比例，已由 6 月上旬 62% 的高点快速下降至 4%，已显著低于此轮牛市启动前 12% 的平均值。同时，创 60 日新低的股票占比则由 6% 快速上升到 79%，显示绝大部分股票跌幅巨大，市场整体超跌明显。

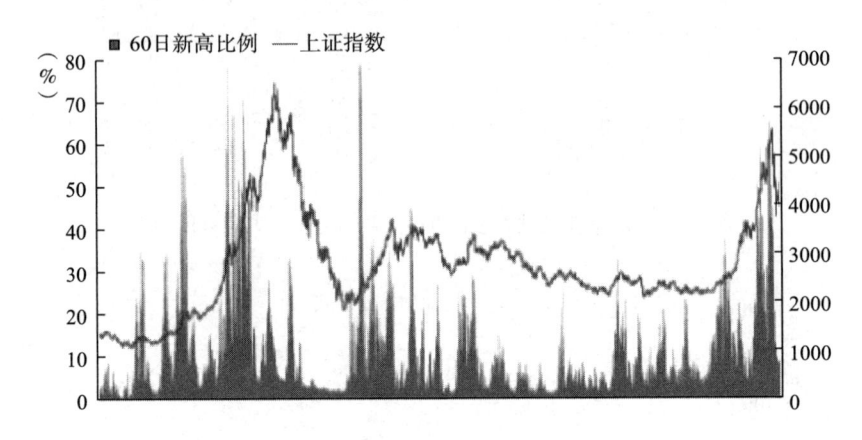

图 23　创新高股票数量占比快速下降

注：新高比例为当日收盘价为最近 60 个交易日最高价的个股总数占 A 股股票总个数的比例；新低比例为当日收盘价为最近 60 个交易日最低价的个股总数占 A 股股票总个数的比例。

6. 杠杆融资风险得到相当程度的释放，"去杠杆" 接近尾声

证券公司场内融资余额大幅下降，已由前期高峰 2.27 万亿元下降到约 1 万亿元，回到上年底的水平。融资买入额占成交金额比例从 6 月的 18% 降至目前的 10%；两融余额占自由流通市值比例从二季度的高点 5.8% 左右降到目前的 3.5%。信托公司等场外配资得到清理整顿，杠杆融资规模大幅下降。

7. 从"量"方面看，市场活跃度有所低迷

成交方面，9 月以来，股市成交量较 2 季度平均水平下滑了

24%，成交额萎缩了38%。换手方面，两市日均换手率已从高位的8.3回落到1.76，接近2000年以来的均值水平。也就是说，在6月上旬泡沫高峰时期，自由流通股平均持股时间为2个星期，目前已升至8个星期。市场情绪方面，上海证券交易所公布的A股市场恐慌指数（iVIX指数）显示，这一数据在9月上旬已经回到40.2%，远低于7~8月股灾期间的63.8%最高值，但仍低于2015年上半年37.4%的水平，显示投资者信心仍在筑底。

8. 从"质"方面看，上市公司盈利能力环比改善

9月上旬，上证综指和创业板指的净资产收益率分别为6.96%和5.81%，显著高于2015年上半年的3.24%和2.03%，显示上市公司整体盈利能力环比明显改善。如果以2014年分红水平计算，目前A股所有股票的整体股息率为1.76%，其中股息率3%以上的股票已超过60只，有38只股票股息率超过7%，横比其他资产收益率，如1年期银行理财收益率4.93%、AA级企业债收益率3.88%、余额宝年化收益率3.19%等，可见A股已经有相当一部分低估值、高分红个股的投资价值正逐渐显现。同时，A股累计净利润同比增速也出现一定提高，相比上市公司利润总额不及印花税和证券公司佣金总额的6月股价高峰时期，上市公司盈利的逐步改善对股价也会形成有力支撑。

表14　A股泡沫度测度指标体系

一级指标	二级指标
价	股份乖离率（120日）
	110日上涨天数占比
	上涨公司占比
	涨停公司占比
	市盈率（PE）

续表

一级指标	二级指标
价	周期调整市盈率（CAPE）
	创业板指 PE/上证综指 PE
	AH 股溢价
	现货－期货当月合约基差
量	股市市值/GDP
	A 股成交量占流通市值比重
	A 股换手率
	A 股资金净流入额
	基金平均仓位
	WXFXI 波动率指数
	新增投资者数量
	其间参与交易的投资者数量占比
	融资融券余额占流通市值比重
	前十位多空持仓比
	沪港通已用额度占比
质	ROE
	股息率
	盈利调升公司个数/调降公司个数
	股市收益率与十年期国债收益率之差

注：首先从"价、量、质"三方面建立衡量 A 股泡沫程度的指标体系。其次，对每个指标进行标准化和指数化处理。最后，逐级进行加权处理，得到能够反映股指泡沫度的综合指标。

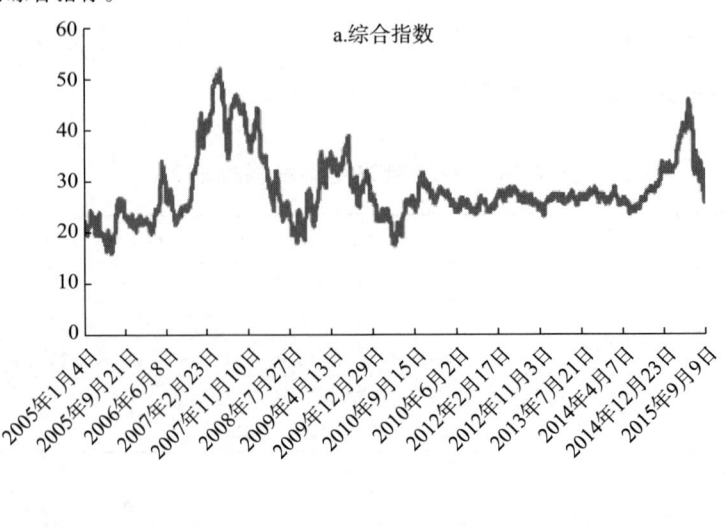

a.综合指数

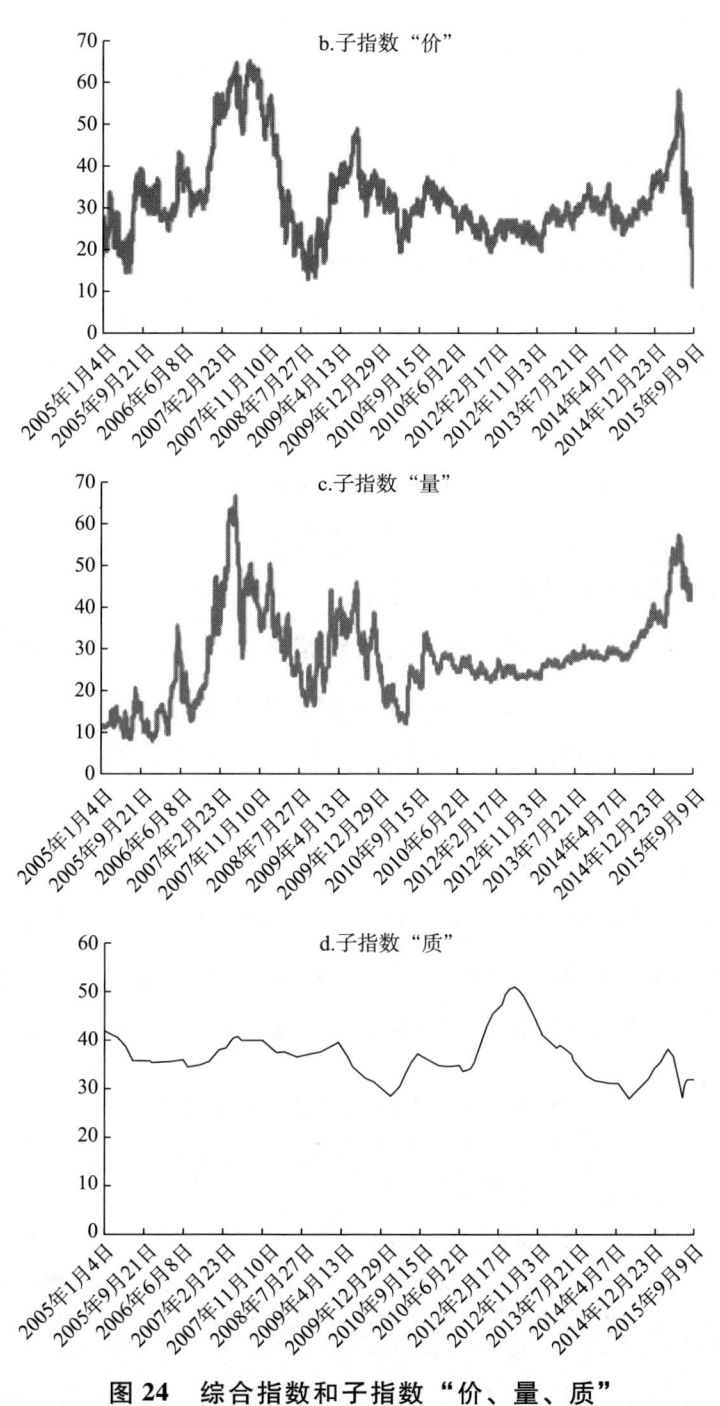

图 24　综合指数和子指数"价、量、质"

(二)需要关注市场存在的四大"救市后遗症"

1. 国家队救市过程中的不公平、不公正加深了"政策市"色彩

首先,救市买入股票在选择上存在不公平,证金公司买入股票由早期的"上证50"大盘股到后期的"中证500"的中小创,市场跟风形成对"梅雁吉祥"等"证金概念股"的跟随炒作,救市产生的道德风险逐步放大。其次,救市时间选择不公平,7月的救市是在市场仍存显著泡沫的时候,救市成本较高且效果不好。当前,国家队资金已成为影响市场信心和走势的重要变量,投资者更多地用政策思维思考股市走向,这将导致股市的"政策市"特征更加明显,而距离理性和成熟越来越远。

2. 暂停IPO、限制减持等行政性措施损害了股市正常融资功能

救市过程中,产业资本卖出受限、IPO暂停、再融资受限等一系列措施,造成股市资金流出受到抑制,预计下半年资金流出约3800亿元。资金流入相比上半年明显恶化,证券交易结算保证金余额边际性减少,新发基金规模大幅下降,场内两融主动降杠杆至万亿元以下,场外配资仍在清查退出,多种因素叠加,预计下半年资金流入约6100亿元。因此,下半年股市的资金流出、流入两方面都将大幅收缩,股市正常功能在救市之后受到机制性影响。

表15 下半年股市资金流出入预测

股市资金流入	边际增量(亿元)	假设条件	股市资金流出	边际增量(亿元)	假设条件
银证转账净流入	4350	市场以整体震荡为主,银证转账净流入节奏大致与2014年上半年状况类似,约为1400亿元;场	IPO预测	278	已受理、已反馈、已预披露更新、中止审查目前为557家,平均每家融资5亿元,由于

续表

股市资金流入	边际增量（亿元）	假设条件	股市资金流出	边际增量（亿元）	假设条件
银证转账净流入	4350	外配资存量逐步去除，待去量约为7000亿元，假设实际需要减仓比例为50%，且其他合理配资业务8000亿元缓慢增长，余额增速15%左右，与两融相当，约为2950亿元	IPO预测	278	IPO暂停，但随着行情企稳，IPO有望逐步放开，假设10%能够在下半年完成发行
股票型+混合型基金流入	-800	下半年赚钱效应减弱，公募基金中期呈现净赎回状态，假设与2014年全年状态类似	定增预测	1200	短期再融资受到抑制，过去一年平均月融资量为750亿元，2014年上半年约为480亿元，中性假设下半年再融资会逐步放开，则假设6个月总融资量约为400×3=600（亿元）（假设到10月才逐步放开）
新增两融	2000	整体风险偏好下降，在震荡行情中，假设净增量为2000亿元	产业资本净减持	-1000	假设下半年整体震荡，且上市公司也有稳定市场的政治任务，净减持量比上半年减少，上半年减持约为4000亿元，从7月开始净增持，假设趋势延续，下半年整体净增持

续表

股市资金流入	边际增量（亿元）	假设条件	股市资金流出	边际增量（亿元）	假设条件
保险资金	1200	下半年震荡行情，总投资量增长15%，比例保持约15%	交易成本	2459	包括印花税、交易佣金，假设下半年交易量缩减为上半年的90%
券商资管	250	按照2014年底券商整体情况，股票占比2%~2.5%，假设下半年为2.5%，2015年上半年受托客户资产总量约为10万亿元，假设下半年环比增加10%（上半年环比2014年底增长25%左右）	两融利息	726	按照下半年两融平均余额中性假设1.6万亿元计算
券商自营	504	2015年5月底券商自营规模约2400亿元，下半年乐观假设除净值增长带来的增量资金季度环比增速为10%	场外配资利息	236	场外配资存量逐步去除，待去除量约为7000亿元，假设实际需要砍仓比例约为50%，且其他合理配资业务8000亿元缓慢增长，余额增速15%左右，与两融相当
OFII/ROFII	1100	ROFII：上半年批复143亿元；OFII：上半年批复224亿美元。假设下半年与上半年类似；但考虑行情以震荡为主，批复结束到实际配置有一定时滞，假	交易周转增量预测	-100	正常交易周转需要的余额假设变为1万亿元

续表

股市资金流入	边际增量（亿元）	假设条件	股市资金流出	边际增量（亿元）	假设条件
QFII/RQFII	1100	设 QFII 新增配置比例约为 30%，2015 年上半年新增批复一半在下半年建仓，RQFII 仅有 20% 配置股票	交易周转增量预测	-100	正常交易周转需要的余额假设变为 1 万亿元
沪股通净增持	-500	沪股通 7 月开始净流出，假设下半年行情震荡为主，沪股通额度上半年净流入 948 亿元，假设下半年净流出 500 亿元			
证金公司	-2000	假设基本维持平衡，缓慢减持			
合计	6104		合计	3799	

3. 技术性严控期指并不能根本解决期现跨市场投机问题

中金所出台限制大单交易、保证金上涨等一系列交易限制之后，股指期货交易被严控，高频、规模交易成本大幅上升，导致市场上过夜持仓持续下降，日成交量严重萎缩。导致跨市场联动投机的制度性基础并未改变，期货、现货市场交易制度不同步问题仍未解决，越来越多的投机套利活动，正在选择与 A 股市场有关的离岸指数期货——新加坡交易所富时中国 A50 股指期货，进行跨市场、跨品种套利。

4. 融资融券回转交易限制和引入指数熔断机制可能造成新的问题

一方面，融资融券业务作为资本市场创新业务，给市场带来更多交易方式和交易策略，投资者通过不同负债偿还方式进行组合，衍生出多样的交易方式和策略。如在6~7月股市异动时期，一些程序化高频交易借助融券卖出300ETF、50ETF等ETF品种，并买入成份股转换ETF还券进行日内跨品种回转交易套利，推升了相关成份股日内价格波动幅度。8月3日，沪深交易所对两融细则进行修改，将融券交易机制由T+0改为T+1，这虽然提高了程序化高频交易成本，降低了空头操作的灵活性，但也造成融券余额与日融券卖出金额更加难以匹配。另一方面，在当前涨跌停板、股票"T+1"交易制度前提下，引入指数熔断机制，可能会进一步加剧市场一致性，强化市场关联性，缩减市场流动性，使得股价更易失真和失控。

（三）多措并举着力推进制度稳市

1. 股市回稳后非常规措施应相机让位理性市场

成熟市场和我国经验都显示，稳市措施只是特殊时期的"熨平波动之手"，政府干预只是应急之计而非长久动作，救市不能代替或削弱市场功能。当前及今后一个时期，在政策持续发力作用下，市场恢复正常运行后，前期政策尤其是行政性措施需要相机调整，实现政策"退"和市场"进"的有序接替，引导市场逐步回到自我调节功能发挥主要作用的常态。

2. 以更为公平、公正、公开为方向改进交易制度

修改调整目前明显不公平、不合理的股市交易制度。一是探索逐步取消涨跌停板交易机制，从流动性角度看，实行多年的涨跌停板和透明度要求，与新出现的杠杆交易不兼容，是形成股灾的一个关键原因。未来可探索放开流动性较好的大盘蓝筹股涨跌停限制。二是调整不同步的股票现货"T+1"、股指期货"T+0"交易制度，股票期现交易不公平是本轮股市大起大落的一个重要原因，股指期货不仅没有起到约束股价过度波动的风险防范作用，反而大大加剧了股票现货市场的波动风险。应将股票期现交易制度逐步统一为"T+0"，通过资金跨市场有效套保风险，起到鼓励投资、限制投机、遏制做空的作用。

3. 加强分业监管框架下的大协作

本轮股市震荡凸显了金融混业经营的发展趋势和金融分业监管的现有模式之间的矛盾。市场监管条块分割，缺乏统一性、穿透性和协调性，明处的市场风险得到有效控制，系统性风险却在监管盲区爆发。在互联网技术广泛运用和金融混业经营趋势下，需要正视监管分置、监管盲区和监管套利问题，通过干中学、学中干，不断提升逆周期调节的能力和技术。实施一以贯之而非忽紧忽松的市场监管，注重多市场联动，尤其是国内股指期货和现货市场的联动，以及 A 股市场和国际市场的联动。

4. 加强保障股市健康发展的法制基础

相比其他成熟市场，当前我国股市风险很大部分来源于交易行为和市场秩序问题，应将重点放在培育公平、公正、公开市场环境上，加大对各类交易行为风险的监管警示力度。监管部门着力提高上市公司信息披露质量，提高上市公司治理水平。打击各类标榜"市值管理"实则坐庄炒作和编题材、炒故事等不法行为，对虚假陈述、内幕交易、市场操纵的违法违规事件进行严惩，营造公平、公开、公正的市场秩序。

十 暂停熔断机制十分必要，仍需警惕股市暴跌释放的宏观信号（2016 年 1 月 8 日）

引入指数熔断机制的 A 股 2016 年开局不利。1 月 4 日、7 日两个交易日均触发二次熔断,其中7日开盘半小时内沪深300指数先后跌穿5%和7%,全天交易仅857秒,市值蒸发3.9万亿元,平均每秒蒸发45亿元,人均浮亏3.9万元。上证综指跌7.04%报3125点,深证成指跌8.23%报10760点,创业板指跌8.58%报2256点,沪深两市1685股跌停,仅35股红盘。7日晚间,监管部门紧急宣布暂停熔断机制,至此,熔断机制从引入、设计到实施一共不到90天,而真正运行实践仅4个交易日。

总体来看,当前市况下熔断机制实际效果以负面为主,"磁吸效应"远大于"冷静效应",造成流动性枯竭的负面影响远大于防范系统性风险的正面期望。我们认为,需要深刻反思这一政策反复过程中产生的高额制度立规成本、政府信用成本和市场实验成本,完善股市交易制度应秉承建章立制的"同规化"而非人为管控的"差异化"。此外,还需高度关注近日股市暴跌所潜藏的宏观信号和预期变化,如人民币汇率急速贬值引发包括股票在内的人民币资产价格重估,大股东减持压力和注册制改革、新设战略性新兴板可能引发股市资金面新的供需失衡等,未来需要及早预研、切实防范汇市股市风险联动对宏观经济带来新的下行压力和风险隐患。

(一) A股市况与熔断机制并不兼容,及早暂停十分必要

1. 简单舶来、仓促实施成熟市场经多年实践完善的交易机制注定难以成功

熔断机制产生于美国,1987年10月19日,美国股市经历著名的"黑色星期一",道指下挫22.7%,此后针对异常非理性波动,纽交所经过1年多的研究、考察和准备,引入熔断机制,之后又对熔断触发档位做了4次修改,最终定下7%、13%和20%的三档阈

值，触及前两档都是暂停交易 15 分钟，触及 20% 的阈值才会全天休市。从美国股市后续运行情况看，自 1988 年启动熔断机制以来的 27 年中，分别于 1997 年 10 月 27 日、2010 年 5 月 6 日和 2015 年 7 月 8 日盘中熔断三次，且只有第一次熔断后直至休市。按照每年约 220 个交易日计算，美国股市大概 2000 个交易日才出现一次熔断。反观 A 股，2015 年 9 月 7 日，三大交易所发布引入熔断机制的意见征求稿，在此后不到三个月的 12 月 4 日，正式推出这一机制，并于 2016 年 1 月 4 日起实施，熔断机制从制度引入、方案设计到安排实施，一共不到 90 天时间。此外，A 股 4 天 4 次触发熔断，两度暂停交易提前休市，从首次触发时间和触发次数上看都是世所罕见。

2. 熔断机制的 A 股实践显示"磁吸效应"远大于"冷静效应"

引入指数熔断机制的主要目的是为市场提供"冷静期"，避免或减少大幅波动情况下的匆忙决策，抑制程序化交易助涨助跌效应，保护投资者尤其是中小投资者的合法权益，但从近两次实际熔断情况看，并没有达到预期效果。同时，市场表现出极强的"磁吸效应"，即当跌幅在 2%～3% 附近，一旦开始下探，跌幅很快达到 5%，触发第一次熔断。当恢复交易后，出现"买盘消失、卖盘汹涌"，随即触发第二次熔断，并且熔断机制生效后所产生的流动性风险会进一步放大指数下行风险。"磁吸效应"还存在预期自我实现和正向反馈放大的现象，可以看到 7 日两次触发熔断前的股价跌速远高于 4 日，并且股市场发生异动时，熔断机制并没有增强流动性，反而减弱、限制了市场在异动时的流动性。

3. 当前市况下"熔断机制"、"个股涨跌停板"和"T+1"交易制度并不兼容

熔断机制实施后一周四次触发，说明现行制度有缺陷，或者制度"水土不服"。在散户行为主导的A股市场，熔断机制的实施效果与引入初衷背道而驰，原因在于机制设计没有考虑到A股特殊市场环境。国际经验显示，熔断机制普遍适用于"T+0"而非"T+1"市场。美国、日本、法国、韩国等海外实施熔断机制的市场，其股票均可日内回转交易（即"T+0"），因此股指触发熔断后，在冷静期内市场投资者经过信息传递与交换后，在市场恢复交易后理论上可以通过积极交易行为尽可能减轻投资损失（补仓或止盈离场），这些交易行为本身也创造了新的流动性；而在A股"T+1"制度下，投资者日内买卖则须T+1交收后才能从事交易，在市场出现极端波动的情况下，投资者无法通过积极交易策略化解风险，市场流动性就会出现风险。个股涨跌停板存在类似且更强效果，再引入熔断机制将干预交易影响市场效率。1996年12月沪深股市引入涨跌停板制度，对于短期化解市场过度波动和抑制投机起到了积极的作用，在接近20年的制度实施过程中投资者已较为熟悉该交易规则；而熔断机制的引入，则相当于股指新增了两道交易双向阀门（-10%，-7%，-5%，5%，7%，10%），对于沪深300指数来说，在新的熔断机制下理论日内涨跌幅度收窄至（-7%，7%），这样过多干预市场交易，将造成市场交易频繁"启、停"，交易效率大为降低，不利于市场长远发展。因此，在当前个股涨跌停板、股票"T+1"交易制度前提下，引入指数熔断机制并不必要，反而会进一步加剧市场一致性，加剧市场关联性，缩减市场流动性，使得股价更易失真和失控。此外，我国股市投资者结构不合理、市场交易深度不高、运行机制不成熟、羊群效应比较明显是市场容易大起大落的根本原因，这些也不是简单熔断机制所能解决的。

（二）稳定股市不能仅靠熔断一停了之，相关制度仍需进一步完善

1. 顺序有先后

从国外经验和近期实践看，熔断机制的引入不宜早于放开个股涨跌停板和股票期现货"T+0"交易制度同规化。建议先探索放开一些流动性好、筹码分散的大盘股涨跌停限制，再探索实现股票现货与期货"T+0"交易制度同规化，之后研究引入更为完善的熔断机制。只有促进市场出清，增加市场流动性，引入熔断才能真正起到防范系统性风险的作用。

2. 细节需完善

熔断机制的一些关键技术细节需要优化调整，如熔断阈值的设定、两档阈值之间的落差等。缩短"熔断"时长。7%档位的熔断将导致全市场中断交易至收盘，这将影响市场的连续性和流动性，与部分海外市场相比，我国股市交易时间本来就偏短，未来应适当缩短熔断时长，同时确保在期货交割日不触发"熔断"。改进"熔断"阈值。A股7%的市场波幅并不十分反常，2002~2015年的14年间，以收盘价计算，沪深300指数有67天涨跌幅度超过5%，20天涨跌幅度超过5%，如用日内最大波幅来计算，触及熔断阈值的天数还会更多，并且2015年6~7月股灾发生之后，市场大幅波动出现得更加密集。阈值设置过低、档位过近，首次熔断后容易引发磁吸效应，未来可在探索放开个股涨跌停板后选择更为稳健的阈值档位。

3. 信息要透明

在熔断机制实施期间，监管层、公司、异常股价波动的公司等，都应该提供给市场及时、透明的增量信息，表明虽然现在市场

熔断了，暂停交易了，但是整个监管政策，或公司的经营以及其他情况并没有发生根本变化。在熔断期间，如果没有新的抚慰市场的信息注入，那么在熔断机制所造成的交易中断这段时间内，不仅阻止市场继续交易，同时也会产生新的信息真空期，导致谣言滋生。

4. 配套应完善

要解决股市根本问题，还需坚持不懈地完善交易制度、发行制度、分红制度等市场基础设施建设，如注册制改革之前应尽早完善退市制度。7日午间出台的大股东减持新规不能作为简单的对冲性政策利好，还需要在法制基础上切实完善相关制度。此外，A股要从基础上、根本上改变当前脆弱状态，必须着力推进资本市场各项供给侧结构性改革，提升决策效率，激发资本市场持续健康发展的内在活力。

十一 美欧股市出现由"牛"转"熊"特征，注册制将塑造A股新供求关系、新估值中枢（2016年1月28日）

美欧股市在持续6年大牛市之后相继回调，"由牛转熊"趋势进一步显现。2016年以来，全球股市市值遭遇大幅缩水，其中美国股市蒸发占比过半。从历史经验看，一旦美国股市走熊趋势形成，将通过资产负债表渠道影响居民消费和企业投资，不利于美国经济持续回稳向好，进而打乱美联储加息节奏，再次形成紊乱国际金融市场的系统性、超预期事件。2016年开年A股表现创历史最差，月度跌幅为历史次高，暴跌极端行情再现，市场活跃度降入冰点，估值虽有所下降但分化仍较明显。动态来看，未来注册制将推动A

股市场形成"股市新常态"下的新供求关系,估值中枢也将出现"台阶式下移",一个时期内 A 股仍将处于"L 型寻底"阶段。

(一) 美欧股市呈现由"牛"转"熊"特征

1. 全球股市市值大幅缩水,美国股市蒸发占比过半

自 2015 年 5 月高点以来,全球股市市值蒸发近 15 万亿美元。2016 年 1 月,市值损失近 3 万亿美元,其中,美国股市市值蒸发 1.77 万亿美元,非美股市市值蒸发 1.4 万亿美元。至此,2011 至 2015 年间全球股市的新增市值已缩水 50% 以上。"巴菲特指标"(股票市值/GDP) 也从 100% 以上快速下降,回调速度快于 IT 泡沫破灭的 2000 年和金融危机爆发的 2008 年。

2. 美欧股指快速下跌,由"牛"转"熊"拐点已现

截至 1 月 28 日,美国道琼斯、标普 500 和纳斯达克三大股指较 2016 年初分别下跌 7.8%、7.4% 和 10.0%,较 2015 年高点分别下跌 12.4%、11.1% 和 13.9%;欧洲泛欧斯托克 50 指数较 2016 年初下跌 7.6%,较 2015 年高点下跌 20.9%;日经 225 指数较年初和 2015 年高点分别下跌 8.0% 和 16.0%。从全球市场来看,较 2016 年初,有 15 个国家股指下跌幅度接近 20%,包括加拿大、巴西、俄罗斯、印尼、英国、西班牙、法国等;美国、智利、澳大利亚、南非、韩国、菲律宾等 20 多个国家股指跌幅也已接近 10%。从估值水平上看,全球股市市盈率迅速下降。股票市值前四位的美国、中国内地、中国香港和日本股市市盈率分别为 15.7 倍、13.7 倍、7.8 倍和 16 倍,分别较 2015 年高点的 17 倍、19 倍、10.4 倍和 19 倍显著下降。

3. 恐慌指数逼近警戒线,继续调整风险仍然存在

2016 年以来,美股恐慌指数(VIX 指数)大幅上升,2016 年 1 月平均值逼近 25 的"警戒线",且仍有持续攀升趋势,意味着投资者对美国未来经济增速预期放缓，如果未来发生系统性事件，投资者预期可能进一步恶化，造成美欧股市新一轮恐慌性下跌。

4. 均值回归力量强大，美欧股指乖离率明显下降

股指乖离率（偏离 120 日均线）显示，截至 1 月 29 日，包括美欧在内的全球多数市场股指乖离率已经从 2015 年的"正向偏离"转为明显的"均值回归"。其中，美国纳斯达克指数、德国法兰克福指数、菲律宾马尼拉指数、印尼雅加达指数的乖离率已从 2015 年 65%~85% 的高位下降到 50% 左右。此外，新兴市场与发达市场的"乖离率差值"也出现快速收缩，表明全球股市同步回调可能性加大。

综合来看，美欧股市正在由"牛"转"熊"，从历史上各次由"牛"转"熊"经验看，一旦趋势形成，下跌力量将延续一段时间。其间股市更易受到系统性、超预期事件的影响，如美联储加息节奏紊乱、美国总统大选等，都将可能对 2016 年美欧及全球股市造成冲击。

（二）注册制下 A 股将迎来新供求关系和新估值中枢

1. 股指月度跌幅为历史次高，开年表现创历史最差

开年以来，A 股市场出现连续回落。截至 1 月 29 日，上证、深综、中小和创业四大股指月度跌幅分别为 22.6%、26.8%、25.3% 和 26.5%，较 2015 年本轮高点分别累计下跌 47.1%、46.5%、48.1% 和 49.2%。单月跌幅为实施涨跌停限制以来历史次高，仅低于 2008 年 10 月的 24.6%。

2. 四大指数市盈率持续下降，大小盘估值仍有分化

从市盈率上看，截至 1 月 29 日，上证、深综、中小和创业四大股指市盈率由 2015 年高点的 23 倍、57 倍、65 倍和 138 倍，分别下降至 13.7 倍、39.9 倍、48.8 倍和 75 倍，上证已显著低于历史均值，中小板逼近历史均值，创业板仍高于历史均值。全部 A 股上市公司 PE 中位数为 42 倍，已经跌至 2014 年 11 月上证综指 2500 点、创业板指 1500 点时的水平。从估值分化情况看，目前沪深 300 指数市盈率为 13.7 倍，创业板市盈率为 97.5 倍，大小盘估值比再度回到历史相对高位。

3. 两融、杠杆资金大幅萎缩，市场活跃度陷入冰点

在屡次经历暴跌极端行情之后，市场情绪已发生根本性变化。新年以来，证券市场交易结算资金余额、沪深两市融资余额数据显示，资金进场意愿持续回落。证券公司场内融资余额大幅下降，已由前期高峰 2.27 万亿元跌破 1 万亿元，回到 2014 年底水平。融资买入额占成交金额比例从 2015 年 6 月的 18% 降至目前的不足 10%；两融余额占自由流通市值比例从 2015 年高点的 5.8% 左右降到目前的 3.5%。此外，信托公司等场外配资得到清理整顿，杠杆融资规模大幅下降。

4. 静态看，利率和盈利变动对应的上证、深创底部分别约为 2700 点、2000 点

从估值水平看，影响估值最核心的为利率水平变化。以 10 年期国债收益率、10 年期国开收益率、1 年期定期存款三大利率进行对比，从 2014 年最高点至今，三者分别从 4.6% 降至 2.9%（降幅 37%）、从 5.9% 降至 3.1%（降幅 47%）、从 3.0% 下降到 1.5%（降幅 50%）。因此，如果市场盈利水平和风险偏好没有发生明显变化，则 2014 年至今仅由利率水平下降带来的估值提升为 40% 左右。从企业盈利看，2015 年主板、中小板和创业板净利润同比增速分别为 6.6%、45.2% 和 47.7%。虽然对于上证综指而言，盈利增长对指数贡献微乎其微,但对于中小板和创业板,盈利仍然对指数涨幅提供正向支撑。因此,如仅从静态角度估量,从 2014 年年中至今,上证综指因利率下降带来了 30%~40% 的估值提升,以 2000 点为基准的话,对应合理底部应在 2700 点左右。创业板受益于利率下降和净利润增长双重贡献,底部将至少抬升 70%,以 2014 年中 1200 点为底的话,目前合理底部在 2000 点左右。

5. 动态看,注册制下市场将形成新供给关系和新估值中枢,A 股将处于"L 型寻底"过程

作为资本市场改革的核心,IPO 注册制是 2016 年金融改革的重头戏。一方面,注册制将显著提高股市供给。注册制旨在简化上市流程、降低上市标准、强化信息披露、强调事后监管,上市条件得以放松,预计 2016 年发行量将从 2010~2015 年每年 200 家左右增加到 300 家以上,叠加大股东减持因素,2016 年股市供给压力不可避免。另一方面,注册制将推动股市估值中枢下移。以中国台湾 IPO 注册制改革为例,由于监管部门大量放开上柜市场 IPO,台交所修订了上柜转上市的审查准则,1999~2004 年中国台湾上市公司数量大幅增加。在此期间,台交所上市公司估值中枢经历了长达 5 年的回落,整体 PE 水平由 30 余倍下降至 20 倍左右。回顾 A 股历史,以往三次周期均是审批制下的股市供求关系和估值体系,未来注册制将形成"股市新常态"下的全新供给关系,同时估值中枢也将出现"台阶式下移",相比之下,当前 A 股仍有探底稳固的空间。

十二 没有必要再建一个"战兴板"
(2016 年 4 月 5 日)

就我国资本市场发展现状看,开设战略性新兴产业板没有任何

必要性。战兴板和创业板存在功能性和有效性的重叠，"多开板"并非多层次资本市场建设要义，"板中板"叠船架屋更是浪费资源。战兴板动议源于沪深交易所长期竞争，股市建设应摒弃地方利益捆绑。当前市况下，推出战兴板也不利于市场稳定、不便于有效监管。多层次资本市场建设，需要坚持市场化、法治化方向，不能总是以实验试点来摸着石头过河，需要由"实验为先"走向"立法为先"；需要坚持"主板做大做强、二板创新竞争、三板孵化培育"的发展思路；需要把稳定市场的时间窗口和优先权留给制度建设。

（一）战兴板与创业板功能重叠，增设新板是重复建设

1. 多层次市场体系已经搭建完成，战兴板与创业板功能重叠

经过二十余年的发展，我国资本市场层次已较为齐整，包括主板、中小板、创业板、新三板和区域股权市场（四板市场）在内的各市场功能性、有效性不断提升，不同规模、不同资质和不同概念的上市公司已经有了对应的上市市场。截至4月5日，从上市公司数量看，主板1567家、中小板783家、创业板501家及新三板挂牌公司6382家；从市值来看，主板31.9万亿元、中小板8.8万亿元、创业板4.7万亿元、新三板1.9万亿元。从战兴板设计方案看，它并不能构成一个单独层次的市场，只不过是沪市主板的一个"板中板"，虽然在具体规则上与创业板有些许不同，但本质上没有太大区别。创业板适当降低标准、新三板适当提高标准，就足以覆盖战兴板的目标领域，股市建设不要走重复建设的思路。

2. 即使没有战兴板，一大批战略性新兴产业企业也已登陆A股市场

我国战略性新兴产业上市公司早已分布在上海主板和深圳主

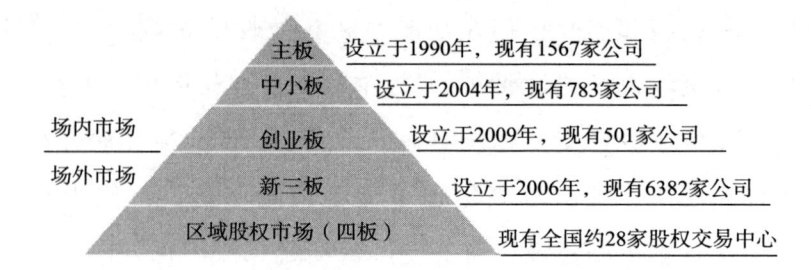

```
                    主板        设立于1990年，现有1567家公司
                   中小板       设立于2004年，现有783家公司
  场内市场         创业板       设立于2009年，现有501家公司
  场外市场         新三板       设立于2006年，现有6382家公司
              区域股权市场（四板）   现有全国约28家股权交易中心
```

图 25　我国资本市场结构及各板上市公司数量

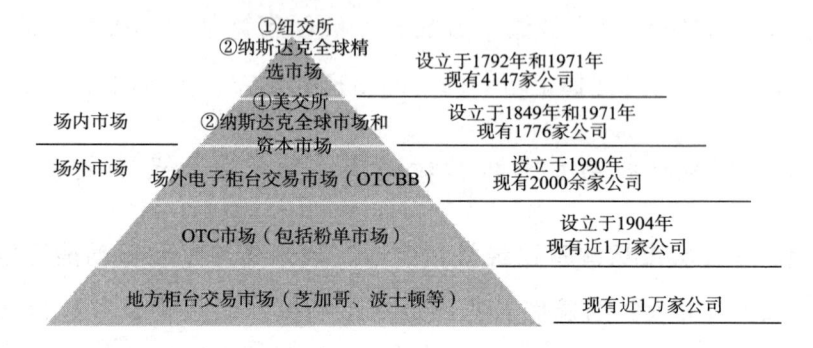

```
                ①纽交所
              ②纳斯达克全球精    设立于1792年和1971年
                 选市场              现有4147家公司
                  ①美交所
  场内市场    ②纳斯达克全球市场和  设立于1849年和1971年
                 资本市场            现有1776家公司
  场外市场
          场外电子柜台交易市场（OTCBB）  设立于1990年
                                     现有2000余家公司
              OTC市场（包括粉单市场）    设立于1904年
                                     现有近1万家公司
         地方柜台交易市场（芝加哥、波士顿等）  现有近1万家公司
```

图 26　美国资本市场结构及各板上市公司数量

板、中小板和创业板市场。截至 4 月 11 日，从战略性新兴产业上市公司数量上看，在主板市场中占 36%，在中小板、创业板的二板市场中占 64%；在上交所上市公司中占 24%，在深交所上市公司中占 76%。从战略性新兴产业上市公司市值上看，在主板市场中占 47%，在中小板、创业板中占 52%；在上交所上市公司总市值中占 36%，在深交所总市值中占 64%。进一步加大对战略性新兴产业的支持力度，并不等于非要增设专板，只需在现有政策上对战略性新兴产业公司上市加以倾斜即可。

（二）战兴板动议源于沪深竞争，股市建设应摒弃地方色彩

1. 战兴板背后折射的是上交所与深交所多年竞争

纵观历史，自诞生以来很长一段时期，上交所的上市资源、融

资规模、成交量能、投资热度等优势均相当显著，相比深交所长期占优。但自中小板、创业板市场出现之后，尤其是2014年3月27日（证监会调整IPO审核政策，取消了IPO公司首发股份数量对上市地选择的限制）之后，"沪强深弱"逐步转换为"深强沪弱"。沪深两大交易所的主要收入来源是上市公司缴费、交易经手费和交易席位费，从一级市场融资和二级市场交易两方面指标可以看到沪深两市力量对比的演变。

一级市场IPO方面，自2010年以来（除2015年外），上交所IPO企业数量和融资额均不及深交所。数据显示，2010年至2015年（除2013年IPO暂停外），上交所分别有28只、38只、25只、43只、89只新股挂牌，对应IPO融资额为1899.7亿元、966.9亿元、356.5亿元、311.8亿元、1086.9亿元。同期，深交所IPO企业数量分别为319家、239家、124家、82家、131家，对应融资额3011.6亿元、1753.1亿元、661.5亿元、357.1亿元、489.5亿元。截至2016年4月11日，深交所上市公司为1578家，上交所上市公司为1090家。另外，证监会IPO排队企业名单显示，深交所申报企业为281家，上交所申报企业为169家。

二级市场成交量方面，在2007年上一轮牛市中，沪深两市月均成交金额分别为15.3万亿元和1.3万亿元，沪深交易量之比为11.7倍；本轮牛市的2014年6月至2015年6月期间，沪深两市月均成交金额分别为1.6万亿元和6.8万亿元，沪深交易量之比快速降为0.25。此外，从沪深两市代扣证券交易印花税的变化也可看出交易活跃度的沪深转换。

2. 交易所不应附着地方色彩，沪深两市应差别化发展

从此前的权证到国际板，再到这次提出战兴板，都带有严重的

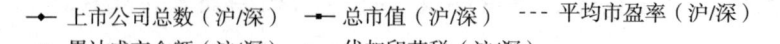

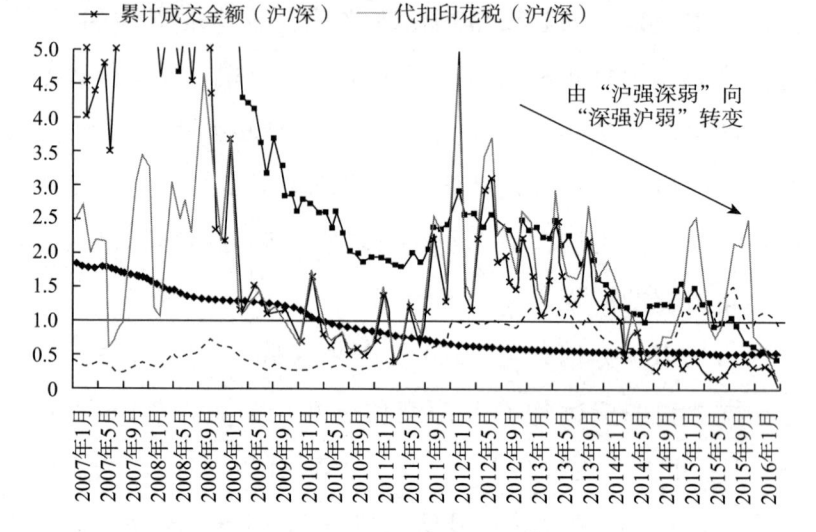

图 27　上交所和深交所力量对比

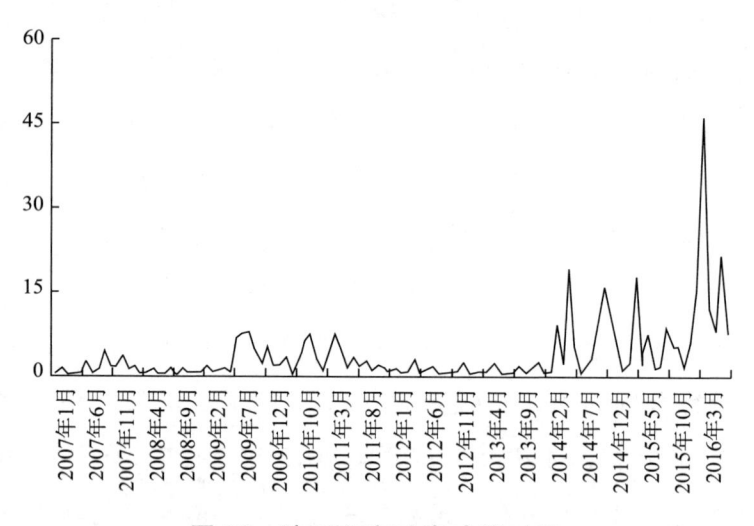

图 28　沪深两市融资功能对比

地方主义色彩。交易所同质化恶性竞争，如果只是地方利益之争，不利于两个市场做大做强。上交所应集中精力发展主板市场，想方设法提高国企、央企上市公司治理水平，集中打造中国蓝筹股市

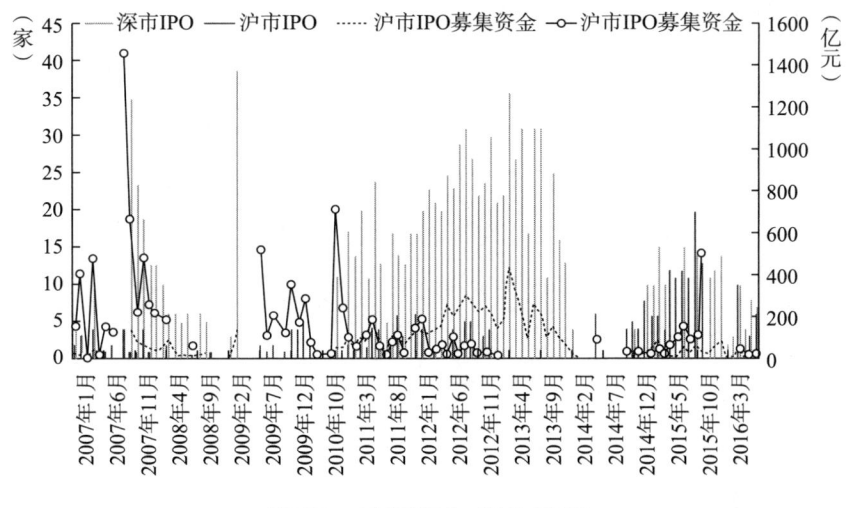

图 29　沪深两市 IPO 情况

场，这才符合上交所与上海国际金融中心的定位。深交所应集中精力发展创业板，围绕创业板的互联互通谋划深港通事宜，让两地创业板市场规则快速融合，合力将中国创业板打造成亚洲乃至全球最活跃的创业板市场。另外，现阶段应把中小板与创业板合并，形成有纵向深度的二板市场。创业板应该尽快修改上市等规则，不要再设置盈利指标，不要再限制注册地，尝试 VIE 结构回归，尝试股东不同投票权架构设置，吸引境外上市的互联网企业回归。

3. 即使需要推出战兴板，也要经过较长研究论证周期

创业板、新三板从论证设计到推出运行都经历了较长时间。2000 年 5 月，国务院同意证监会设立二板的请示，将二板市场定名为创业板，此后经过近十年的努力探索，于 2009 年 10 月 23 日创业板才正式启动。新三板也经过十余年酝酿，从 2001 年 7 月建立了股份转让系统（所谓"老三板"）到 2006 年 1 月整合为"新三板"，再到 2014 年之后，真正的新三板才开始进入快速增长期。相比之下，战兴板概念提出仅 3 年，如果仓促实施，可能因准备欠周，重蹈"熔断机制"覆辙。同时，在经历了一轮"去杠杆""去泡沫"之后，A股市场大病初愈，投资者信心需要一段漫长的修复过程。现阶段乃至今后的一段时期内，市场没有充分准备迎接战兴板推出，需要把一些不确定的风险和没有把握的尝试推后，需要把时间窗口留给制度建设。与其把精力放在对战兴板的"深入研究论证"上，还不如在《证券法》修改、加强股市日常监管、切实保护投资者权益等问题上多下功夫。

十三 "退市制"是"注册制"的前提和基础（2016年5月25日）

2016年5月12日，曾经的"浙江凤凰"如今的"退市博元"成为A股市场26年以来首家被强制退市的上市公司，也成为我国退市制度完善进程中的标志性事件。注册制改革是一项系统工程，各项制度配套一个都不能少，严格执行的退市制更是注册制的前提和基础，只有保证"出口"畅通才能更好推进"入口"改革。没有退出制的市场，是只进不出的市场，是劣币驱逐良币的市场，只有退市才能建立市场供求动态化均衡机制，实现优胜劣汰，优化资金配置，真正实现股市的价值发现功能。

（一）相比海外市场我国退市公司数量和比例畸低

1. 过去26年A股市场仅有139只股票退市

尽管我国退市制度早在2001年便初步建立，但实际执行力度不够，上市公司往往"停而不退"，"不死鸟"纷飞，"垃圾股"遍地。数据显示，自1999年第1只股票"琼民源"退市以来，截至

2016年5月30日，A股只有139只股票退市，其中真正退市的仅有67只，其余72只分别为转板上市17只、吸收合并或证券置换48只、公司管理层私有化7只。从市场分布来看，139只退市股票中有46只上证主板、42只深证主板、1只创业板、13只B股、37只新三板。近十年来，沪深两市退市公司与新上市公司的数量之比仅为1∶20，而美国纳斯达克交易所的这一比例为1.6∶1，纽约交易所约为1.1∶1，均远高于我国A股市场。

2. A股年均退市率不到0.3%，"只进不出"造成市场堰塞湖

目前A股不到0.3%的年均退市率里还包括了吸收合并类退市公司，比如2015年共有7家上市公司退市，但若剔除宏源证券、东方明珠、中国北车、大华农、招商地产等因吸收合并退市外，严格意义上只有2只退市股票，实际退市率不足千分之一。此外，A股目前有各类上市排队公司700余家，即使按照每个交易日上市2家新股的速度，也需要1.5年的时间消化，在当前超低退市率下，即使不推出注册制，市场也将不断扩容，供需失衡将持续抬高市场估值。

表16 A股退市率

单位：家，%

年份	2008	2009	2010	2011	2012	2013	2014	2015
IPO家数	77	111	347	277	149	0	125	220
退市公司数	2	5	4	3	3	6	1	7
退市率	0.07	0.17	0.14	0.11	0.11	0.21	0.03	0.27

3. 成熟股市退市率高达10%左右，以"大进大出"方式实现了市场动态平衡

完善的退市制、较高的退市率是海外成熟股市的重要特征，

"快进快出""大进大出"的特征也反映了互联网、生物医药、新能源等创新型企业竞争激烈、更迭快速的特点。英国伦敦交易所年均退市率高达11.4%，美国纳斯达克股票交易所和纽约交易所的年均退市率也分别高达8%和6.2%。

表17 海外主要市场年均退市率

单位：%

主板市场退市率		创业板市场退市率	
英国伦交所	11.4	英国AIM	11.6
美国纽交所	6.2	美国NASDAQ	8.0
日本大阪交易所	3.3	日本JASDAW	5.8

4. 退市制被"束之高阁"与地方保护主义存在一定联系

上市公司与地方政府之间存在千丝万缕的关系，一方面上市公司总资产在当地经济中举足轻重；另一方面，上市公司的存在有助于提升地方知名度，从而吸引更多外来投资，带动当地经济发展。如果上市公司退市，地方政绩会有所损害，地方利益会有所损失，因此一些地方政府甚至扮演"保姆"角色，使本应退市的上市公司陷入了进退两难的尴尬境地，只要保住壳不退市，包括地方政府在内的相关利益者就能继续从资本市场中获取利益。

表18 我国各省份IPO累计规模（2008年1月至2016年4月）

单位：亿元，家

项目	融资规模			IPO家数
	首发	增发	配股	
合计	13891	42926	3074	1332
北京	3931	6261	1123	153
广东	1925	5298	579	252

续表

项目	融资规模			IPO 家数
	首发	增发	配股	
上海	1019	5349	232	81
江苏	1412	2698	84	168
浙江	1405	3138	47	178
福建	441	1224	378	52
山东	555	1634	16	76
辽宁	201	1292	5	28
四川	344	1405	31	48
安徽	229	1078	—	36
湖北	166	1379	184	24
天津	103	555	—	14
山西	64	892	—	7
湖南	358	1013	43	39
陕西	342	727	9	16
重庆	157	795	—	16
河南	301	989	65	36
河北	229	1284	24	20
云南	49	595	117	6
内蒙古	46	892	—	5
新疆	46	769	51	12
广西	53	617	33	10
江西	50	318	12	10
贵州	25	300	5	3
吉林	64	551	3	10
甘肃	41	581	10	9
黑龙江	193	432	5	10
青海	10	184	—	1
海南	114	352	—	7
宁夏	9	152	20	1
西藏	24	170	—	4

5. 退市难与缺乏全方位、多元化强制退市标准也有一定联系

目前 A 股强制退市制度中数量化标准较为宽松，指标过于单一。例如"连续亏损三年"的规定，企业完全可以通过盈余管理的方法规避退市，上市公司"亏两年赚一年"就是生动的写照。对此，需要引入涵盖财务指标、审计报告、净资产、公司治理、股本总额、股权分布、股票市值、股票流动性、法律合规等多个方面指标对上市公司进行多维度全方位考察。

（二）强化退市制有利于股市稳定健康发展

1. 退市制有利于股市由"电梯式"投机市场向"价值型"投资市场转变

在退市制度健全的市场中，垃圾股不再拥有"金饭碗"和"壳资源"，在市场竞争中随时面临着退市风险，有效遏制对赌信息、赌消息、赌政策的市场投机行为形成，在一定程度上有助于扭转"轻价值、重投机"的投资心态，让优质的公司能有合理的估值，让垃圾股无人问津，纠正资本错配现象。

2. 退市制有利于提高上市公司治理水平

强制退市制度的实践，增加了上市公司的违法违规成本，抑制了上市公司的违法违规动力，传递了健康积极的公司治理理念。当公司管理层发现信息披露违法违规不再是粉饰公司不良业绩的"灵丹妙药"时，自然会将目光转而聚焦到对公司的实体运营上来，踏踏实实履行上市公司管理层的应尽职责，形成对管理层的正向激励。

3. 退市制有利于打通多层次资本市场

在有了退市制的硬化约束机制后，注册制才可以在降低上市门槛的同时实现均衡流动、互通市场板层。目前退市公司股份会转入新三板市场，股东依然可以进行股份转让，这就使不同层级的资本市场开始联通。结合新三板的转板制度，未来新三板与A股市场之间将实现有下有上的互动联通。事实上，目前新三板已有6000多家企业挂牌，每年1000余家新企业申请上市，未来即使A股保持年化5%的退市率（即140家退市），新三板也足以容纳这些公司。

4. 退市制有利于加强信息披露监管

完全有效的信息披露制度是未来股票发行注册制的灵魂，如果信息披露不真实、不准确、不完整、不及时，投资者的利益就得不到有效保护。2010~2015年，上市公司违规数量逐年攀升，其中，公司违规从2010年的41起增加到2015年的212起，增长417%；个人违规从2010年的248起增加到2015年的802起，增长223%。在所有违规事件中，信息披露违规占比非常高，2010~2015年个人违规中信息披露违规占到78%，公司违规信息披露违规占到66%。总体来看，目前对上市公司信息披露违法违规的处罚力度较小，惩处之手高高举起、轻轻放下，难以营造法制化市场氛围，而严格执行的退市制可以倒逼和约束上市公司守信践诺、遵规守法。

5. 退市制应强化刚性退市和规范主动退市

被动退市方面，实现刚性退市需要严格信息披露，打造阳光市场，杜绝人情后门，做到程序性退市，应退必退。需要终止目前两期警告的制度安排，防止警告制度变相沦为上市公司公关活动的"提醒制度"。主动退市方面，应支持上市公司根据自身发展战略，在确保中小投资者权益的前提下以吸收合并、股东收购、转板等形式实现主动退市。

谨防紧货币严监管误伤实体经济

2017年4月以来，宏观经济出现动能趋缓迹象，前期密集出台的金融监管政策、过于剧烈的金融去杠杆、中性偏紧的货币政策多方碰头、效应叠加，客观上产生了货币紧缩效应和金融抑制效应，提高了融资成本，增加了融资难度，一定程度上"误伤"了走稳复苏的实体经济。需要及时评估前期金融监管和货币政策的综合效果和全局影响，避免出现"监管共振"和"监管竞争"；需要做好货币政策、监管政策与稳增长、防风险、调结构等多目标之间的协调，以"稳经济"为最终目标来开展货币金融各项工作。

一　边际动能减弱，经济企稳回升恐难持续

2015年三季度至2017年一季度，经济增长连续7个季度保持在6.7%~6.9%，我国经济运行呈现阶段性企稳、小周期回升特征。2017年4月，部分主要指标增速均有所回落，反映经济回稳的基础比较脆弱，加之经济运行中又出现了一些新的困难和挑战，实体经济再度下行的压力加大。

先行指数反映市场预期转弱。制造业采购经理指数（PMI）和非制造业商务活动指数同步回落，部分分项指数大幅回调显示行业

景气度下降。4月,主要原材料购进价格指数和出厂价格指数均降至2015年下半年以来的最低点,高耗能行业PMI跌破50%的荣枯线,生产性服务业商务活动指数大幅回落5.2个百分点。这些都预示经济增长短期可能有再度小幅回调要求。

产业经济持续上行动能乏力。首先,补库存力度减弱影响工业经济增长。经验表明,工业库存回补周期长度一般为3~5个季度,本轮库存回补周期已延续了3个季度,随着工业出厂价格(PPI)回落,部分行业补库存基本接近尾声。受此影响,4月工业增加值增速明显放缓了1.1个百分点,后续增长可能继续回落。其次,占比较高的金融和房地产市场明显降温加大服务业下行压力。1~4月,债券市场累计取消或推迟发行的债券同比增加52.2%,全国商品房销售面积和销售额较上年周期分别放缓20.8个和35.8个百分点。此外,二季度以来股票市场震荡下行,跌幅接近4%。然后,前期快速增长的新产业趋于回落。4月单月,装备制造业和高新技术产业增长分别较一季度放缓了1.7个和1.1个百分点。

需求扩张疲态开始显露。首先,投资增长的内生接续动力不足。从总体看,固定资产投资到位资金连续两个月负增长,国家预算内资金、自筹资金持续下降,国内贷款增速大幅下滑,这将直接影响后续项目开工和建设。分领域看,制造业投资在一季度短暂回升后,4月大幅下滑至近10个月低点3.2%,短期可能难以明显好转;受企业开发贷、再融资、公司债等融资渠道收窄影响,房地产投资面临收缩。同时,随着PPP项目落地高峰在二季度逐渐退潮,也会制约基建投资的发力空间。其次,消费平稳增长承压。比重较大的汽车消费在一季度透支部分潜在需求后已明显回落,后续增长面临进一步放缓。同时,居民人均可支配名义收入增长减速,对消费的约束效应也将增强。然后，出口持续快速增长的后劲乏力。全球经济复苏不确定性较多，国际市场景气度总体不高，我国外贸出口面临外部扰动性冲击依然较多，特别是中美贸易"百日谈判"前景仍不明朗，仍存在双反调查、"337条款"和反倾销税、边境税等或有性风险。在低基数效应逐步消退后，出口增长回落的可能性较大。

微观主体内生动力面临考验。长期困扰和短期阵痛叠加影响，实体企业信心短暂提振后又开始弱化。实体经济成本上升、税费负担重、投资回报率低等长期问题尚未得到根本性缓解。2016年上中游行业的利润显著改善明显加重了下游企业成本负担，抑制企业生产扩张意愿。同时，货币政策适度收紧、金融监管趋严又快速推升了市场资金成本，企业投资信心再次遭受挫伤，民间投资面临从"不愿投"到"没钱投"的无奈转变。微观主体自主增长动力不足，宏观经济企稳回升的可持续性存疑。

二 严监管、去杠杆、紧货币多碰头"误伤"实体经济

近期，密集出台的金融监管政策、过于剧烈的金融去杠杆、中性偏紧的货币政策出现多方碰头、效应叠加，带动货币市场利率持续上扬，渐次传导，显著抬升了企业债券、票据、信贷等多渠道融资成本，使得实体经济融资难问题更加突出，一定程度上"误伤"了正在走稳和复苏的实体经济。

系列政策带动货币市场利率大幅波动、不断抬升。2016年四季度尤其是2016年以来，中央将防控金融风险、引导资金脱虚向实

摆在更加突出的位置,"一行三会"高频出台监管政策。比如,中国人民银行将表外理财纳入 MPA 考核;银监会密集出台"三违反""四不当""三套利"等文件;证监会清理券商资管理财池,限制杠杆率,遏制基金子公司和券商资管通道业务规模;保监会规范保险资金投向资本市场等。一方面,严监管带动金融同业间的信用扩张速度大幅放缓,推高了货币市场利率;另一方面,市场对未来监管政策的走向预期也有所紊乱,悲观情绪浓郁,进一步抬升了货币市场利率。

企业债券融资和票据融资成本飙升。2016 年一季度,货币市场 R007 回购利率均值升高了 29BP,债券市场 1 年期、5 年期国债利率均值分别上升了 42BP、36BP,票据市场 1 年期和 5 年期利率则分别大幅飙升了 63BP 和 74BP。4~5 月,更强监管政策带动利率上升更为快速,R007 均值再度上升了 28BP,1 年期、5 年期国债利率分别上升了 38BP、28BP,1 年期、5 年期票据利率均上升了 38BP,可见货币市场利率抬升牵引债券、票据市场融资成本相应大幅上升,高度依赖债券、票据融资的企业,尤其是民营企业更早期、更明显地感受到融资成本的上升。

企业债券弃发数量和规模激增。伴随货币政策中性趋紧、金融去杠杆全面加速,以及众多机构抛售债券造成二级市场利率上行压力传导至一级市场,发债利率中枢不断上移,很多 AA + 国企发债利率进入 5.5%~6% 的区间,越来越多的企业推迟发债计划甚至取消发债。从数量上看,2016 年前 4 个月弃发债券数量 306 只,同比攀升 52.2%。尤其是 4 月,取消或推迟发行的债券规模和数量接近前 3 个月的总和。从规模上看,前 4 个月弃发债券规模达 2634 亿元,创同期历史新高。2016 年 12 月之后连续 3 个月债券净融资额均为负，进入 5 月更是愈演愈烈，上半月企业净融资额约为 -3300 亿元，较 4 月大幅缩减 3500 亿元。

企业信贷融资成本逐步上升。近年来随着利率市场化的发展，货币市场与信贷市场相对割裂的局面有所变化，货币市场对信贷市场的利率传导有所增强。从大面数据看，3 月末一般贷款加权平均利率升至 5.63%，比 2015 年 12 月末上升了 19BP。从业内操作看，不少银行的内部资金转移定价上幅更大，同期上升了 20~30BP，并且内部定价的调整周期缩短，由以往的年度改为季度甚至月度。从调研情况看，多家银行调整了对央企、地方国企、优质民企等大客户的贷款利率，由以往下浮 10% 调升至基准利率，对中小客户贷款利率升至基准上浮 20% 以上，一些地区还出现了贷款"价高者得"的暗里竞拍现象。同时，货币、信贷两个市场间的利率传导时滞也明显缩短。2013 年"钱荒"时期，货币市场利率飙升时点是在 2013 年 6 月，而贷款利率直到第四季度才出现回升，时滞为 2 个季度；而本轮货币市场利率向贷款利率传导自 2016 年四季度至今，只用了 1 个季度，时滞有所缩短。另外，需要高度关注商业银行"缩表"现象。4 月商业银行出现了 2014 年 11 月以来的首次缩表，总资产规模下降约 1000 亿元，如果持续缩表，势必对实体经济融资产生巨大冲击。

货币供应呈现紧缩迹象。近年来，在金融机构的贷款、外汇占款和证券净投资这三项货币派生渠道中，证券净投资超过贷款而成为货币创造的主渠道，但 2016 年以来，随着金融监管效应叠加，商业银行同业业务大幅收缩，证券净投资同比增速由 2015 年 4 月的 60% 回落到 2016 年 4 月的 20%，带动广义货币 M2 增速连续数月下降，4 月 M2 增速仅为 10.5%，同比下降了 2.3 个百分点。展望全年，各项贷款、外汇占款有望相对平稳，若多部门同时加强金融监管引发"监管共振"，广义货币 M2 增速可能回到个位数。

三 以"稳经济"为目标协调好货币和金融监管政策

严监管、去杠杆的初衷是防范金融风险，促进资金脱虚向实，节奏把握不好反而会加剧实体融资困难。当前，需要及时评估前期金融监管和货币政策的综合效果和全局影响，避免紧货币、严监管、去杠杆多方碰头，避免出现"双紧""两难""双输"等误伤实体经济的局面。

一是货币政策不可过紧。在坚持"稳健中性"的同时，需要对前期严监管、去杠杆过程中出现的货币紧缩效应、金融抑制效应予以对冲，协调和权衡稳增长、防风险、维护金融稳定等多目标，把握好严监管、去杠杆和维护流动性基本稳定之间的大体平衡。着眼稳定银行间资金利率水平，适当提前续作到期 MLF，有机衔接政策出台时机和节奏，畅通政策传导渠道和机制，引导市场预期，安抚市场情绪，坚决避免再次出现"类钱荒"事件，警惕出现"央行—商行"双缩表。

二是金融监管需要绵绵用力、久久为功。金融发展不是一日之功，金融监管也不能一役而休。金融监管不能成为即兴之作，一阵风、运动式监管难以达到预期效果，更不能进行"监管竞争"。金融监管最终目的是要为实体经济协调、平衡、可持续发展创造适宜的货币金融环境，不能将强化监管与经济增长割裂和对立起来。金融监管的"有形之手"要讲求力道，不能追求"快刀斩乱麻"，金融市场规模巨大、关联度高、风险传递速度快，一旦某个"出血点"失控，后果可能难以预料。"踩刹车"，不宜"急刹"，而应"点刹"，力争在发展中化解问题。

三是金融监管应着眼于"管理"风险而非"消灭"风险。金融市场总是会出现各种风险事件，防控风险不等于不允许任何风险合理释放，需要"管理"风险而非"消灭"风险。同时，局部风险管控需要考虑全局影响，对风险形成和传导机制进行充分论证和预判，充分考虑市场对政策的反应机制。监管部门需要加强协调，同时发力可能导致"监管叠加"甚至"监管竞争"，市场短期承压过重可能出现"炸点"频出的失控局面。既要堵旁门，又要开正门，有计划、分步骤、合理安排过渡期，避免发生"处置风险的风险"。对于交叉性、嵌套式的交织藏匿风险，需要通盘解决方案，缩短金融链条，提高产品透明度，缩短风险承受者与风险源距离，缓释期限错配风险，有序解锁交叉嵌套金融产品。

四是加强金融监管还要与实体经济改革步伐协调。金融监管单兵突进效果甚微，而单靠行政手段可能堵住部分空转资金，但不可能真正引导资金脱虚向实。在加强监管的同时，更需要进一步加快实体经济改革，着力纠正实体经济存在的深层次扭曲，切实提升实体经济投资回报率，吸引社会资本自发进入实体经济。

需要科学看待中国债务水平及趋势

中国债务水平是一个全球热议的话题。近期，国际货币基金组织（IMF）发布了与中国的2017年度第四条款磋商报告，吸引了国内外投资者的广泛关注。其中最受关注的是，报告预测中国非金融部门债务占GDP比重将由2016年的235%上升到2022年的290%，并据此认为中国债务增长速度处于危险路径。我们认为，IMF特别指出的中国债务问题具有预警意义，但对债务水平未来五年仍保持快速上升的结论有失偏颇，显然没有考虑近年来中国政府多措并举降杠杆之下实体经济杠杆率增速已明显放缓的事实。因此我们在正视其建议的同时，还需客观看待、具体分析中国的债务水平、结构和成因，在此基础上才能精准发力、综合施策，实现稳妥有序降杠杆，稳定并有序化解债务风险。

一 需要客观科学分析中国债务水平和发展趋势

IMF报告对于中国未来债务水平的预测值显著偏高。中国债务问题近期并没有恶化迹象，杠杆率增速反而持续放缓，前期一系列去杠杆政策措施正在发挥实效。从债务水平变化看，中国总杠杆率上升速度明显放缓，正趋于稳定。根据国际清算银行数据，截至

2016年末，中国总杠杆率为257%，同比增幅较上季度末下降4.4个百分点，已连续三个季度保持下降趋势。对于未来5年的债务水平趋势，如果保持2016年以来的温和增速，即每个季度总杠杆率环比增长1%~1.5%、年度增速保持在4%~6%，那么2022年末中国总杠杆率水平进入260%~270%的区间，显著低于IMF报告中290%的预测值。以上预测的差异在于，IMF并未考虑到上年以来我国总杠杆率变化的新趋势。

中国实体经济杠杆分布正在呈现结构优化的积极变化。随着中国供给侧结构性改革深入推进，市场供求关系明显改善，企业利润显著增加，最受关注的中国企业部门杠杆率已经开始下降，企业债务压力明显缓解。2016年末非金融企业杠杆率为166.3%，连续两个季度环比下降或持平，一改之前连续19个季度的上升趋势。信贷缺口也呈现持续下降态势，截至2016年末，中国信贷/GDP缺口为24.6%，较2016年一季度末显著降低了4.2个百分点，已连续三个季度下降，显示潜在债务压力正趋于减小。此外，企业微观层面的杠杆率也呈下降趋势，2017年7月末，规模以上工业企业资产负债率同比下降0.7个百分点，其中国有控股企业资产负债率下降0.5个百分点。

分析中国债务水平需要考虑资产端的特殊性。中国债务问题一大个性特征在于，有别于其他国家的资产端规模和构成。中国债务对应着基础设施等大量优质资产和稳定现金流，无论国企还是地方政府都有许多有效益或可直接变现的有效资产。根据中国社会科学院的研究，截至2015年，中国主权净资产超过100万亿元，剔除掉变现能力较差的行政事业单位国有资产及国土资源性资产，政府部门资产净值仍超过20万亿元。这表明中国政府拥有足够的净资产来应对高杠杆,在去杠杆过程中完全可以做到从容不迫、稳妥有序。

其实,当前比中国债务问题更应关注的是全球债务风险。全球金融危机以来,主要发达经济体推出量化宽松政策,全球债务大幅飙升,国际金融协会(IIF)报告显示,2016 年末全球债务总额已攀升至 217 万亿美元,与 GDP 比值达到 327% 的历史高位。美、欧、日央行实施量化宽松,仅美联储资产负债表就扩张了近 5 倍,据测算,目前美国公共部门和私人部门债务总规模高达 GDP 的 350%,未来全球债务风险值得高度重视。

二 中国政府态度鲜明且有能力有条件最终解决债务问题

中国解决债务问题的态度始终是真抓实干、问题导向和不断深入。中国政府对于控制债务水平的态度明确且高度重视,并非 IMF 所说"不愿遏制"和为达到 2020 年 GDP 目标而"不惜一切"容忍负债水平持续快速上升。与此相反,中国政府更清楚目前中国经济高杠杆尤其是企业部门杠杆率仍然过高的问题,并采取了一系列措施继续推动降低企业杠杆率。首先,重点推动国有企业降杠杆,积极开展市场化、法制化债转股以及其他各类债务重组,着力推进国有企业混合所有制改革,建立国有企业负债杠杆自我和外部约束机制,通过完善国有企业的现代企业制度控制杠杆率上升。其次,将去杠杆与去产能有机结合,加快僵尸企业的重组整合,积极探索僵尸企业债务有效处置方式,减少低效企业对资源的占用,提高资源使用效率。再次,以债转股为契机推动企业深化改革,推动企业优化资本结构、实现股权多元化，进一步完善企业治理结构。

中国有能力通过强化监管主动防范化解系统性金融风险。按照中央金融工作会议的精神和部署，未来将把主动防范化解系统性金融风险放在金融工作更加重要的位置，主动有序释放风险压力，及时稳妥化解风险隐患，积极防范产生新的风险，坚决守住不发生系统性风险的底线。对于风险较为突出的地方政府债务问题，将进一步强化金融机构防范风险的主体责任以及属地风险的防范责任，对地方债务实行终身问责、倒查责任，这将在源头上有效遏制地方债务风险，有利于从根本上控制地方政府隐性债务的无序扩张。

中国经济有条件通过保持中高速增长进而有效防范化解债务风险。随着中国供给侧结构性改革不断深入、结构调整进入新阶段、新旧动能转换不断加快，中国经济完全有能力保持中高速增长，财政收入和微观企业利润也将不断改善和相应增长，这为债务偿还提供了最重要的基础支撑，不断增强中长期债务风险防控能力。此外，中国股票市场、债券市场基础制度不断完善，直接融资渠道进一步拓宽，地方政府债务融资更加规范、更加透明，中国债务风险将得到有效化解。

总体而言，债务问题是一个长期的演变过程，对中国债务风险状况不宜简单解读，一些所谓"国际经验"并未充分考虑中国债务问题的特殊性，也未考虑中国政府多种措施降低债务水平出现的新变化，更为重要的是，一个阶段的较高债务水平难以影响中国经济发展大局，也不会改变中国发展改革工作的既定路径和政策定力，未来中国经济发展有条件、有能力更加趋向稳定健康。

6月美联储如期加息，但我国无需亦步亦趋

2017年6月15日，美联储宣布加息25个基点，利率上调至1.25%，这也是2015年底以来第四次加息，本次加息在既有路线图和时间表之中，符合市场普遍预期。缩表行动的进一步确定化是本次美联储声明中更需关注的增量信息，决议声明中预计将在2017年开始启动缩表并持续数年，缩表起步上限为每月100亿美元，规模将每季度逐步扩大，重申将继续把所持证券的到期回笼资金用于再投资，同时避免缩表对金融市场产生重大影响。当前，由于中美利差明显收窄带动人民币贬值压力阶段性释放、金融去杠杆成效初现、严监管已产生超调影响、宏观经济出现转弱迹象等方面的显著变化，我国货币政策无需再次亦步亦趋、联动跟随美联储加息而进一步收紧。相比之下，需要及时评估前期密集出台的金融监管政策、过于剧烈的金融去杠杆和实质偏紧的货币政策的综合效果和全局影响，防止政策多方碰头、效应叠加可能"误伤"实体经济。下一步，需要做好货币政策、监管政策与稳增长、防风险、调结构等多目标之间的协调，以"稳经济"为最终目标来开展货币金融各项工作。

一 四大变化已明显降低我"跟随加息"必要性

2017年以来，美联储加息节奏对我国货币政策的影响一度增

强,中国人民银行已于2月3日、3月16日两次以上调公开市场操作利率的方式"变相加息"。当前,随着四个方面情况的显著变化,我国货币政策不应再亦步亦趋、联动跟随美联储加息而进一步收紧。

中美利差明显收窄、人民币贬值压力阶段性释放,为我国货币政策脱钩式、独立性操作提供了空间。3月16日,央行选择跟随"变相加息"的背景是:在特朗普当选总统后,美国长期国债收益率经历了持续快速拉升、维持高位震荡,中美利差明显扩大,带动人民币汇率出现较大贬值压力。当时,虽然经历春节之后的快速升值,人民币兑美元汇率脱离了行将"破7"的高压位置,但依然保持在6.9的贬值压力较高水平。4月以后,特朗普新政中基建、税改两大主张裹足不前,市场失望情绪与日俱增,"特朗普行情"迅速降温。同时,3月美联储加息后,美国长期国债收益率反而进入震荡回落区间,这也体现了美联储货币政策指向与市场对美国经济判断之间存在明显分歧。反观国内,4月以来,银监会监管风暴突袭导致债券市场剧震,长期国债收益率快速上行。因此,在两国长期国债收益率的"一升一降"过程中,中美利差出现明显下降。同时,5月下旬,国家外管局宣布在人民币中间价设定中加入"逆周期因子",迅疾触发了人民币兑美元汇率近千基点的升值。这一轮快速升值之后,人民币汇率回到了6.8左右的相对安全区间,人民币贬值预期也明显下降至"8·11汇改"以来最低水平。人民币贬值预期的阶段性缓解,为我国货币政策脱钩式、独立性操作提供了更大空间,本次中国人民银行跟随联动调整的必要性明显下降。

金融去杠杆成效初现,但收益率曲线已过度平坦化。2~3月中国人民银行两次跟随式加息背后原因之一是,希望通过提升金融机构资金获得成本带动金融机构去杠杆。4月以来,"一行三会"严监管政策相继密集出台,金融去杠杆进程明显加快。进入6月,金融机构加杠杆或维持高杠杆的能力和动力已得到有效遏制。一方面,银行间市场隔夜资金成交占比已由2015年4月至2016年8月的近90%,明显下降至2017年3月至6月的82%左右,这反映了在货币投放持续偏紧、货币市场利率波动加大的情况下,金融机构获取廉价、稳定资金的难度大大增加,难以维系以往大肆进行隔夜资金滚动拆借来支持最大限度加杠杆的套利活动。与此同时,过去两年间,信用利差一度被压缩至历史低位,由此驱动金融机构加杠杆套利活动繁盛。而目前信用利差迅速飙升,已较3月中旬跟随加息时扩大超过30个基点,回升至2015年8月的较高水平,这使得金融机构更有条件在不加杠杆的情况下满足投资收益率要求,也使得杠杆套利难度日趋上升、信用风险定价趋向理性。值得注意的是,在信用利差走阔的同时,期限利差却在不断突破新低,收益率曲线非正常式过于平坦。这背后反映了当前的利率上行主要是由金融去杠杆导致的,而非经济基本面的走好。在宏观经济趋于放缓的当下,进一步上调公开市场利率很难缓解曲线过平的问题。

严监管已产生超调影响,再度跟随"加息"释放偏紧信号并不符合监管协同要求。2月之前的金融去杠杆较为温和,以2016年8月重启14天逆回购为起点,主要是通过拉长资金投放期限间接提升杠杆套利成本。直到2017年2~3月,中国人民银行才两次上调公开市场操作利率。从政策力度和市场反应来看,金融去杠杆步伐渐进。但4月上旬,银监会"三套利""三违反""四不当"系列监管文件频发,掀起资本市场"股、债、商"三杀。资本市场普遍性恐慌、金融机构资金融出意愿减弱、流动性骤然抽紧大大增加了流动性管理的难度。在 4 月 25 日中央提出"加强监管协调"之后，出于守住不发生系统性风险的底线，以"不松不紧"的货币政策操作进行适度对冲。在此情况下，目前再度跟随"加息"、释放偏紧信号，并不符合加强监管协调的政策基调。

宏观经济出现的转弱迹象也不支持货币政策再度跟随操作。最根本的变化是，当前我国宏观经济运行明显有别于 2~3 月跟随加息之时。一季度，我国经济运行数据普遍亮眼，保持了上年四季度以来的较高景气，工业企业处于主动补库存阶段，市场情绪普遍高涨、"新周期崛起"期待此起彼伏。当时情境下的"跟随加息"，并不会对实体经济造成太大压力。但二季度以来，随着 PPI 见顶回落、制造业投资震荡下滑、工业企业进入被动补库存阶段，经济运行转弱迹象显露。随着银行间拆借利率与贷款基准利率出现"倒挂"，市场普遍更加担心金融去杠杆、严监管和货币政策进一步收紧对实体经济的潜在冲击。因此，当前情境下，如果再度跟随美联储加息，显然与经济运行方向、未来政策需要之间存在明显偏差。

二 再度收紧货币将"误伤"实体经济

眼下，对外政策跟随的重要性显然低于对内的政策评估和相应调整。国内密集出台的金融监管政策、过于剧烈的金融去杠杆、中性偏紧的货币政策出现多方碰头、效应叠加，带动货币市场利率持续上扬，渐次传导，显著抬升了企业债券、票据、信贷等多渠道融资成本，使得实体经济融资难问题更加突出，一定程度上"误伤"了正在走稳和复苏的实体经济。

系列政策带动货币市场利率大幅波动、不断抬升。2016 年四季度尤其是2016年以来,中央将防控金融风险、引导资金脱虚向实摆在更加突出的位置,"一行三会"高频出台监管政策。比如,中国人民银行将表外理财纳入MPA考核;银监会密集出台监管文件;证监会清理券商资管财池,限制杠杆率,遏制基金子公司和券商资管通道业务规模;保监会规范保险资金投向资本市场等。一方面,严监管带动金融同业间的信用扩张速度大幅放缓,推高了货币市场利率;另一方面,市场对未来监管政策的走向预期也有所紊乱,悲观情绪浓郁,进一步抬升了货币市场利率。

企业债券融资和票据融资成本飙升。2016年一季度,货币市场R007回购利率均值升高了29BP,债券市场1年期、5年期国债利率均值分别上升了42BP、36BP,票据市场1年期和5年期利率则分别大幅飙升了63BP和74BP。进入二季度,更强监管政策带动利率上升更为快速,R007均值再度上升了28BP,1年期、5年期国债利率分别上升了38BP、28BP,1年期、5年期票据利率均上升了38BP,可见货币市场利率抬升牵引债券、票据市场融资成本相应大幅上升,高度依赖债券、票据融资的企业尤其是民营企业更早期、更明显地感受到融资成本的上升。

企业债券弃发数量和规模激增。伴随货币政策中性趋紧、金融去杠杆全面加速,以及众多机构抛售债券造成二级市场利率上行压力传导至一级市场,发债利率中枢不断上移,很多AA+国企发债利率进入5.5%~6%的区间,越来越多的企业推迟发债计划甚至取消发债。从数量上看,2016年前4个月弃发债券数量306只,同比攀升52.2%。尤其是4月,取消或推迟发行的债券规模和数量接近前3个月的总和。从规模上看,前4个月弃发债券规模达2634亿元,创同期历史新高。2016年12月之后连续3个月债券净融资额均为负，进入 5 月更是愈演愈烈，上半月企业净融资额约为 -3300 亿元，较 4 月大幅缩减 3500 亿元。

企业信贷融资成本逐步上升。近年来随着利率市场化的发展，货币市场与信贷市场相对割裂的局面有所变化，货币市场对信贷市场的利率传导有所增强。从大面数据看，3 月末一般贷款加权平均利率升至 5.63%，比上年 12 月末上升了 19BP。从业内操作看，不少银行的内部资金转移定价上幅更大，同期上升了 20～30BP，并且内部定价的调整周期缩短，由以往的年度改为季度甚至月度。从调研情况看，多家银行调整了对央企、地方国企、优质民企等大客户的贷款利率，由以往下浮 10% 调升至基准利率，对中小客户贷款利率升至基准上浮 20% 以上，一些地区还出现了贷款"价高者得"的暗里竞拍现象。同时，货币、信贷两个市场间的利率传导时滞也明显缩短。2013 年"钱荒"时期，货币市场利率飙升时点是在 2013 年 6 月，而贷款利率直到第四季度才出现回升，时滞为 2 个季度；而本轮货币市场利率向贷款利率传导自 2016 年四季度至今，只用了 1 个季度，时滞有所缩短。另外，需要高度关注商业银行"缩表"现象。4 月商业银行出现了 2014 年 11 月以来的首次缩表，总资产规模下降约 1000 亿元，如果持续缩表，势必对实体经济融资产生巨大冲击。

货币供应呈现紧缩迹象。近年来，在金融机构的贷款、外汇占款和证券净投资这三项货币派生渠道中，证券净投资超过贷款而成为货币创造的主渠道，但 2016 年以来，随着金融监管效应叠加，商业银行同业业务大幅收缩，证券净投资同比增速由 2015 年 4 月的 60% 回落到 2016 年 4 月的 20%，带动广义货币 M2 增速连续数月下降，5 月 M2 增速仅为 9.6%，同比下降了 2.2 个百分点。展望全年，各项贷款、外汇占款有望相对平稳，若多部门同时加强金融监管引发"监管共振"，广义货币 M2 增速可能进一步下降。

三 以"稳经济"为目标协调好货币和金融监管政策

严监管、去杠杆的初衷是防范金融风险，促进资金脱虚向实，节奏把握不好反而会加剧实体融资困难。当前，需要及时评估前期金融监管和货币政策的综合效果和全局影响，避免紧货币、严监管、去杠杆多方碰头，避免出现"双紧""两难""双输"等误伤实体经济的局面。

一是货币政策不可过紧。在坚持"稳健中性"的同时，需要对前期严监管、去杠杆过程中出现的货币紧缩效应、金融抑制效应予以对冲，协调和权衡稳增长、防风险、维护金融稳定等多目标，把握好严监管、去杠杆和维护流动性基本稳定之间的大体平衡。着眼稳定银行间资金利率水平，适当提前续作到期 MLF，有机衔接政策出台时机和节奏，畅通政策传导渠道和机制，引导市场预期，安抚市场情绪，坚决避免再次出现"类钱荒"事件，警惕出现"央行—商行"双缩表。

二是金融监管需要绵绵用力、久久为工。金融发展不是一日之功，金融监管也不能一役而休。金融监管不能成为即兴之作，一阵风、运动式监管难以达到预期效果，更不能进行"监管竞争"。金融监管最终目的是要为实体经济协调、平衡、可持续发展创造适宜的货币金融环境，不能将强化监管与经济增长割裂和对立起来。金融监管的"有形之手"要讲求力道，不能追求"快刀斩乱麻"，金融市场规模巨大、关联度高、风险传递速度快，一旦某个"出血点"失控，后果可能难以预料。"踩刹车"，不宜"急刹"，而应"点刹"，力争在发展中化解问题。

三是金融监管应着眼于"管理"风险而非"消灭"风险。金融市场总是会出现各种风险事件，防控风险不等于不允许任何风险合理释放，需要"管理"风险而非"消灭"风险。同时，局部风险管控需要考虑全局影响，对风险形成和传导机制进行充分论证和预判，充分考虑市场对政策的反应机制。监管部门需要加强协调，同时发力可能导致"监管叠加"甚至"监管竞争"，市场短期承压过重可能出现"炸点"频出的失控局面。既要堵旁门又要开正门，有计划、分步骤、合理安排过渡期，避免发生"处置风险的风险"。对于交叉性、嵌套式的交织藏匿风险，需要通盘解决方案，缩短金融链条，提高产品透明度，缩短风险承受者与风险源距离，缓释期限错配风险，有序解锁交叉嵌套金融产品。

四是加强金融监管还要与实体经济改革步伐协调。金融监管单兵突进效果甚微，而单靠行政手段可能堵住部分空转资金，但不可能真正引导资金脱虚向实。在加强监管的同时，更需要进一步加快实体经济改革，着力纠正实体经济存在的深层次扭曲，切实提升实体经济投资回报率，吸引社会资本自发进入实体经济。

美联储缩表前景展望及对我国的影响

早在2014年9月的货币政策正常化纲领中,美联储就提出了将在加息之后开始缩减其资产负债表。2017年10月,美联储正式启动缩表。QE期间,美联储资产负债表扩张了近4倍,未来如此大规模资产负债表收缩,在历史上很难找到应对经验,整个过程充满未知风险。尽管美联储会以尽可能温和、谨慎、渐进和透明的方式,最小化对市场冲击,但缩表冲击可能更甚于加息冲击,尤其是两者并用、交替进行时,对金融市场和全球经济都将产生较大溢出效应。对我国来说,缩表一旦启动,将加大资本外流压力、人民币汇率波动和国内金融市场风险,也对我国纵深推进"一带一路"建设和国际产能合作带来复杂影响。我国在应对其渐进式货币紧缩方面已经形成了比较有效的政策框架,但下一步,应保持战略定力,密切跟踪缩表进程和以美债、美股为重要风向标的全球资本市场新动向,未雨绸缪、提前做好相关预案。近期要继续打好货币政策、汇率政策、资本流动管理、宏观审慎监管、人民币国际化等政策的组合拳,防范资本外流与人民币汇率波动风险,努力创造稳定健康的金融环境。

一 缩表的背景、时点、方式和规模

QE以来美联储资产负债表扩张了近4倍。自2009年3月美国启动 QE 至 2014 年末 QE 结束，美联储资产负债表总规模由 1.2 万亿美元扩张至 4.3 万亿美元，增长 2 倍多。而截至 2017 年 3 月末，美联储总资产接近 4.5 万亿美元。从美联储资产负债表构成来看，资产方主要为持有各类证券，以 MBS 证券和国债为主，其中 MBS 证券 1.77 万亿美元，美国国债 2.46 万亿美元，二者合计占总资产的 95%。负债方主要为 1.5 万亿美元联邦票据（即美钞），2.6 万亿美元银行存款，0.36 万亿美元逆向回购协议和 405 亿美元资本金。QE 以来，美联储通过购买 MBS 和美国国债投放基础货币，两者规模占比快速上升；同时银行间流动性充裕和企业、银行惜贷盛行，负债方的银行存款大幅上升。此外，为了回收银行间过剩流动性，美联储还启用了大量逆向回购协议。未来缩表一旦正式启动，首先资产方持有的证券会逐步减少，而负债方随着基础货币投放减少，银行间流动性会下降，联邦票据、银行存款和逆向回购协议的占比会下降。

缩表已以温和、渐进方式启动。早在 2014 年 9 月的《货币政策正常化纲领》中，美联储就给出了加息和缩表的规划。而在三次加息后，2017 年 10 月，缩表正式启动，美联储内部对此达成几项共识：缩表路径主要是逐步停止到期再投资；停止再投资的时点取决于经济和金融条件；停止再投资的方式包括逐步取消或完全停止国债和 MBS 的到期再投资；缩表前，美联储会与市场公众充分沟通；缩表将以渐进和可预期的方式进行。

温和路径下缩表规模为 7 年缩减 2.55 万亿美元。当前，美联储资产负债表绝对规模近 4.5 万亿美元，与 GDP 比值为 0.235。如果缩减至 2008 年 11 月美联储实施 QE 之前的水平，即资产负债表规模与 GDP 之比为 0.08，则要缩减 3.3 万亿美元的资产。市场多数预期美联储缩表将在启动后的 5～10 年内完成。我们假设缩表采取中性温和路径（即缩表历经 7 年），同时假设这一期间美国 GDP 增速为 3%，则 2018～2024 年的 7 年缩表期间，美联储平均每年缩减规模约为 3600 亿美元资产，7 年总计缩减 2.52 万亿美元资产，至 2024 年美联储资产负债表规模降至 2.1 万亿美元。

具体缩表方法可能且行且试。缩表初期，主要以国债到期停止再投资方式进行。从美联储持有的证券结构来看，QE 期间购买的国债和 MBS 证券占绝大多数。由于美联储所持有的 MBS 证券期限较长，截至目前绝大部分剩余期限都在 10 年以上。而美联储持有的国债期限则相对较短，目前来看未来 5 年内到期的规模占到了美联储持有国债总规模的近 60%。因此，缩表最为简单和快速的方式就是通过持有的美国国债到期不续作，以此收缩美联储资产负债表规模。此外，由于未来 5 年美联储持有的美国国债将面临集中到期，如果采取到期完全不续作的方式缩表，那么 5 年内美联储资产负债表规模将下降 32%，这一缩表速度过于激进，对市场冲击可能过大。因此，我们认为，美联储可能会采取相对更稳妥、更温和的方式进行缩表，即对持有的美国国债进行到期部分续作，同时逐步抛售持有的 MBS，以此实现稳步缩表，并尽量减少对市场的冲击。

二　美联储缩表的直接影响

缩表将最先直接影响美国债券市场。美联储缩表启动后，资产方减少或抛售债券，将直接抬升国债利率水平。在全部美国国债中，美联储持有比例由 QE 前的 6% 上升到目前的 15%，占比翻倍有余；QE 期间，美联储是美国国债最重要的需求方。而美联储缩表，国债到期不续，将直接减少对美国国债的需求。另外，特朗普减税、基建的扩张财政政策意味着财政赤字增加，美国债务上限仍将上调，财政部仍要维持债务规模，国债供给将不变或者出现增加。在国债供给增加而需求减少的情况下，国债利率有上行压力。另外，缩表将带动基础货币投放减少，降低银行流动性，抬升短期资金利率水平。

如果加息、缩表交错并行，意味着美联储货币政策收紧效果更甚。2013~2016 年，美国国债发行规模分别为 1.4 万亿美元、1.6 万亿美元、2.1 万亿美元和 4.8 万亿美元。如果缩表初期主要采取到期国债不续作方式，平均每年资产缩减规模在 3600 亿美元左右。国债到期不续，意味着美联储将减少购买 3000 多亿美元的美国国债，占新发债的比例约为 10%，这无疑会对美国国债利率带来较大冲击。相对而言，加息调整的是联邦基金利率，直接对应的是短端利率的上行。比如在 2004~2006 年的加息周期中，虽然美联储上调了联邦基金利率，但是长端利率未有大幅变动，从而出现"格林斯潘难题"，为此美联储卖出了大量长期国债，即直接降低对长端国债需求，从而拉升长期利率水平。综合来看，缩表与加息相比，对美国国债利率会有更强的冲击，直接抬升美国国债利率中枢。同时加息、缩表交错并行，意味着美联储货币政策收紧效果更甚。

缩表将产生较强的全球溢出效应。美国货币政策对世界各国都有明显溢出效应。美元是国际储备货币，美国货币政策对世界各国有明显的溢出效应。美联储缩表意味着美元供给减少、美元升值。同时，缩表伴随着美国经济复苏向好，升值预期和经济复苏带动资本向美国回流，从而给世界各国带来资本流出压力。但各国央行货币政策面临"两难局面":如果不跟随实施紧缩货币政策,以维持本国汇率稳定,那么资本会出于本币贬值预期而流出,带来外汇储备下降,威胁各国金融体系稳定;如果跟随实施紧缩货币政策,保持汇率稳定,则意味着国内流动性回收,那么国内资产价格将面临下行压力,利率中枢跟随美债抬升。

三 美联储缩表加息对我国经济金融的外溢影响

美国和美元在世界经济金融体系中具有特殊地位,美联储实现货币政策正常化将会对双边经贸联系和金融交往密切的中国产生较强的外溢影响,跨境资本流动、人民币汇率稳定、经常账户盈余、企业融资成本以及海外投资战略等都会受到影响。

跨境资本可能再次外流。2017年三季度以来,我国跨境资本流动形势出现好转。非储备性质的金融账户由逆转顺,银行代客结售汇和涉外收付款也全部转为顺差,结汇率也超过了售汇率。美联储再次加息后,叠加缩表和减税措施,美元将继续处于牛市周期,美元资产收益率上升,我国境内逐利资金和热钱将流出,资本外流形势将再次恶化。

人民币短期仍有调整压力。根据利率平价理论的内容,两国利率的差额等于远期兑换率与现货兑换率之间的差额。在两国利率存在差异的情况下,资金将流向高利率国以赚取利差,但由于牵扯到不同国家,还要考虑汇率变动风险。这是传统利率平价理论的内容,并没有考虑预期的作用。实际上,利率调整预期也会影响该作用渠道,当一种货币有升值预期时会打破原有的汇率平衡格局,资金也将向该国流动从而导致该种货币的现汇汇率上升。自2015年

12月美国重启加息政策以来,美联储连续释放加息信号,市场对美联储加息具有较大预期。与此同时,我国经济进入新常态,下行压力加大,市场很容易受"惊吓"。年内人民币汇率虽有所回升,但贬值预期依然存在,受突发事件冲击,短期内波动可能加剧。

国内资本市场价格承压。美联储缩表加息将导致我国跨境资本外流加剧,跨境资本流动中的很大比重是热钱和短期流动资本,主要以套利投机为目的。这部分资本流入我国后一般不会进入实体经济领域,而是进入股市、楼市等虚拟经济领域,推高资产价格,带来通货膨胀压力。在资本外流和房地产市场加强调控背景下,这部分跨境资本将率先流出,对我国资本市场价格带来巨大冲击,加剧股市、债市和房地产市场的波动。

国内企业美元融资成本和存量债务负担增加。美联储缩表加息导致全球市场利率中枢上移,同时美联储货币正常化将在中期促使美元流动性趋紧,国内企业境外美元负债成本上升。当前我国美元外债占比约为60%,在美联储低利率背景下,2016年中国外债支付的平均利率为3%,2017年预计将进一步提高到3.75%。此外,美元升值也使存量美元债务负担增加。

我国货币政策也将逐步、分阶段跟随调整。随着全球经济金融一体化程度加深,各国经济联系愈加紧密,全球货币政策变化呈现联动性和同步性的特点。主要发达经济体收紧货币政策,将对全球产生较强外溢冲击,新兴经济体将跟随调整货币政策。对于我国来说,央行也不能给予市场长期低利率预期,防止市场过度冒险。本次美联储加息后,预计MLF等类政策利率将率先跟随上行,继续将中美无风险利差保持在安全边界上,但幅度将低于美联储加息幅度,我国央行保有一定货币政策自主性和制定权。但在2018年美联储加息继续、缩表规模逐渐扩大，欧洲央行开始缩减资产购买规模，日本央行释放退出量化宽松政策信号，其他主要央行跟随紧缩背景下，中国央行也无法独善其身，预计最早将于2018年下半年正式启动加息，以确保人民币资产收益率保持在高位，改善跨境资本流动，吸引外资流入，稳定市场信心。这其实对国内实体经济伤害不大，因为目前市场利率和利率中枢早已上行，央行加息只是使政策利率向市场利率靠拢，使两轨合为一轨，即使不加息，企业的融资成本依然会上行，加息之后不仅会理顺价格信号，同时也将为改善外部失衡贡献力量。

四 我国应对美联储加息的对策建议

（一）合理投放基础货币，保持货币政策中性

在美元流动性收紧的条件下，如果我国货币政策过于宽松，将加大人民币贬值的压力，同时不利于国内债务去杠杆；如果货币政策跟随美联储过度紧缩，将会对经济稳增长形成一定压力。货币政策不宜简单跟随，将重点放在保持流动性总体稳定上。

一是及时补充基础货币投放缺口。随着美联储货币政策进一步收紧，人民币汇率双向波动，外汇占款规模下降，我国货币政策基础货币投放主动权有所增加。货币政策，一方面应以我为主，坚持货币政策稳健中性，灵活使用多种公开市场操作工具（PSL、MLF、SLF、SLO等），保持银行体系流动性松紧适度，引导货币信贷和社会融资规模合理增长；另一方面，要为对冲美联储缩表影响留有余地和空间，如果发生重大外部风险事件，及时引导市场预期、安抚市场情绪，避免出现"类钱荒"事件。

二是把完善货币政策传导机制放在更加重要的位置。通过加强对银行贷款流向监督检查、信贷与财政拨款捆绑使用等措施，积极疏通货币政策传导渠道，推动增量货币在实体经济、金融市场和房地产市场等领域的合理配置。流动性管理方面，着眼稳定银行间资金利率水平，适当提前续作到期 MLF，有机衔接政策出台时机和节奏，畅通政策传导渠道和机制。

（二）继续完善汇率形成机制，增强汇率双向波动弹性

美联储缩表将提升美元与其他主要资产的利差，引导资金回流美国，美元指数可能重拾上升趋势，对人民币汇率形成一定压力。在人民币对美元汇率已经进入双向波动的利好条件下，需要进一步完善具备更强应对冲击能力的汇率形成机制。

一是应进一步完善人民币汇率报价模型。进一步提升中间价报价机制的规则性、透明度和市场化水平，适度对冲市场情绪的顺周期波动，缓解外汇市场可能存在的"羊群效应"，更充分地反映基本面变化，稳定市场预期，使人民币汇率在双向波动中保持基本稳定，兑一篮子货币窄幅波动，兑美元呈现有升有贬、更具弹性的双向波动。

二是逐步增强汇率双向浮动弹性，培养汇率风险防范意识。在稳步推进人民币汇率形成机制改革的基础上，不断提高汇率政策的规则性、透明性，引导市场预期，逐步增强汇率双向浮动弹性，加强市场供求对汇率的决定作用，促进汇率更好发挥在调节国际收支平衡中的作用。加快发展外汇市场，丰富外汇衍生品工具，引导企业树立汇率双向波动风险意识，自发运用金融工具防范汇率风险。

（三）稳妥推进资本项目可兑换改革，短期内以扩流入为重点

我国资本项目可兑换改革进程应与经济发展阶段、金融市场状况、金融稳定性相适应。在不同时期，要充分考虑内外部多重因素，找准资本项目开放的重点、节奏和步骤。美联储缩表加息进程开启后，境内外利差缩小，人民币汇率波动风险和外汇储备压力短期内依然存在，短期内应将扩流入作为资本流动管理的重点，积极创造有利于跨境资本流出入均衡的政策环境。

一是完善跨境资本流动管理体系，深化外债管理改革。针对前一时期外债去杠杆后，我国外债整体水平较低的现状，应将适当扩大中长期外债规模作为"扩流入"的重要途径，进一步健全跨境资本流动宏观审慎管理体系，深化债管理改革，在有效防范风险的前提下提高企业自主开展跨境融资的能力。

二是稳步扩大境内资本市场对外开放。坚持市场化方向，把握好渐进可控、平衡效率与安全的原则，继续积极稳妥地推进债券市场对外开放，进一步放宽对境外机构参与境内金融交易的限制，便利化境外机构境内发行、投资和交易人民币债券，以及境内机构境外发行债券，改革合格境内外机构投资者制度。

三是积极利用外商投资，加强招商引资。继续出台扩大对外开放，积极利用外资的政策措施，加大制造业和服务业引资力度，不断提高外商投资便利化程度，持续优化外商投资环境，切实给予外商投资企业准入后公平待遇，推动外商直接投资持续流入。

四是有效防范企业"走出去"风险。增强对外投资企业的风险意识，完善境外投资外汇管理制度，严格真实性审核，密切关注房地产等行业出现的非理性对外投资倾向，支持有能力、有条件的企

业开展真实合规的对外投资，促进我国对外投资持续健康发展。

（四）完善宏观审慎监管体系，防范国内外债务风险传导

美联储缩表加息后，全球流动性边际收紧，将推升新兴经济体的美元债券展期成本、债务负担和融资成本，海外债务风险将有所上升。考虑到跨境资本频繁流动和全球债券市场高度联通，国内债券市场将受到一定冲击。当前我国国内非金融企业债务率水平较高，对外负债水平不高，主要外债风险指标处于低位，应重点关注短期外债占比较高导致的潜在偿债风险，警惕对外债务风险与国内债务风险之间的相互传导。

一是提前做好应对各类金融风险冲击的工具储备和政策预案。把主动防范化解系统性金融风险放在更加重要的位置，着力防范化解重点领域风险，牢牢守住不发生系统性金融风险的底线。加强金融监管协调，坚持积极稳妥，分类施策，把握节奏，讲究策略，坚持早防早治，加强规制建设、监测预警和监管检查，防止单体局部风险演变为系统性全局风险。

二是完善"货币政策＋宏观审慎政策"双支柱调控框架。统筹用好各类政策工具，有效发挥逆周期调节和防范跨市场风险传染的作用，着力防控金融市场和资产价格泡沫。统筹监管系统重要性金融机构、金融控股公司和重要金融基础设施，统筹金融业综合统计，统筹制定跨市场交叉性金融产品监管规则，避免监管空白，防止监管套利。

三是稳妥防控重点领域风险，清除风险扩散蔓延的引爆点。严控企业和政府部门债务过快上升，严防房地产金融风险，严格执行差别化信贷政策，限制信贷流向投资投机性购房。稳妥化解不良资

产风险，控制增量，处置存量。健全流动性风险监管制度，开展流动性风险压力测试，果断处置存在流动性风险的机构和产品。防范处置债券违约风险和股市异常波动，细化处置方案。

（五）推进人民币国际化战略，为"走出去"提供投融资支持

资金融通是我国"一带一路"建设的重要支撑。美联储缩表加息将提升境外融资成本，对我国企业"走出去"形成一定制约，人民币应在企业境外融资中发挥更大作用。近期人民币汇率双向波动为人民币国际化提供了新机遇：升值预期下，境外主体持有和使用人民币的意愿强烈；贬值预期下，结合"一带一路"建设的海外人民币贷款、贸易融资业务以及"熊猫债"的成本优势更加明显，有利于提升人民币作为投融资货币的吸引力。未来应稳步推进人民币国际化，服务好"一带一路"建设需要，不断完善跨境人民币业务的框架，具体措施如下。

一是发挥人民币在"一带一路"建设中的投融资功能。支持国内金融机构在"一带一路"沿线国家以人民币开展项目合作，鼓励金融机构开展人民币海外基金业务，支持"一带一路"沿线国家政府或商业机构发行人民币计价债券。加强与国际金融组织和多边金融机构的合作，支持其募集人民币资金并开展人民币贷款等业务。

二是发挥人民币"一带一路"建设中的资产配置功能。加强基础设施建设，推动与有条件的国家和地区金融市场互联互通，打造有利于人民币使用的市场设施环境。在"股票通""债券通"基础上，继续稳步推进境内外资本市场联通，有步骤地联通境内外金融基础设施，便利投资者利用人民币进行投融资活动。推动人民币与相关国家货币直接交易，活跃人民币区域外汇市场，为企业提供对

冲汇率风险管理工具。

三是深化与"一带一路"沿线国家的货币金融合作。加强与沿线国家、国际机构等的沟通，建立健全多层次的合作交流机制。积极开展与沿线国家等各国央行的货币合作，深化本币结算合作安排。加强双边金融管理合作，逐步在区域内建立高效的协调机制，创造有利于本币使用的政策制度框架。强化在金融稳定和危机管理等方面的合作，更好地维护金融市场稳定，防控风险。

"穆迪调级"后续影响需关注

近日，穆迪将中国主权信用评级从 Aa3 下调至 A1，同时将评级展望从"负面"上调至"稳定"。由于这是过去 27 年来穆迪首次调降中国主权信用评级，由此吸引了国内外投资者广泛关注。我们需客观看待、科学分析并积极预案抵消评级调降可能带来的不利影响。

一 需要客观科学看待穆迪调降评级

一方面，本次评级调降已有预兆，并且调整也只是从"非常好"到"很好"。2016 年 3 月 2 日，穆迪将中国主权信用评级展望改为"负面"，按其操作惯例，在展望被调至负面之后的 6～12 个月内，通常会正式对被评主体评级做出最终维持或是调整的决定。因此，从技术上看，这次调降实际上是国际评级公司的行业惯例和例行操作，并非毫无预兆、完全突发的事件。同时，在穆迪信用评级级别中，由最高的 Aaa 级到最低的 C 级共有 3 等 9 级 21 个子级，由 Aa3 向 A1 变动，也只是 1 个子级的变动，属于从"高信用评级"向"中高信用评级"的调整。

另一方面，本次调降的依据也没有太多增量信息。近年来，中国债务问题已被反复讨论，近期并没有恶化迹象，反而出现了债务率增速放缓和全社会内部杠杆结构优化的积极变化。另外，穆迪对中国经济形势和中长期发展趋势也有所误读和曲解，片面放大了负面因素。

二 导致穆迪评级可能失灵的四大原因

一是现有评级体系有失公允且存在滞后性和顺周期性等方法论问题。不可否认，信用评级对于分析主权国家经济金融健康程度或公司偿债能力有很大参考价值，但评级公司自身毕竟也是盈利主体，同时评级方法也存在高度顺周期、过分看重制度因素、定性分析权重较大等方法论问题。

二是对中国政府债务风险上升程度预测过于主观。穆迪报告中预计中国政府直接债务率到2018年和2020年将分别升至40%和接近45%，与A评级主权政府2016年债务负担的中值（40.7%）一致，而高于Aa评级主权政府的中值（36.7%）。实际上，当前中国正在全力推进财政金融纪律整固，政府举债受到严格控制，未来随着新预算法及地方政府举债融资机制的到位，金融去杠杆和监管力度不断加大，中国政府债务有望保持合理规模，债务增长势头也将得到有效控制，未来各项中国债务风险指标很难出现穆迪报告中呈现的较大变化。

三是对中国经济基本面的判断不完全符合事实。中国经济基本面延续稳中向好态势、有望保持中高速增长是不争的事实。2017年以来，中国经济继续稳定运行在合理区间，一季度经济增长6.9%，经济运行呈现增速回升、就业扩大、物价稳定、居民收入增加、国际收支改善的良好格局。在稳的主基调没有变化的同时,增长的质量和效益也出现大幅提升,呈现质量提升、结构优化、后劲增强、动能壮大、空间拓展等更多积极变化,支撑经济保持中高速增长和迈向中高端水平的因素进一步增多,经济稳中向好的步伐更加稳健。

四是对中国深化改革成效和中国经济中长期趋势的判断过于悲观。本次穆迪调降评级,依旧反映了一些海外机构对中国经济的陈旧性看法和习惯性看空。但从根本上讲,误读根源在于缺乏用动态和发展的眼光看中国经济发展的中长期前景。中国正在着力深化供给侧结构性改革,2017年去产能、去库存、去杠杆、降成本、补短板五大任务将不断取得新进展,改革效果将不断显现。简政放权、放管结合、优化服务改革将向纵深推进,国企、财税、金融、价格等重点领域和关键环节改革持续深化,国有企业混合所有制改革首批试点稳步实施。一系列深层次改革和政策有助于逐步化解发展瓶颈,为中国经济可持续发展提供保障。

三 关注穆迪调降评级反应的后续影响

对于任何一个日益开放的大型经济体而言,主权信用级别下调产生的影响是综合性、全方位的。尽管本次评级调降对中国债市、股市、汇市和国际金融市场的短期影响极为短暂,市场各方反应也较为平淡,但仍需关注其后续影响。

一是可能推高中国政府和中资企业在国际金融市场上的融资成本。信用级别最直接、最实际发挥效力之处,是对受评对象债券融资成本的影响。也就是说,中国政府、企业和金融机构未来在境外发行美元债、欧元债和其他币种债券的融资成本可能出现一个"台阶式"上扬，增加国际融资成本。

二是可能对我国正在加速推进的债市开放造成不利影响。当前中国债市总体规模已接近 10 万亿美元，位列全球第三，且风险收益匹配合理，对国际投资者具有很强的吸引力。同时，债市国际化也是人民币国际化的重要组成部分，更多的国际投资者进入中国债市可以部分缓解资本流出压力，对人民币汇率形成支撑，为"一带一路"等建设提供投融资支持。但中国债市国际化程度仍然较低，截至 4 月末，境外投资者持有中国债券余额约 7723 亿元，债市占比仅为 1.15%，未来进一步拓展债市国际化的空间巨大。而面对本次主权评级调降，国际投资者可能会对人民币债券提出更高的风险补偿要求，对债券市场投资者信心产生不利影响。

总体而言，对本次穆迪调降中国主权评级一事不宜过度解读。历史经验显示，处于投资级别区间的级差调整，对一国经济的系统性负面影响并不显著。更重要的是，"穆迪冲击"难以影响中国经济发展大局，不会改变中国发展改革工作的既定路径和政策定力，未来中国经济发展也将更趋稳定健康。

市场应该对中国解决债务问题提出的
一揽子解决方案抱有信心

近年来，中国实体经济债务问题引起广泛关注，对非金融企业债务的快速上升尤为关心。根据BIS发布的数据，2015年末，中国非金融企业债务与GDP比重已上升至170%。麦肯锡、高盛等诸多海外机构对此所隐含的潜在风险都表示了担忧，它们不约而同地将中国债务问题与目前中国经济结构调整和经济增速下滑相联系，并做出了有些耸人听闻的推断，如中国将爆发银行危机、经济增长失速等。中国债务问题引发的新一轮市场担忧并不意外，同样不意外的是，本次市场的担忧与以往历次唱空中国的论调一样不客观、不全面，其产生的短期影响也将不出意外地成为中国经济发展平滑曲线之外的一个奇异点。

毋庸置疑，宏观经济运行是一个复杂的系统，对未来做出预测是极其困难的，而对中国这样一个在政治和经济结构、增长动力等方面与西方存在巨大不同的经济体进行分析，分析方法、分析逻辑等诸多方面都尚未有普遍共识，做出准确预测就更为困难。因此，对这些机构的结论应该秉持谨慎态度，更何况，过去和现在虽已成事实，但未来则取决于是否采取行动及如何行动。类似于美国应对2008年金融危机的做法，在应对和化解债务潜在风险的问题上，中国政府表现出了勇于面对现实的态度，在经过广泛而深入研究后，推出了一揽子坚决有力的措施，这是非常值得赞赏的。一揽子的综合措施集中体现在 10 月 10 日发布的《关于积极稳妥降低企业杠杆率的意见》及《关于市场化银行债权转股权的指导意见》两个国家级文件中。随着这些政策文件的付诸实施，中国债务问题及潜在风险的化解将极有可能迎来曙光，这对中国经济的平稳运行和全球经济的稳健复苏而言，无疑都将是一个积极的信号。

以上两个文件所提出的七大降低非金融企业杠杆率的措施中，在文件公布前有些已经在不同程度上由相关政府部门开展实践了，如推动兼并重组、发展股权融资等，而市场化银行债权转股权则几乎是全新的也是最受关注的措施。从官方文件上看，债转股的政策思路体现了中国在解决问题方面一贯的政策特征，即统筹结合、标本兼治、改革创新和有序推进。这些带有中国特色的做法，在过去解决一系列重大问题时往往被证明行之有效，因此，各方给予了债转股在化解债务潜在风险方面的更多期待。

从定义上讲，债转股是债务重组的一种方式。对于有较好前景但遇到暂时困难且财务负担沉重的企业，如果能够将债务转换为股权，企业的资本实力将得到增强，顺利度过甚至根本上解决暂时困难的可能性也将大幅提高。显然，筛选合适的企业至关重要。文件特别注重要遵循市场化法治化原则实施债转股，与中国共产党十八届三中全会所强调的"发挥市场在资源配置中的决定性作用"以及十八届四中全会提出的"全面推进依法治国"是一致的，这本身就是市场各方需要关注到的极为有益的宣誓。众所周知，不甚完美的政企关系和 2008 年以来过度信贷刺激是中国非金融业债务过高的重要原因，本次债转股所高度强调的遵循市场化法治化原则将有助于推动中国在金融等相关领域的市场化进程，也有助于建立真正健康的融资体系。实际上，按照市场化原则，作为债权人的银行根据收益和风险的最佳平衡点，可以筛选出真正适合债转股的企业，并在与股东自主协商的基础上，确立转股的债权规模、转股定价、退出机制等，依法行使转股股东权利，在改善公司治理结构的基础上，实现转股企业业绩提升。通过多种方式实现股权退出，银行不仅可以降低原有债权的风险，甚至还可以获得股权升值的收益，有效化解债务风险。此外，银行通过市场化方式识别有发展情景但遇到暂时困难的优质企业，并通过债转股的方式支持其发展，对其他类型企业的债务问题则通过文件所提出的其他六种途径应对，特别是要结合"去产能"工作，对失去生存发展前景、扭亏无望的企业依法实施破产，把信贷资源引入更有效率的企业，促进企业优胜劣汰，将有助于实现企业转型和升级，提高供给质量和效率，助推供给侧结构性改革。

认为此次中国债转股有助于标本兼治地解决债务问题的另一个原因是，此次债转股允许更多类型的实施机构、更为宽泛的转股债权类型以及通过市场化方式为主筹集资金。20世纪末，中国曾经实施过一次虽有争议但长期来看被认为较为成功的债转股，当时只有四家国有金融资产管理公司通过政策性方式获得资金来承接银行债权并实施债转股，相当一部分受帮助的国有企业成功度过了经济周期的低谷。从本次债转股的指导意见中可以看出，除四大国有金融资产管理公司外，还允许地方金融资产管理公司、保险资产管理机构、国有资本运营公司等多种类型的机构承接债权并实施债转股，在符合条件的情况下，银行也可以申请设立新的机构承接债权并实施债转股；承接债权所需的资金主要通过市场化方式筹集；转股债权的范围也被放宽至所有类型的贷款。这些改进对于从根本上促进债务问题的解决，甚至对于防范今后债务问题的再次出现都具极为重要的意义。首先，允许多类型金融机构承接债权并实施转股会增强债转股的市场竞争性，进而发掘更多适合债转股的企业，扩大债转股的规模和缓解债务问题。其次，允许银行将正常类贷款转股且允许银行申请符合规定的新机构实施债转股不仅会激励其参与债转股的积极性，更会有助于银行从只从事债权投资向股权投资和股权管理转型，从根本上提高中国直接融资的比重，改善企业融资结构，降低企业的高负债及其可能带来的风险。最后，多类型金融机构通过市场化方式获得资金实施转股后，企业的股东结构会更加多元化，市场化资金持股后，出于提升股权价值的考虑，必然要求企业改善经营管理。当债转股对象企业为国有企业时，市场化资金持股无疑也将促进中国政府推行的国有企业混合所有制改革，促进国有企业建立现代企业制度，塑造健康的政商关系，防范国有企业杠杆率再次提升。

此外，此次债转股还有一个不容忽视的重要特征，即文件除明确债转股要坚持市场化和法治化原则外，还明确提出了"落实企业股东责任，按照出资义务依法缴足出资，根据股权先于债权吸收损失原则承担必要的降杠杆成本"。股东和管理层几乎总是企业经营业绩恶化和债务问题的首要责任主体，"股权先于债权吸收损失"意味着债转股的股权必须按照市场化原则定价，股东必须首先承担股权价值下跌的损失。对于民营企业，这将是对股东最大的也是合理的惩罚。如果转股对象为国有企业，这具有更多的积极意义。国有企业经营状况恶化往往与国有企业的管理层存在很大关系，股东首先承担债转股的损失后，按照中国政府的决策程序，企业的管理层必将承担国有资产流失的责任并很有可能受到相应的惩罚。这种惩罚机制对于防范国有企业管理层"卸责"的道德风险具有至关重要的积极意义,从而建立起防范经营无效恶化和债务问题再次出现的长效机制。

此次债转股特别强调了"规范政府行为",出人意料的是其中包含的六个"不得",即"各级人民政府及其部门不干预债转股市场主体具体事务,不得确定具体转股企业,不得强行要求银行开展债转股,不得指定转股债权,不得干预债转股定价和条件设定,不得妨碍转股股东行使股东权利,不得干预债转股企业日常经营"。显然,这样做的目的在于规范政府的手脚,使其不违反市场化法治化原则,让市场在债转股中发挥决定性作用,这再一次消除了各方对政府强制债转股可能引发道德风险的担忧,无疑将增强债转股对优化资源配置效率的作用,促进企业的优胜劣汰,从根本上促进债务问题的解决。

自债转股相关的文件发布以来,市场给予了积极回应:中国股市在文件发布当天及后几天出现上涨,舆论方面也是赞赏多于批评。从实际效果上看,已经出现了中国建设银行对武钢、云南锡业按照市场化法治化原则实施债转股的案例,另有多家中国境内媒体报道称其他几家大型商业银行也正积极梳理适合债转股的项目。各方应该相信,只要中国政府有坚持市场化法治化实施债转股的坚定决心,这项措施对于助推中国大力提倡的供给侧结构性改革、国有企业改革深化、经济转型升级和优化布局将发挥重要作用,从而提高中国经济中长期发展韧性,最终实现从根本上解决中国债务问题。

警惕流动性紧张从银行体系向企业部门传导

2018年以来，银行体系流动性紧张时有发生，各项监管措施对银行信贷投放能力产生负面影响，导致企业融资成本快速上升，社会融资规模大幅收缩，金融对实体经济的支持能力减弱。同时，流动性从紧的市场效果也不利于结构性降杠杆工作的深入推进。从中期看，一方面需警惕紧货币与强监管叠加放大，加剧企业"融资难""融资贵"困局；另一方面要审慎处理好结构性降杠杆与保持合理流动性之间的动态平衡关系。

一 流动性紧张既加剧企业"融资难""融资贵"困局又不利于结构性降杠杆工作深入推进

严监管对银行流动性影响已从第一阶段的约束负债扩张进入到第二阶段的限制信贷投放能力。银行表外业务回表直接影响银行资本占用增加，当资本补充不足时进一步影响信用投放能力。2018年以来，广义信贷增速显著回落且结构分化明显，其中股权及其他投资、债券投资增速下降幅度最大。金融机构对低等级债券的认可度处于五年来的低谷，以5年期中期票据为例，表示金融机构投资低等级债券积极性的认购倍数均值,已经从 2014 年的 1.3 降到了 1.05,其与高等级债券认购倍数的差首次变成负数。

银行间市场资金价格有所下降,但企业融资成本升高且将进一步上升。2017 年,金融去杠杆导致同业资产大幅压缩,但信托贷款高增,金融体系流动性一度紧张。但 2018 年以来,同业资产保持平稳,同业存单发行量大幅减少,截至 2018 年 3 月底,累计发行规模同比仅为 4.8%,远远低于 2017 年底的 43.2%。同业存单发行利率稳中走低,7 天银行间质押式回购加权利率、1 个月 SHIBOR、3 个月 SHIBOR 均从 2018 年初开始下行。然而,企业的融资成本却快速上升。2017 年底一般贷款加权利率为 5.8%,较 2016 年底上升 36BP,上升幅度不大。但流动性收紧对利率的影响是分层传递的,实体贷款利率反应最慢。实际上,自 2016 年底市场利率大幅上升之后,很多银行的内部资金转移定价都上升,一些银行 FTP 的定价调整频率从以往的年度逐渐改成季度定价甚至月度;从商业银行的配置角度来看,债券利率的上行也最终会对贷款利率产生间接压力。此外,尽管从数据上来看贷款利率上升幅度不大,但根据对多家大型银行和中小银行的调研反映,实际的线下贷款利率飙升,有些已经高达百分之十几,企业的融资成本高企。

企业部门的流动性风险值得警惕。金融去杠杆导致的总体流动性收紧,加重了金融机构对于违约风险的判断,对单位投放额度的回报要求大大提高,业务模式从此前的"以量补价"转变为"以价补量",此前不需犹豫的投资项目现在要仔细掂量,此前比较犹豫的项目现在则完全不考虑。金融机构的"惜贷"导致企业和地方政府等主体更难融到钱,融到的钱更贵。由此出现了银行间市场很多钱,但是企业特别是中小企业融资难、融资贵的情况更为突出,金融去杠杆的影响已经传递至实体层面，企业现金流进一步恶化，开工率进一步降低，企业面临的流动性风险陡升。

流动性状况如果持续偏紧将不利于降杠杆工作的深入推进。结构性降杠杆与保持合理流动性之间并没有矛盾，但目前一些观点认为降杠杆就一定需要从紧流动性，这一看法有失偏颇。从货币政策角度，保持流动性合理稳定既包括"总量合理"，也包括"结构合理"，与结构性降杠杆与货币政策的内在要求一致，流动性从紧的市场效果，从长期来看不利于降杠杆工作的深入推进。

二 需要从服务实体经济平稳运行和结构性降杠杆两个角度重新审慎并保持流动性的合理稳定

保持合理流动性，从根本上是要服务好实体经济、服务好结构性降杠杆工作，应处理好如下关系，做好政策搭配。

（一）国有企业和地方政府的杠杆率问题需通过完善约束机制解决

一是国企和地方政府降杠杆，必须通过打破刚性兑付、隐性担保以及强化自身债务约束方式等健全制度的方式予以解决。如果没有解决企业公司治理和地方政府的财税软约束问题，则无法从根本上抑制其拼命扩大债务的动力，任何阶段的债务下降、任何方式的去杠杆都不能从根本上解决问题。如果通过收紧流动性倒逼国企和地方政府去杠杆，在我国现有金融体系缺陷下只会误伤更多民营企业和中小企业。

二是在完备的约束制度下无需过度担忧放松流动性会导致周而复始重加杠杆问题。对于国有企业和地方政府的高杠杆问题，应通过健全地方政府债务融资新体制、规范融资平台行为、打破地方政府的财税软约束、完善国有企业公司治理结构、增强国有企业债务约束、强制国有企业补充资本金等多种方式对其杠杆行为加以约束，从根本上抑制国有企业地方政府扩大债务的内在冲动，形成防范杠杆率攀升的长效机制，有序规范国有企业和地方政府的举债行为。在约束制度完备的前提下，即便流动性水平合理充裕，也不易引发其杠杆率水平的再度攀升。

（二）结构性去杠杆要求对不同主体的流动性要有所差异

杠杆率的结构分化，其实质是金融资源的流向分配不均，而非流动性的全面过剩。盲目去杠杆可能适得其反，恶化小微、私营企业等的融资约束，或进一步加剧资源错配，因此需要分类施策，根据不同领域、不同市场的杠杆风险情况，提供差异化的流动性保障。

一是企业部门去杠杆需要考虑所处行业的特点。应按照是否具有发展前景，对过剩行业和朝阳行业提供差异化的流动性支持。既要推动过剩产能、"僵尸企业"加速出清，紧缩这部分企业的流动性，也要为资金流向科技、战略性新兴产业等国民经济重点领域提供必要的流动性保障，为加快培育新经济、新动能腾出加杠杆空间。

二是降低地方政府债务率也不应操之过急、不分区域一刀切。近年来，地方政府债务存量、增量管控力度不断加大，地方政府降杠杆已经步入正轨，政策再加码必要性下降。当前对于地方政府流动性的紧，要紧在刀刃上，紧在地方政府各类隐性债务上，确保不对这些非合规、非合法、非合理的债务输血续命。但对于转型升级前景好、偿债可持续性好、财政收支结构合理的地方政府基本建设任务，仍应确保适当的流动性支持。要在促发展与降杠杆中取得平衡，在收紧违规举债渠道的同时，以地方政府债券、PPP模式、政府投资基金等合规方式满足地方合理融资需求。

三是降杠杆也需要长短合理的流动性期限结构。降杠杆对流动性环境的要求不只是某个时点上的松和紧，而要有合理的流动性期限结构。降杠杆所采取的不同方式对资金需求的长短期限不同，如支持兼并重组的并购基金和并购贷款、利于"僵尸企业"债务处置的风险分担补偿资金、支持债转股的私募股权投资基金和其他股债结合特征金融工具等。提供多种类型、多种期限的流动性支持有利于综合性降杠杆工作的实际需求。

（三）提高流动性向实体部门信贷传导的精准度

从根本上说，流动性是总量问题，可能造成大水漫灌，但信贷是结构性问题，可以进行精准调控。货币政策在从投放流动性向信贷传导的过程中具有一定结构性特征，在保持流动性水平不变的前提下，货币政策操作可以通过引导信贷投放的有升有降，满足不同部门差异化的杠杆需求，形成银行和企业、家庭资产负债表之间的良性互动，更好地发挥"金融服务实体经济"功能。

有必要将信贷的结构引导作用更好地对接于结构性降杠杆工作。在保持流动性合理稳定、引导货币信贷和社会融资规模适度增长的基础上，可考虑通过多种途径提高货币政策操作工具的结构性特征，如积极运用差异化准备金率、再贷款、抵押补充贷款、定向降准等结构性信贷工具，引导金融机构加大对降杠杆工作的支持力度。进一步创新融资方式，将信用工具的设计和实施更好地服务于实施机构和债务主体，加快公司信用类债券产品创新，满足企业债务重组和兼并重组不同阶段的融资需求，使降低实体经济融资成本和促进结构性降杠杆有机结合、协同推进。

需要关注CDR发行与交易中存在的四大问题

6月7日,证监会发布了《存托凭证发行与交易管理办法(试行)》等9份CDR规章及规范性文件。6月11日,嘉实、易方达等6只主投CDR的战略配售基金开售,BATJ等境外上市企业正式踏上回归A股的归途。不可否认,中资境外上市科技股通过CDR实现曲线回归具有积极意义,CDR工具无疑是当前人民币资本项目较强管制环境下的重要创新,一方面有利于国内资本市场与国际接轨,另一方面也能让国内投资者分享科技创新和互联网企业快速发展的红利。但是,从当前CDR推出的时间节点、自上而下设计战略配售基金的内在问题来看,科技股、独角兽回归也不是"有百利而无一害",可能面临一系列压力和挑战,监管部门需要对其潜在的风险有清醒的认识,并做好相关应对预案。

一 中资境外科技股借道CDR回归A股存在四大问题

一是当前海外市场科技股和独角兽估值过高、泡沫较大,定价过高的CDR可能相悖于让国内投资者分享科技型企业发展红利的初衷。CDR 发行价的估值中枢由美股、港股市场确定，而这些境外市场尤其是美股已经处于历史高位。发行 CDR 的企业，除了正在上市的小米，在可预见的将来，大部分都是以美股或港股科技股为主，比如 BATJ、网易等。同时，未来将在多地上市的滴滴、美团等独角兽企业，将仿效小米同期发行"港股+CDR"或"美股+CDR"。尽管 CDR 与美股或港股是分割的市场，但在发行 CDR 过程中，其美股或港股价格仍将作为重要的价格基准。当前美股估值正处于历史次高水平，6 月 11 日标准普尔 500 指数 Shiller PE 市盈率为 32.95 倍，仅次于 2000 年互联网泡沫高峰期。同日，阿里巴巴、腾讯和网易的市盈率分别为 51.8 倍、40.7 倍和 26.1 倍。即便对于刚刚上市的独角兽企业，跌破发行价的现象也并不鲜见，如平安好医生作为港交所上市新政后首只 IPO 的"独角兽"，上市次日即告破发，其他在港上市的内地"独角兽"企业，如阅文集团、众安在线、易鑫集团等，上市后股价均无一例外地冲高回落，爱奇艺登陆美国纳斯达克后首日即破发。

二是目前符合首发 CDR 资质的公司早已成为"巨无霸"而非"独角兽"，过高的试点准入标准可能相悖于鼓励科技创新和四新经济的初衷。"独角兽"公司一般指估值在 10 亿美元以上，且创办时间相对较短的科技型公司。更为重要的是，独角兽之所以被市场另眼相看，是因为它具备业务和盈利高速增长的潜力。然而，国务院关于发行 CDR 的暂行办法规定，发行 CDR 试点企业的标准是"符合国家战略、掌握核心技术、市场认可度高，属于互联网、大数据、云计算、人工智能、软件和集成电路、高端装备制造、生物医药等高新技术产业和战略性新兴产业，且达到相当规模的创新企业。其中，已在境外上市的大型红筹企业，市值不低于 2000 亿元人民币；尚未在境外上市的创新企业（包括红筹企业和境内注册企业），最近一年营业收入不低于30亿元人民币且估值不低于200亿元人民币"。从目前已在美股或港股上市的互联网企业来看，符合条件的仅有腾讯、阿里巴巴、百度、网易等龙头企业。事实上，这些企业都已经过长达十年以上高速增长期，且处于互联网人口红利的尾部，是名副其实的"巨无霸"而不是"独角兽"。

三是CDR回归会对A股造成吸血效应，既不利于二级市场股价平稳运行也使一级市场融资难上加难。2018年以来，受中美贸易摩擦和金融监管的影响，国内股市告别了2017年的牛市行情，进入了剧烈动荡期，CDR大规模融资必然会对国内股市造成吸血效应，加大股指下行压力。目前，符合标准的五家海外红筹企业市值高达7.8万亿元，加上科技部火炬中心发布的30家独角兽企业估值约2.7万亿元，二者合计市值10万亿元以上。按照国际惯例4%~8%市值发行CDR或IPO，融资规模在4000亿~8000亿元，每年融资规模在1000亿~3000亿元。这不仅会对二级市场流动性产生较大冲击，同时会明显挤压目前已经排队上市企业的融资规模。总之，国内股市和流动性环境，能否承受大规模CDR回归，仍然面临较大的不确定性。从数据上看，2017年，国内A股IPO融资规模为2186亿元，这还是在2017年沪深300指数上涨21.7%的牛市行情下实现的。监管部门需控制和把握好发行比例和节奏，尽可能减小对A股流动性的短期冲击。

四是自上而下、仓促推出的CDR制度和CDR基金存在内在瑕疵。从提出到落实不过半年的CDR制度存在一系列问题，突出表现在：一是套利机制的缺乏使得CDR定价效率不高。如同H股不能转换为A股，CDR在制度上也不支持和美股、港股互换，由于不存在跨市场套利机制，定价的有效性存疑。特别是，当前 A 股市场缺乏优质企业，BAT 的经营性现金流要超过整个创业板经营性现金流的总和，这种情况下 CDR 投放在 A 股可能导致现有公司估值泡沫加大。二是 CDR 基金锁定期的设计可能使得基金投资者流动性风险较大。我国《证券发行承销与管理办法》（2018 年）规定，首次公开发行股票数量在 4 亿股以上的，或者在境内发行存托凭证的，可以向战略投资者配售股票，且战略投资者承诺股票或 CDR 持有期限不少于 12 个月。因此，战略配售投资者的锁定期一般有 12 个月、18 个月、36 个月、48 个月。这也是此次华夏、易方达、南方、招商、汇添富、嘉实等 6 只基金锁定期纷纷设定为 36 个月的主要原因。3 年锁定期意味着基金份额只能在二次市场上折价转让或长期持有，其流动性损失和投资风险，是基金投资者必须承受和面对的。自 2018 年 6 月 11 日开始发售以来，主要瞄准 CDR 的 6 只总规模 3000 亿元的"CDR 基金"异常火爆，由于投资者适当性门槛设计较为宽松，大量散户介入，这一情景恰似重蹈 2008 年 QDII 的覆辙。

二　需要周密安排审慎推进红筹科技企业回归国内资本市场

当前，推动红筹科技企业回归国内资本市场现已成为市场关注热点之一，创新是一把双刃剑，需要周密部署、稳健推动其回归国内资本市场，除完善存托凭证相关制度安排、明确监管归属、便利化货币兑换交易结算等问题外，需要将这一过程同更好地发展资本市场、更好地促进金融服务实体经济结合起来。

一是进一步完善纳入 CDR 试点企业的标准。应优先考虑两类企业纳入 CDR 发行试点：一类是国外成熟市场上交投比较活跃、相对较为成熟的企业。我国股市目前的定价能力不是很强，市场定价偏离企业真实价值的情况时有发生，而这类企业交易比较充分，市场认可度相对较高，可在一定程度上缓解估值偏差问题。另一类是未来准备在境外市场进行 IPO 的中国新经济企业，可在海外上市的同时在国内发行 CDR，使境内投资者可以享受首发的获益机会。

二是尽快建立跨市场套利机制。存托凭证与基础证券之间的可转换性问题，是存托凭证运作中最核心的问题。在 CDR 机制逐渐成熟后，逐步放开 CDR 与基础证券的自由转换。可针对转换机制作出一些限制，如只能单向转换，或在一定额度内允许转换，或指定经纪商负责平衡价差等。

三是政府要为金融服务科技创新创造良好环境。完善股权投资的政策环境，比如，对高科技股权投资的企业所得税给予一定的税收优惠。充分发挥政府引导基金的引领作用，与各类 VC、PE 结合，当好母基金。完善以资本市场为主的多层次股权投资市场，畅通股权投资的退出通道。推进提升 VC、PE 企业的品质，约束规范阻挡创新的不利因素。

四是做好独角兽企业的培育工作。无论是培育独角兽还是招徕独角兽，都不能陷入地方政府的政绩泥潭，不能偏离经济高质量发展的目标，要防止透支政府公信力，甚至制造政策陷阱，让那些原本可以按照经济规律有序发展的企业，掉到政策陷阱之中，失去发展的机会和条件。因此，地方政府对独角兽企业的培育，应当为企业提供良好的发展环境和氛围，创造与市场高度契合的政策条件和资源配置手段，而不是急功近利、拔苗助长式地提供政策和资金刺激。特别是对于已经从独角兽成长为"恐龙"、市值与股价成长潜力在一定时期内基本丧失的企业，缺少真正技术含量、没有前瞻性商业模式却非常善于投机取巧、包装得看似独角兽的企业，打着独角兽的旗子不断圈钱、不断出现高管跳槽、大股东股权抵押套现的企业，要避免追捧投资、培育出"毒角兽"。

近期A股调整更多源于外部冲击而非基本面变化

5月30日，上证指数下跌2.53%，深成指下跌2.35%，创业板下跌2.67%，其中已经五连阴的上证指数创出年内新低，两市近3000只股票下跌。国内A股市场下跌并非孤立事件，全球股市同时下跌几乎更早一步，主要经济体市场都被波及，且从下跌顺序来看，美欧日在前、中国在后。此轮包括A股在内的全球股市调整源于多重市场因素叠加，既有中美贸易摩擦再起波澜、意大利政局动荡、短期避险情绪浓厚、新兴市场国家资本外流加剧等外部原因，也有我国债市信用债违约增多导致的风险偏好下降等内部原因，但总体来看外部因素明显强于内部因素，并且我国经济基本面稳中向好、上市公司盈利稳中有进的基本态势并没有发生改变，股市短期有跌也有涨，5月31日，A股出现明显反弹，上证指数、深证成指和创业板指分别上涨1.78%、1.88%和1.01%，市场避险情绪明显缓和。

一 包括A股在内的全球股市同步调整源于多重市场因素叠加

第一，中美贸易摩擦再度发酵加重市场避险情绪。5月29日，美国白宫正式发布《关于采取措施保护国内科技和知识产权免受中国歧视性和制约性贸易的声明》，宣布将加强对中国在美国科技领域投资限制，就知识产权保护诉诸 WTO，以及对中国在美出口的价值 500 亿美元的货物征收 25% 的关税。中美两国就双边经贸措施发表联合声明仅十天，美方出尔反尔、意外变脸超出市场预期。这一超预期的影响首先体现在美国股市，5 月 29 日，美国三大股指集体下跌，金融股领跌，其中道琼斯指数、纳斯达克指数和标普 500 指数跌幅分别达到 1.58%、0.5% 和 1.16%，其中道琼斯指数和标普 500 指数均创一个多月以来最大单日跌幅，恐慌指数 VIX 刷新三周高点，收盘上涨 28.74%。

第二，意大利政治风险影响全球金融市场。意大利民粹主义政党五星运动与极右翼的北方联盟将组阁，这使意大利可能在 2018 年 9 月提前大选。两大极端政党如果获得支持，意大利会出现一个反对欧元和扩张财政的政府，从而破坏欧元区的稳定。在此背景下，意大利国债利率大幅飙升、股市持续暴跌，意大利 10 年国债收益率达到 3.178%，5 月上升了 140BP，违约风险快速加大，并开始冲击欧洲股票市场，5 月 29~30 日，英、德、法等欧洲股市出现了明显的调整，此后冲击影响快速从欧美传递至亚太市场，中国香港市场和中国内地 A 市场也受到一定程度的冲击。

第三，全球避险情绪增加，欧洲及新兴市场国家面临资本外逃压力。2018 年以来，随着美元走强、美债利率上升，新兴市场面临资本外逃、本国货币贬值的压力，4~5 月，阿根廷、巴西及土耳其等国均出现股市、债市、汇市大幅震荡。同时，美联储货币政策加息预期带动美元步入升值周期，欧、日和许多新兴市场国家货币宽松的政策空间变窄。这一系列因素增强了金融资本从估值水平已经很高的市场撤出的意愿。加之美联储货币政策变化导致美元汇率在国际货币市场上的波动,放大了全球股市快速下调的压力,同步下跌随之产生。

第四,从全球股市运行情况看,市场自身普遍存在较大调整压力。2017年的全球股市牛气冲天,美股、港股等指标性股指都直线上扬,而进入2018年,市场一改单边走势,开始震荡回调,这种持续上涨之后或早或晚地出现快速回调是市场规律起作用。海外市场特别是美国股市自2009年以来已经持续了近9年的牛市,自底部以来,美国纳斯达克、印度孟买SENSEX、德国DAX、美国标普500、日本日经225指数累计涨幅分别达到408%、312%、298%、282%、243%。从这些国家股市波动过程看,经历了多倍增长后,股市调整是一个必然趋势,一旦出现某个具有全局性意义的影响因素或是有重大超预期因素时,就会导致市场出现同步剧烈调整。

当然,除了以上共性原因外,我国A股市场下跌也有金融严监管形势下的各方处于调整适应期、近期企业违约事件增多影响市场情绪等内部原因,但总体来看外部因素明显强于内部因素。

二 中国经济稳中向好的基本面是股市平稳健康运行的定心丸

第一,中国经济持续向好。从生产端来看,工业利润增速大幅回升,4月规模以上工业企业利润总额同比增速21.9%,较3月回升18.8个百分点。工业生产持续改善,粗钢产量回升,5月上旬重点钢企粗钢产量增速8.1%,较4月的3.4%大幅回升。5月前25天六大集团发电耗煤增速19.4%,较4月明显回升。汽车、钢铁、水泥等行业开工均在回升。从需求端来看，房地产投资逐步回暖，1~4月住宅开发等房地产投资增长10.3%。民间投资增速明显提升，1~4月民间投资增长8.4%，已超过总投资增速。消费总体平稳，近期有短暂回落，但预计未来将有回升。从价格走势来看，5月以来油价、煤价持续回升，截至目前，5月港口期货生资价格环涨1%，PPI同比涨幅回升。同时，中国经济发展的内涵也正在发生显著变化，经济结构在改善，增长质量在提升，内生动力在增强。

第二，中国经济发展的后劲与韧性在增强，主要体现在：新的增长动力正在培育形成，高技术产业增加值增速显著高于工业平均增速，相关新产业、新技术发展将为经济增长注入新动力；体制机制环境更加优化，新一轮全面深化改革提速，市场配置资源决定性作用增强，全面依法治国深入推进，有利于激发各类市场主体的活力与创造力；防范化解金融风险攻坚战取得积极进展，进一步消除了发展中的隐患。宏观调控的思路和方式不断创新，针对经济运行中的苗头性问题采取预调微调措施，既有利于熨平经济周期，还避免留下"后遗症"，将为结构调整赢得更多的时间和空间。这些都表明，中国经济有巨大的韧性和回旋余地，完全有能力、有条件从高速增长迈向高质量发展。

第三，国际社会也对中国经济和中国股市发展充满信心。国际货币基金组织5月30日结束对中国的2018年度第四条款磋商访问，IMF第一副总裁大卫·利普顿在访问结束后发表声明称，中国经济表现良好，改革取得很大进展，IMF将中国2018年经济增长率预测值调高至6.6%。此外，A股与国际资本市场接轨也取得重大突破，6月1日，A股被纳入MSCI新兴市场指数一事将正式生效，共有 233 家 A 股大盘股公司入围。未来将有更多外资通过沪港通、深港通、QFII、RQFII 布局 A 股，MSCI 预计，5% 的纳入权重将带来近 220 亿美元的资金流入，将长期利好 A 股。

因此，我们有理由认为，中国经济和中国股市将持续向好发展，不仅不会出现重大风险，相反，随着金融开放和各项改革措施作用不断发挥，将在国际社会中形成"经济稳得住、政策有空间、改革在推进"的"中国预期"，也将对全球经济和资本市场起到重要的稳定作用。

破除地方自缚紧箍咒、
稳住经济运行基本盘

——对湖南省2018年1~5月经济形势及
趋势性苗头性风险的调研

2018年以来，国内一些省份经济运行压力明显加大，尤其是在去杠杆、严监管、清理整顿地方隐性债务大局下，部分地方政府甚至采取了PPP项目激进式退库、一刀切断城投平台政府性融资功能、地方政府债务行政性压减等措施，客观上造成了地方政府及平台公司陷入融资接续困境、基建投资大幅快速放缓、企业融资难贵矛盾加剧、经济运行供需两面再失衡等突出问题。在本轮地方"经济紧""债务紧""信用紧""融资紧"潮涌之中，中部大省湖南尤为亮眼，矛盾和问题较为突出，经济研究所课题组一行于6月13~15日赴湖南省长沙市开展实地调研，现将有关情况呈报如下。

一 湖南省上半年经济运行
呈现四个方面趋紧态势

作为中部内陆省份，湖南省凭借着雄厚的工业制造业、消费基础，造就了中部发展主力军的地位，其发展态势是中部地区经济状况的晴雨表。1~5月，湖南省经济运行总体上而言呈现出供需紧平衡的状态，部分经济指标出现放缓迹象，工业增长动力不强，投资增速回落明显，消费市场稳中趋缓，经济运行紧、政府债务紧、企业融资紧、银行体系流动性紧等矛盾问题愈加凸显。

（一）经济运行"紧"：内需增长动力明显下降

2017年出现的需求结构改善的趋势在2018年戛然而止。2017年，湖南省经济增长中三大需求的贡献率分别为48.6%、53.4%和-0.2%，内需成为全省经济增长的主要动力引擎。同时，消费对经济增长的贡献率超过投资，其对经济增长的基础性作用逐渐增强。但2018年以来，内需出现增长明显放缓的态势，投资增速明显回落，1~5月，全省固定资产投资增长比1~4月和2017年同期分别回落1.1个和1.8个百分点，消费比1~4月和2017年同期分别回落0.1个和0.3个百分点。

投资放缓主要源于基础设施投资增速的快速下滑。1~5月，全省固定资产投资增长10.5%，比1~4月和2015年同期分别回落1.1个和1.8个百分点。基础设施投资下滑是主因，受规范清理PPP项目和严控地方债务影响，全省基础设施投资下降4.6%，降幅比1~4月扩大4.1个百分点，已连续三个月出现负增长。PPP项目集中的交通运输、市政公用行业投资下滑明显。水利管理业投资下降10.2%，降幅比1~4月扩大1个百分点；公共设施管理业投资下降11.7%，降幅扩大3.4个百分点；道路运输业投资增长20.4%，回落8.7个百分点。财政支出收缩明显。1~5月，全省一般公共预算支出增长12.2%，比1~4月和2017年同期分别回落2.2个和6.7个百分点。其中，对交通运输领域支出下降14%，而

2017年同期为增长30.2%。

消费放缓态势愈演愈烈。1~5月，全省社会消费品零售总额增长10.6%，比1~4月和2017年同期分别回落0.4个和0.6个百分点。多数品类销售增速放缓。5月，限额以上法人单位22个商品类值中，有19类商品增速同比放缓。其中，烟酒类、文化办公用品类、建筑及装潢材料类商品零售额同比分别回落9个、14.6个和11.2个百分点。双重因素致汽车销售回落，受2017年二季度促销力度加大基数抬高，以及进口车关税下调背景下降价预期和观望情绪较强影响，5月汽车类商品零售额增长1.7%，比4月低6.4个百分点，比2017年同月低7.2个百分点；1~5月增长10.2%，比1~4月回落2.1个百分点。购房挤出效应明显，随着房价持续上涨，首套及改善性购房需求集中入市，首付及房贷刚性支出一定程度挤出了同期消费需求。友阿集团负责人表示，以"消费城市"著称的长沙也呈现出消费下降的趋势，受"互联网+消费"的影响，其旗下商场的冬天已然来临，2018年以来，商场的消费呈现紧缩的态势。

工业增长动力严重不足。当前，全省第一、二、三产业结构大致为11∶41∶48，对经济增长的贡献率分别大致为5%、37%和58%。1~5月，全省规模工业增加值增长7.6%，连续两个月持平。一方面，传统行业低速增长，建材、化工、有色等高耗能行业受益于价格回暖有所好转，但污染防治保持高压背景下，生产依然低迷。1~5月，非金属矿物制品业增加值增长1.6%，化学原料和化学制品制造业增加值增长1.7%，有色金属冶炼和压延加工业增加值增长1%。烟、车等传统产业支撑作用仍强，1~5月，规模工业烟草制品业和汽车制造业增长贡献率居行业前四，合计贡献率达

19.4%，增加值分别增长13.5%和12.5%，明显快于全省规模工业平均增速。另一方面，新兴行业增势减弱，4月汽车制造业增加值多年来首降，5月仅增长2.8%。5月，计算机、通信和其他电子设备制造业增加值增长18.8%，连续两个月出现回落，比3月和4月分别低10.1个和1.1个百分点。同时，价格倒挂也挤压了企业利润空间，1~5月，全省工业生产者出厂价格（PPI）上涨3.5%，同比回落2.8个百分点，低于工业生产者购进价格涨幅0.3个百分点。

（二）政府债务"紧"：在建项目融资接续难、融资平台转型压力大

在建项目停工比例大，后续融资接续难。2018年初，以财政部《关于进一步规范地方政府举债融资行为的通知》为代表的系列加强政府债务和PPP项目管理文件陆续出台，一些地方把压缩政府债务作为工作中的头等大事，湖南省在执行相关政策时尤为严格。受此影响，省内基建投资增速明显回落，特别是PPP项目集中的交通运输、市政公用行业投资下滑明显。基建项目受到显著影响的一个重要原因在于地方政府隐性债务管控力度过大。2017年末，湖南省在银监会融资平台（含退出类平台）名单内企业的贷款余额为4274.8亿元。而截至2018年一季度末，各类平台类贷款升至4428.9亿元。受债务上升影响，湖南省财政支出增速收缩明显，1~5月，全省一般公共预算支出仅增长12.2%，较1~4月和上年同期分别回落2.2个和6.7个百分点，特别是交通运输领域支出下降14%，较上年同期回落44.2个百分点。总体来看，在涉及地方债务的项目中，部分项目留有违规担保、涉及政府购买服务负面清单、未纳入地方政府财政预算或中期财政规划等问题，存在合规隐

患。部分项目现金流有限甚至不产生现金流，自身不具备偿债能力，存在违约隐患。考虑到2018年政府类项目进入偿债高峰，缓释化解政府性债务压力大、难度高，一些项目的偿债责任界定、违规停缓建安排等可能对债务风险的暴露产生重大影响。

防风险、去杠杆工作压力层层传导，地方政府融资平台转型困难。常德市经投集团反映保信保链压力巨大，具体表现在三方面：一是债务规模较大。集团现有债务余额占常德市本级余额的44%。据测算，2018年还本付息支出达198亿元，已作最大限度地压减重点项目建设支出，由原来的134亿元减少到74亿元（含上年已完工待付工程款）；年度经营性收入不到90亿元，加上财政结算收入后，资金缺口也在150亿元左右。二是可变现资产总量不多，截至2017年底，常德市经投集团可变现经营性资产约为384亿元，约占总资产的36%。且大多为重资产项目，投入大、周期长，故短时间内难以变现。三是融资渠道收窄，成本居高不下，挤压了企业发展空间。据反映，当前银行贷款一贷难求，非标融资成本到11%以上仍有人抢。在这种形势下，地方政府和平台公司都面临着保信用、保运转的巨大压力，而平台转型也看不到新出路。

（三）企业融资"紧"：融资难贵、企业成本硬约束问题突出

实体企业融资难贵程度更甚、人力土地成本高企。友阿集团、新丰股份有限公司等多家企业普遍反映人工成本和地成本明显上升，招工难问题明显，融资成本2018年以来也在上升。此外，以三一重工和中联重科为代表的重型装备制造业企业反映，企业除了面临人工成本、资金成本上升的问题外，还面临着产能集中释放、库存积压不均匀调整和销售回款不确定性上升的风险。以三一集团

为例，据其估算，在银行贷款基准利率的基础上加上获取资金的各项其他费用等，三一集团当前获取资金的成本较上年高出 5%～30% 不等。并且，原材料短缺导致钢材等大宗商品价格上涨，而钢材占三一集团原材料采购成本的 20%，2018 年以来的钢材价格累计上涨已超过 7%，使企业利润明显受到影响。此外，人工成本持续攀升，结构性用工矛盾突出，三一集团上半年装配、焊接、涂装等一线工人平均缺口接近 20%。汇率波动导致的损失较大，三一集团在过去 3 年的外汇合约和汇兑损失达到约 3 亿元。企业也反映面临的营商环境仍然较严峻，虽然过去几年的市场化法治化环境不断改善，但民营企业在面对经销商、客户、员工的违法、违约或侵占、挪用公司财产时，仍然很难像国有企业一样依法追究，导致交易成本和维护法律权益的成本仍然很高。

（四）银行体系流动性"紧"：存款难拉、贷款难放和表外业务大幅收缩

金融去杠杆工作特别是资管新规出台使地方银行经营难度加大。省内法人银行资产投放速度明显趋缓，流动性大幅收缩，信用派生趋于弱化，存款疲弱态势较明显，对结构性存款、同业存单等主动负债的依赖程度加大，负债成本持续攀升并逐渐向贷款传导，商业银行负债端压力尤为明显，强监管背景下的影子银行业务大幅收缩。以长沙银行为例，受监管政策趋紧和政府债清理的影响，截至 5 月底，全行表内外授信余额比上年同期少增约 146 亿元。2018 年以来日益趋紧的监管政策导致大量投行业务、基金业务的客户、模式、规模等均受到极大限制，投放规模大幅减少。同时，银行信贷持续收紧也导致贷款定价水平不断上行，2018 年以来的对公贷款加权平均价格上浮比例逐渐攀升，从 2017 年 12 月底的 33.12% 已

经上升至 5 月末的 36.32%。

资管新规使得银行支持实体经济的能力有所减弱。资管新规要求单只公募资产管理产品投资单只证券或者单只证券投资基金的市值不得超过该资产管理产品净资产的 10%，后续如果理财资金对接行内项目需要同时投资多个产品才能满足，产品配置难度较大导致投资项目行内项目难度加大。另外，资管新规要求对理财资金对接的业务做向上和向下的穿透管理，对非标投资也有较为严格的限制，非标面临回表的问题，但表外非标向表内转移受到信贷额度、风险资本、统一授信和不良率的诸多限制，如果无法续接将无法满足企业的持续金融需求，导致银行面临企业违约率和破产率上升局面。如长沙银行因此涉及有资管部理财资金对接的非标项目 55.12 亿元，城发基金 229 亿元，其中超过新规的过渡期的约有 250 亿元，因授信主体或贷款条件无法落实，导致无法回表而可能面临较大信用风险。银行中间收入大幅减少，长沙银行 2017 年保本理财产品全部净收入约 727 万元，该部分收益正在减少，城发基金带来和投行业务带来的中间业务收入分别为 2.4 亿元、2.7 亿元，较上年同期增长明显放缓。从整体上看，资管新规间接削弱了银行支持实体企业的能力，由于银行在新增标准化资产的定价、额度上受到较大影响，进而在一定程度上弱化了银行相关业务对企业的金融支持能力，同时，也使现有的企业项目部分受到影响，这些存量项目因续接的问题而导致企业融资无法继续，进而导致业务进度缓慢停滞等。

二 适当放松紧箍咒、恢复地方经济韧性活性的政策建议

经济体系犹如弹簧，拉得过长、压得过紧，难免金属疲劳、丧

失活力、过犹不及，地方政府自缚的紧箍咒需要及时松懈调校，针对当前所面临的突出问题和症结所在，建议有关部门加强政策微调、部门协调，采取切实有效对策措施，力促经济运行基本盘稳定向好。

（一）货币政策应更加灵活前瞻，平衡好去杠杆与稳增长等多重关系

央行货币政策应更加注重引导市场预测，对流动性调节应更多侧重于呵护宏观经济平稳运行。货币政策目标应较前期更加多样化，注重实现好三个平衡：一是更好地实现去杠杆和维护流动性基本稳定间的平衡；二是要兼顾广义流动性收缩对实体经济的冲击，缓解商业银行回归表内存贷款基础性业务过程中面临的约束；三是应对全球货币政策正常化及错综复杂国际形势的影响。鉴于此，建议：在价格工具上，央行应着眼于利率双轨制造成的价格扭曲，通过放开对存款利率上浮比例的"隐性干预"的方式实现利率并轨，缓解商业银行的一般性存款压力。同时，适度上调 OMO、MLF 等政策利率，保持中美无风险利率正利差的稳定。在数量工具上，建议实施普惠金融定向降准、降准资金部分置换 MLF 等结构性工具实现对实体经济的"精准滴灌"，通过释放更多优质流动性资产（HQLA）和激活因流动性覆盖率（LCR）达标压力来调节受到管控的信贷投放。同时，为对冲前监管带来的冲击，以降低商业银行的主动负债成本，为利率并轨创造相对平稳的市场环境。

（二）PPP 项目清理整顿和化解地方政府债务风险工作中应更加注重分类施策

政府在建项目 PPP 停工对地方正常基建投资影响明显，在清

理过程中，应重点解决好项目再融资问题，特别是配套、接续融资问题。应根据项目现金流情况、项目类型等，更加注重分类施策，为此建议：一是短期可考虑优先选择部分停工项目复工。有必要综合项目的重要程度、开工程度、后续融资能力等多方面因素，优先选择部分项目尽快复工。对于那些与扶贫、环保等攻坚战密切相关，在地方公共服务供给中占据重要地位，项目基础条件较好，工程建设进程较快的项目应优先恢复建设。短期内，可通过增加中央财政支出、扩大地方政府债券发行等多种方式优先解决该类项目的后续融资问题。二是长远应分类解决在建项目后续融资问题。建议可考虑按照项目投资回报机制的不同采取不同的后续融资方式。对于那些具有一定收益但存在一定不确定性的项目，在原有政府担保、保底等违规承诺取消后，应该通过适当增加资源投入或适当延长经营期限等方式，实现项目本身收益对成本的全覆盖，以此保证投资者的利益和满足金融机构发放贷款的条件要求；对于那些收益明显无法覆盖项目建设运营成本，可通过改革公共事业价格、增加土地等资源投入、赋予项目公司更多的经营权等方式，提高项目的收益水平，缩小项目成本与收益之间的差距；对于那些无收益项目，在确定社会资本不愿继续参与的情况下，可考虑由地方政府承担，主要通过发行地方政府专项债券优先全额满足其融资需要，以保证项目建设的资金需要。三是政府债务不能完全切断、平台转型要循序渐进。当前，地方政府债务清理整顿仍处在债务摸底、逐类清分阶段，在此情况下不宜贸然用猛力，以免引发超预期的连锁冲击。在债务清分阶段要给予必要的流动性支持，对产业类平台等相关债务应分类处置，谨防处置过程中的流动性断裂。

（三）适度控制严监管的执行强度，赋予金融机构一定缓冲期

严监管、去杠杆、防风险大方向无疑要继续坚持，但也应控制地方金融机构的缩表速度，不能使其影响到地方企业的正常融资，应支持其将降准资金优先投放到小微企业。一方面，既要督促银行业配合地方政府整顿平台债务，强化银行、政府、企业的沟通协商，通过市场化方式采取重定利率、展期、债务重组和债转股等方式减少平台融资成本和减轻偿债压力。同时，应推动银行加强统计监测、风险预警和隐患处置等，迁移管控关口，提升风险应对主动性。鼓励银行等贯彻国家财政相关规定，推进隐患合规管理体系建设，将政府购买、PPP等项目的财政承受能力和是否纳入财政预算等情况作为审核依据，严禁开展不合规定的业务，对合规的审慎根据项目情况、财政实力和建设周期确定授信条件，确保资金运用符合政策诉求。

（四）多措并举降低实体企业的人力、资金和要素成本

制造业企业的综合成本仍然较高，应多管齐下降低实体企业的各类成本。在大力推动降低制度性交易成本的同时，建议重点从以下方面着力：一是鼓励企业能够更好挖掘自身降成本潜力。如对于三一重工和中联重科等大型工程机械企业，建议更好利用企业自身构建的挖掘机指数指导自身的产能调整，以平滑资金运营、销售回款和汇兑等风险。二是鼓励降低银行服务实体企业的相关费用。首先，激励银行积极开发新产品，解决企业无抵押担保困境。如通过与税务机关合作，为优质纳税客户提供资金支持，推广知识产权局交易中心知识产权质押的融资、排污权抵押融资等有效提升特色行

业小微企业服务。其次,激励银行加强精细化管理,通过提高内部运营效率降低成本,以最大化企业便利服务。三是建议调整企业所得税政策。加快推动实施大型企业集团的合并纳税,可考虑使集团子公司能够通过利润合并计算后缴纳所得税,进而有效减轻企业集团的税收负担。同时,建议进一步优化法治环境,有效降低制造业企业的交易成本。

警惕防范中美贸易摩擦不断升级
可能引发的金融风险

2018年4月以来，中美贸易争端已引发了股债汇商等大类金融资产市场波动风险。下一步，如果中美贸易摩擦失控，继续升级至货币战、金融战、资源战、经济战，可能恶化我国国际收支状况，大规模抛售美债等过当措施可能引发全球金融市场风险，我国过快过松开放金融业可能连带引发金融机构风险等问题。下一步，需要密切跟踪特朗普政府最新政策动向，防范化解贸易摩擦如果升级可能产生的金融风险。同时，仍要坚持防控化解国内金融性风险，坚持加强金融监管，夯实筑牢抵御外部风险的基本面。

一 当前中美贸易争端已经引发的
金融经济风险

4月以来，不断升级的中美贸易争端已经引发了股债汇商等大类金融资产市场波动加大、输入性通胀压力和货币政策维稳难度加大、飞机租赁业行业风险增大以及下拉经济增速等经济金融风险。

一是贸易摩擦引发的恐慌情绪加剧了大类金融资产市场波动。

在反复升级的中美贸易矛盾下,全球外汇、商品、股票和债券市场均出现震荡反复的行情,市场情绪高度敏感,资金避险意识浓厚。资本市场恐慌指数VIX在4月2~9日上涨7.8%。美三大股指均大幅下挫,道琼斯指数收盘下跌2.34%,纳斯达克指数和标准普尔500指数跌幅也均超过2%。日本股市和韩国股市也出现下跌。出于避险担忧,我国A股指数也应声下跌,国债收益率大幅回落。4月2~9日,10年期国债收益率下行1.73BP至3.7234%。大宗商品市场也出现剧烈波动。4月4日,芝加哥期货交易所(CBOT)大豆期货一度跌至每蒲式耳9.835美元,跌幅扩大至5.25%。CBOT玉米期货跌幅一度达到4.25%。同时,原油、有色等金融属性较强的大宗商品也出现不同程度下跌。4月2~6日,美国原油期货价格累计下跌了4.4%,创下自2月以来的最大单周跌幅,布伦特油价则累计下跌了3.2%。此外,具备避险属性的黄金,同期则出现急涨走势。

二是贸易摩擦引发的我国进口价格上涨可能轻微推升通胀,对我国货币政策稳健中性带来压力。加征关税后带来的价格抬升将一定程度上传导至PPI和CPI,从而拉升整体通胀水平。其中,仅以进口大豆为例,由于我国国内大豆需求高度依赖进口,进口量占消费量的86%,对大豆加征关税对通胀的影响最大。根据测算,静态来看,将大豆加入反制名单并加征关税,将通过豆制品、食用油、饲料三个渠道拉升通胀约0.3个百分点。如果贸易摩擦引发通胀显著上行,可能对我国货币政策维持稳健中性带来现实压力。

三是贸易顺差大幅下降可能通过下拉经济增长进而增大金融风险暴露的可能性。自2017年以来,我国进出口扭转了连续多年下降的局面,出现回稳向好,全年货物和服务净出口对GDP增长贡献率达到 9.1%，对 GDP 增长的净拉动高达 0.6 个百分点，创 2008 年以来的新高，对经济增长的贡献不容忽视。目前，美国拟征税的 500 亿美元的商品规模占我国对美出口总额的 13.9%，占我国整体出口总额的 2.7%，占我国 GDP 的 0.5%，如果考虑额外的 1000 亿美元拟征税商品规模，则占我国 GDP 的 1.5%，2018 年下半年至 2019 年，净出口对 GDP 增长拉动作用将减小。如果贸易摩擦控制在当前程度，对整体经济的影响则不会太大。但未来如果出现持续性的"拉锯战"，牵涉行业与商品品类进一步扩大，对经济增长的压力则不容低估。此外，值得注意的是，在美国公布的加税清单中，有相当一部分涉及高新技术行业，虽然目前我国对美出口高科技产品并不多，仅有 8%~10% 的中国高新技术产品出口至美国市场，但这些行业扩张较快、出口附加值较高、对经济增长的拉动作用越来越强。因此，未来贸易顺差快速下降，可能对经济增长带来显著压力，进而加大金融风险暴露的可能性。

四是可能引发飞机租赁业等部分行业局部金融风险。在我国拟对美国进口商品加税清单中，飞机是重要一项，在波音、空客双寡头垄断市场下，将对我国飞机引进价格产生较大影响。飞机租赁行业对价格极为敏感，势必受到巨大影响。租赁飞机已经成为当前和未来航空公司引进飞机的首选方式，截至 2017 年底，我国航空租赁行业机队规模已经达到 3300 余架，我国每年以租赁方式引进飞机超过 200 架。在市场需求的驱动下，飞机租赁公司在过去几年间规模快速扩张，杠杆持续上升，而在激烈的竞争压力下租赁市场的租金水平反而逐年下降，飞机租赁行业盈利状况显著恶化。贸易摩擦对飞机价格的抬升，将迅速传导至飞机租赁企业，增加其购机成本和融资压力，可能引发行业内的局部金融风险。

二 中美贸易摩擦进一步升级情景下的金融风险

迄今为止,中美贸易摩擦对中国金融市场和金融体系的实质性冲击有限,且中美之间暂时达到多次博弈的阶段性战略均衡时点。但如果贸易摩擦失控,下一步继续升级至货币战、金融战、资源战、经济战,可能产生一系列连锁金融风险。

一是历史经验显示贸易摩擦势必引发两国金融市场风险。回顾2002~2003年美国小布什任期内发动的贸易战,其间中美两国金融市场也出现了波动。当时,美国方面,三大股指在贸易战启动后出现大幅下跌,在2003年以后才逐步开始上行;美债则进入牛市,10年期国债收益率在2003年中之前处于下行趋势,2003年下半年有所反弹;美元指数则震荡回落。中国方面,上证综指总体低位震荡下行,10年期国债收益率震荡上行,人民币汇率固定在8.28附近。整体而言,贸易摩擦对市场风险偏好的影响是金融市场短期波动的主要原因。本次贸易摩擦以来,即自3月1日特朗普公布对钢铁、铝征税起至4月8日,美国股市缩水8000亿美元,相当于其GDP的4%。同期,中国资本市场也受到了影响,这段时期A股缩水幅度约为GDP的2%。下一步,贸易争端如果出现持续升级,两国金融市场将进一步动荡,金融风险将持续上升。

二是中美贸易摩擦如果持续拖延升级势必引发我国国际收支风险。中美贸易摩擦对我国国际收支的短期影响渠道有三个方面:一是信心渠道,即中美经贸关系紧张可能降低市场风险偏好,促使资本逃离风险资产,加剧我国资本外流;二是贸易渠道,两国贸易争端将会影响我国对外贸易活动,经常项目下有恶化趋势;

三是金融渠道，两国贸易纷争包括投资保护主义措施，将影响我国对外投融资活动。上述三个渠道的影响大小，取决于中美贸易摩擦未来演进情形。第一种情形是贸易摩擦发因仅限于经济层面，鉴于全球供应链背景下贸易战是双输结果，双方终会通过谈判协商解决问题，结果大体是有贸易争端但避免贸易战，该情景下我国国际收支的风险是短暂可控的。第二种情形是贸易摩擦既有经济又有政治考虑，双方贸易摩擦不断，经贸关系时好时坏。该情景下我国国际收支风险是持续的、波动的。第三种情形是贸易摩擦主要是政治考量，贸易摩擦的经济损失被忽略不计，摩擦和冲突会不断升级，直到美方政治目标达成为止。这一情景可能造成我国国际收支持续剧烈波动。

三是如果采取大规模抛售美债等过当措施，可能引发全球金融市场风险。抛售美债只是增大我国谈判筹码，一旦采用，引发全面贸易摩擦的风险将急剧增大。根据美国财政部的数据，截至2017年12月底，美国18.15万亿美元的国债中，有47%（6.2万亿美元）由外国投资者持有，中国持有的美国国债为1.18万亿美元，是美国最大的海外国债持有国，占美国国债总量的6.5%。我国如果大幅减持美债，必然会在短期内对美国债券市场造成巨大扰动，推升美国金融市场整体利率水平，引发美国市场融资成本提升，最后对美国股市和经济产生剧烈影响，进而可能引发全球金融市场海啸。但这一方法对我国负面影响也是巨大的，将引发外汇储备缩水、人民币汇率攀升、出口快速下滑。

四是如果仓促应对过快过松开放金融业，可能引发相应金融机构风险。当前中美贸易谈判的一个焦点在于服务业尤其是金融业开放，理论上，金融业开放带来的效率提升是长期利好，美国诉求与我国改革开放并无根本矛盾。银行业、证券业、信用评级行业已经启动了放宽准入、扩大外资持股比例等实质性开放措施。但是，鉴于我国金融业已发展出了独有的生态体系，加之防范金融风险攻坚战、金融严监管、金融业回归本源、金融机构重塑性等重要任务，所以放开金融业不可操之过急，仍应坚持统筹有序、渐进适度的金融开放经验，不能对美方谈判言听计从、丧失金融主权。

总体来看，当前我国金融体系能够抵御源自中美贸易摩擦的外部冲击。一方面，需要密切跟踪特朗普政府最新政策动向，防范化解贸易摩擦如果升级可能产生的金融风险；另一方面，仍要坚持防控化解金融性风险，坚持加强金融监管，控制地产泡沫，降低宏观杠杆率。

美股连续暴跌的原因、趋势、影响及对策

美股2月8日再次跳水，道指下跌1032点至23860点，跌幅4.15%，这是道指在过去5个交易日内第3次收跌超过500点以上，也是仅次于2月5日"黑色星期一"的历史第二高绝对跌幅。目前美股相对历史高点已累计下跌10.4%，正式进入调整期（下跌超过10%），下一步可能考验技术性熊市门槛（下跌超过20%）。近期美股暴跌是多重因素共振结果，由牛转熊的趋势基本确立，本月将进入大幅波动期，需要密切关注市场动向及其对全球股、债、汇、大宗市场的联动影响，警惕其对我国资本市场、短期资本流动、人民币汇率、外汇储备的冲击影响，针对不同情景积极预案相应措施对冲其不利影响。

一 美股暴跌是多重因素导致：既有老问题也有新特点

一是美股涨幅过大、持续过久、估值过高构成暴跌的前置条件。涨幅方面，相对于2009年本轮低点，美股已经持续9年走牛，三大股指较最低点上涨2.6~3.1倍不等，其中，特朗普执政之后上涨35%。估值方面，暴跌前，美股希勒周期调整市盈率达到32

倍，为历史第三高位，远高于1951年以来20.3的平均值，已超过2007年金融危机之前，仅次于2000年互联网泡沫和1929年大衰退之前。泡沫化程度方面，巴菲特指数（美股总市值/美国GDP）位于143%的历史高位，而1970~1995年均值为60%左右，1995~2017年均值为100%左右。股价驱动因素方面，低利率环境下宽松资金和市场乐观情绪对股价推升的作用，高于企业盈利改善、股息分红对股价推升的作用。从收益率分解上看，过去9年美股年化收益率为13.6%，其中的7%是资金推动和市场高估值因素贡献；对比1970~2017年，美股年化收益率为6.3%，其中只有0.6%是由市场高估值因素贡献，股息分红则贡献了5.7%。因此，本轮美股牛市更多反映了资金推动下的市场过度乐观，而非上市公司业绩的大幅提升。

二是市场对美联储未来加息路径的预期发生较大变化，但这只是诱因，并非暴跌根源。利率是资本市场重要影响因素，股市对利率更是敏感。美国经济数据持续走好，加息预期高涨，且比此前预期的加息路径要早要强。2017年12月，美联储给出的官方加息路径是2018年加息3次，但金融市场交易中隐含预期则是2018年加息1~2次。本次暴跌日恰逢新任美联储主席鲍威尔上任，一方面反映了市场认为美联储加息路径可能提速，另一方面也反映市场情绪非常脆弱。

三是美股市场投资者结构、交易方式的新变化，也是促成暴跌的重要因素。投资者结构方面，尽管美股市场仍以机构投资者为主，但近年来也出现了"全民炒股"的新现象，与2007年美国房市暴跌之前的"全民买房"有类似之处。从美国居民资产配置结构数据上看，居民直接持股和通过养老金、保险等渠道间接持股，合计已占居民金融总资产的 60%，比例为历史高点。其中，居民直接持股比例接近 40%，远高于 2007 年 28.9%、2000 年 36% 的历史高点。"全民炒股"反映了投资者普遍乐观，当市场出现多数看好的一致预期和普遍的市场共识，通常是一个重要的反向指标，一旦市场大幅调整，拥挤交易特征就非常明显。交易方式方面，近年来，美股市场机构投资者大量使用程序化交易、算法交易、主动交易，机器代人的智能投顾颇为盛行，当日一旦出现跌幅超过警戒值，止损平仓力量涌现，机器卖盘过大，导致出现连续自动抛盘，这也是暴跌当日道琼斯指数一度下挫 1600 点的一个原因。

四是美股的增量资金入市早在半年前就出现下降趋势。本轮牛市中，一个重要的新特点是美国上市公司大量通过低息负债回购股票，成为持续推高股价的力量，但数据显示，上市公司回购股票力度已经出现连续几个月的弱化。另外，美国货币市场基金、杠杆基金的股票仓位已经处于历史高位并有所下降，海外资金流入美国股市的增量也已在上年下半年出现下降。

二 美股由牛转熊趋势已定，未来将区间波动持续回调

一是美股由牛转熊趋势已经确立，未来几个月由大幅快速暴跌转为持续回调的可能性较大。目前美股较历史高点最大跌幅超 10%，超跌必会反弹，但要达到 20% 的技术性熊市门槛，可能要持续几个月。牛市结束但出现类比 1987 年股灾的可能性不大，一方面，美联储加息缩表路径会充分考虑市场波动性，以不引发重大金融风险为底线；另一方面，美国经济基本面仍将持续走好，税改、

放松监管等政策措施也利好上市公司盈利。

二是美股调整对 A 股存在联动溢出效应，但影响程度有限。中美股市存在一定关联性，近年来随着 A 股入 MSCI 指数等资本市场国际化以及沪港通、深港通等资本市场互联互通的快速推进，美股对我国 A 股、港股的冲击影响有所增大，需要密切关注。但我国股市，内忧大于外患，与近几日美股暴跌呈现同步下跌的 A 股，除市场情绪带动共振之外，主要原因还在于前期涨幅较大涨速较快、上市公司抵质押股票爆仓、年报分红不及预期、大资管新规下信托清理传言的影响，并非美股暴跌的直接影响。未来，A 股市场面临的根本问题仍然是监管立市、制度稳市、持续打击财务造假、稳定市场流动性等自身问题。

三是最差情境下如果美股年内真正出现股灾，可能引发全球经济复苏夭折的蝴蝶效应。美股若持续暴跌，可能导致全球股市持续跟跌。美国个人消费占 GDP 比例近 70%，如引发"负财富效应"，居民财富缩水将导致消费下滑，对美国经济将是沉重打击。鉴于美国是此次全球复苏的关键因素，美国经济不稳将严重影响包括中国在内新兴市场国家的出口，全球经济共振复苏的局面可能结束。

四是美股持续调整也会联动美债继续走熊，影响我国外汇储备规模稳定。在美股出现下跌之前，美国债市已经提早出现了剧烈波动迹象。美国十年期国债收益率从年初的 2.4% 已经波动上升至 2.8%，债券价格持续下跌。美国国债市场作为全球最大的资金避险市场，其剧烈波动必然导致全球资金市场和国际资本流动的剧烈震荡。我国外汇储备中持有 1.18 万亿美元左右的美国国债，占总外汇储备的 38%，美债持续下跌，将使我国外汇储备美元资产发生较大缩水。

三 需持续关注美股、美债走势，但不必过度反应

一是预研美股下跌的定量风险。从历史上看，2000年美股跌幅为50%、2008年跌幅为55%，2018年内，如果美股市盈率回到25倍，则还有22%的下跌空间；如果回到20倍，则还有38%的下跌空间。可以假定美股乃至全球股市年内出现10%、20%、40%三种情景的调整路径，研究可能对我国不同渠道的影响，及时预案对冲措施。

二是密切关注全球股市、债市、汇市、大宗产品等市场动向，防范短期避险资本快速进出我国。当前各市场联动性很强，需要警惕市场动荡带动国际短期资本进出风险。及时跟踪国际资本流动的形势，做好避险资本冲击的研判。严格境外资本入境监管，严格审查虚假国际贸易背景下的热钱流入。

三是我国应择机、适度对国内金融市场投放短期流动性。可以采用灵活的货币政策工具对金融机构进行短期流动性的投放，但是在去杠杆大背景下，不能投放过度。需要择机、适度地在保证金融市场健康稳定的前提下进行流动投放。

四是政策应对上还需谨慎，不要过度反应。一方面，对美股是否趋势性影响美国经济前景不宜过度解读。美股下跌间接提高了美国金融市场稳定性，美元贬值也是特朗普政府乐见，美国经济基本面和企业盈利还有向好空间，三者叠加为特朗普政府提供了更舒适的施政环境，因此，本次美股下跌如果是健康回调，对美国经济的影响、对特朗普政策的影响不应过度解读。另一方面，美股回调对我国经济金融的影响也不宜过度解读。

警惕新一轮债券违约暗涌成潮

2018年以来，债券违约事件频频爆发。这轮债券违约浪潮是多方因素共同作用的结果，宏观环境方面，去杠杆导致的货币和信用紧缩、融资环境全面收紧；微观基础方面，出现债券违约的企业均存在主业不强、盈利微薄或亏损等问题，多种原因最终导致企业因现金流不足而无法偿付。本轮违约浪潮已对债券市场产生了一定冲击，债券融资规模明显减少，民营企业债务融资难度陡升。同时应该看到，从打破刚性兑付到少量债券的有序违约，是我国债券市场走向良性循环的必经之路。应加强市场化的债券市场违约处置、保持流动性合理稳定、加强债券市场机构投资人和交易所的风险防控、优化债务结构，防止局部信用风险演化为流动性风险和全面的信用风险，促进债券市场良性发展。

一　近期债券违约事件激增

2018年以来，债券违约事件频发，信用风险再次升温。仅5月以来，就有中安消、盛运环保、神雾环保、凯迪生态等多家上市公司出现债务违约，盾安环境和江南化工的控股股东盾安集团被爆450亿元债务危机，城投也爆发兑付危机。具体来看，这轮违约浪潮有以下主要特征。

一是违约债券规模和个数均同比大幅增加。2018年以来，共有11家企业发生信用债违约，合计违约规模为176亿元，同比增长23%。从债券评级调低的次数来看，截至5月25日已共有129次，而上年同期仅有32次。从被调低评级的债券个数来看，2018年已有80只，而上年同期仅有29只。

二是单个企业风险情况日益严重。从2018年以来的债券违约案例来看，单个企业的平均违约金额增大。例如，丹东港集团有4只债券发生违约，涉及金额达43亿元，亿阳集团有3只债券发生违约，涉及金额达21.74亿元，单个企业的违约风险明显要高于过去几年。

三是民营企业信用风险高企。从风险事件主体类型看，2018年以来的违约事件主要集中在民营企业。截至2018年5月25日，2018年新增的7家违约主体中，有6家是民营企业，分别是亿阳、富贵鸟、凯迪、沪华信、神雾环保、中安消，涉及债券9只，规模84亿元。

四是违约主体呈现向上市公司扩散的趋势。2018年以前，上市公司债券违约的案例非常少，这一方面是因为上市公司整体资质较好，另一方面上市公司具备更为畅通的股权融资渠道。但2018年以来，7家新增违约主体中5家是上市企业，如中安消、盛运环保、神雾环保、凯迪生态等都是上市公司，盾安集团虽然不是上市公司，但也是盾安环境和江南化工两家上市公司的控股股东。

五是城投风险事件增多，城投债潜在风险增加。2018年以来，已经发生了三起省级城投公司风险事件，包括年初云南国有资本信托逾期事件，4月天津市政建设开发公司资管计划未能及时偿付本息，此外，近期内蒙城投锡林浩特给排水公司出现融资租赁违约，西安市灞桥区基础设施建设投资有限公司担保的一期资管计划到期未全部兑付，但因其并未在公开市场上融资，对市场影响较小。目前出现问题的城投债务均是非标融资产品，尚未出现城投债违约风险事件，但需警惕，一旦出现风险事件，将对城投信用市场融资产生巨大影响。

二 宏观环境较紧和企业盈利较弱是本轮信用风险集中爆发的主要原因

一是去杠杆和强监管导致货币和信用收缩，难以覆盖存量债务利息。各项去杠杆和强监管政策，导致货币和信用收缩。2018年以来，新增社会融资规模持续下降，截至2018年4月末，社会融资规模存量为181.41万亿元，其中，166万亿元属于债务融资。按照7.6%的社会平均融资成本计算，存量债务利息就有12.6万亿元。按照2018年4月末新增社会融资规模同比增速10.5%计算，新增融资规模为19万亿元。新增社会融资要保障经济增长和债务偿还，2016年名义GDP为82万亿元，目前名义GDP增速为10.2%，以此计算将需要8.36万亿元用于保证经济增长，去除这一部分，有10.7万亿元新增融资可用于偿还债务利息，不足以覆盖12.6万亿元规模的债务利息。新增融资规模难以覆盖存量债务利息，导致债务违约浪潮必然出现。

二是银行、债券市场和股票市场融资全面收紧，企业尤其是民营企业的再融资困难增加。2018年以来影子银行监管趋严，银信合作新规、委托贷款新规、资管新规等陆续发布实施。在此背景下，非标融资规模大幅下降，2018年1~4月的信托贷款和委托贷款合计同比少增1.9万亿元；债券融资持续低迷且结构恶化，弱资质发行人融资压力明显较大，从弱资质发行人净融资占比来看，2018年1~3月持续为负，4月也仅占1.6%；4月短融净发行量也由1~3月的月均850亿元骤降至89亿元，以往依靠借新还旧的模式面临压力。以往大量理财产品、资管产品和非标产品对接弱资质民营企业发行的债券，而在严监管下民营企业债券的资金来源被快速压缩，民营企业和国有企业债券发行分化分层现象愈发突出，国有企业债券发行仍有超额认购，但民营企业债券发行频频取消或推迟。此外，股市再融资大幅收紧，2017年以前不少主体通过定增募集了大量资金，缓和了投资支出的资金压力，但是，2018年以来融资环境变化，定向增发再融资监管趋严，A股定增募资同比大幅减少。总之，再融资不畅成为压垮骆驼的最后一根稻草。

三是企业成本抬升、利润下滑，弱资质的民营企业融资难度进一步加大。分析发生债券违约的企业，大多是盈利能力较弱、债务结构不合理且信用等级较低的企业。由于2017年以来民营企业为主要构成的中下游产业链的成本升高，加之企业自身经营不善，导致民营企业利润下滑。例如，2015年盛运环保还有7.4亿元的净利润，2016年只有1.2亿元，2017年则大幅亏损13.2亿元。中安消情况类似，2015~2017年净利润分别为14.2亿元、7.2亿元和-24.8亿元。同时，这些企业均长期存在大规模投资支出、发展过于激进、对外部融资依赖度过高、债务结构不合理、短期债券占比过高等问题。例如，2017年底，盾安集团、中安消、盛运环保的有息负债中，短期有息负债占比均超过了50%，其中盾安集团甚至接近69%，与其较长期限的投资支出明显不匹配，进一步削弱了债务的安全性。此外，大多违约主体的信用评级较低，导致其在债券市场上融资难度较大。2017年以来，除了亿利集团外，其他主体的债项和主体评级都在AA（含AA）以下。

三　政策建议

近期的违约浪潮已对债券市场产生较大冲击，债券融资规模明显减小，金融机构对低等级债券的认可度处于五年来的低谷。发生违约事件的主体多是民营企业，融资约束更紧、刚性更强，违约后能够得到的融资支持更少，因此，势必也会对这些企业的投资产生巨大的负面影响。如果未来违约事件持续发生，将可能拖累刚刚有所好转的民间投资。此外，纵观历次信用风险冲击，低等级信用债往往最先爆发风险，随着信用风险持续发酵，可能引发整体利率上行，局部信用风险可能会演化为流动性风险和全面的信用风险。必须对此加强预警和政策储备，防控信用风险蔓延失控。

一是正确看待债务违约，加强市场化的债券违约处置。目前我国债券违约处置的市场化程度较低，债券违约的处置最后都有机构为之兜底，地方政府干预色彩比较浓，信用风险并没有得到真正有效的释放，只是起到了延缓或转移的效果。从打破刚性兑付到少量债券的有序违约，是我国债券市场走向良性循环的必经之路。未来需加强我国债券市场违约处置的市场化、法治化建设，探索违约债券特殊转让的交易机制，积极发展利用债券置换、批量转让、折价回购等模式和工具，可考虑引入私募基金、资产管理公司等机构参与违约企业债务重组，促进债券市场的良性发展。

二是加大对关键和脆弱环节的流动性支持力度，保持流动性合理稳定。尽管宏观经济有所复苏，但是很多企业的经营状况并没有改善，迄今为止，很多过去积累的违约尚未偿付，造成银行和机构的资产质量压力加大。2014 年以来，共有 156 只债券发生违约，截至 2018 年 5 月 25 日，仅有 104 只违约债券进行了违约兑付，其中，还有大量的兑付是仅仅兑付了部分或全额利息，实现全额兑付本息的很少。降杠杆对流动性环境的要求不只是某个时点上的松和紧，而要有合理的流动性期限结构。降杠杆所采取的不同方式对资金需求的长短期限不同，如支持兼并重组的并购基金和并购贷款、利于"僵尸企业"债务处置的风险分担补偿资金、支持债转股的私募股权投资基金和其他股债结合特征金融工具等。因此，需提供多种类型、多种期限的流动性支持，必要时应给银行等系统性金融机构注入流动性，守住不发生系统性金融风险的底线。

三是加强债券市场机构投资人和交易所的风险防控，全面排查可能存在的风险问题。强化债券基金等机构投资人的风险排查，禁止同一公司不同基金之间互相买卖高风险债券，加强对基金管理机构的信息披露，控制债券违约对债券基金的影响。加强交易所的债券风险管理，明确市场各参与主体的风险管理责任，完善债券信用风险管理报告制度，持续监测、排查、预警、上报信用风险，为尽早发现和化解风险提供条件，引导债券及时形成合理的风险定价。

四是鼓励债券发行人优化债务结构，从根源上防控信用风险上升。合理的债券融资应从发行人的经营出发，在满足运营发展需求的同时，考虑发行人现有债务负担、债务结构，在其承受范围内科学融资。还应对全过程成本进行整体控制，而不仅仅局限于票面利率的高低。此外，鼓励主承销商、会计师事务所、评级公司等中介服务机构全面深度参与债券发行市场，助力防控信用风险。

图书在版编目(CIP)数据

高杠杆的化解之道/李世刚等著. -- 北京：社会科学文献出版社，2018.11
 ISBN 978-7-5201-3202-2

Ⅰ.①高… Ⅱ.①李… Ⅲ.①金融风险防范-研究-中国 Ⅳ.①F832.1

中国版本图书馆 CIP 数据核字(2018)第174532号

高杠杆的化解之道

著　　者 / 李世刚　曹玉瑾

出 版 人 / 谢寿光
项目统筹 / 吴　敏
责任编辑 / 吴　敏

出　　版 / 社会科学文献出版社·皮书出版分社（010）59367127
　　　　　 地址：北京市北三环中路甲29号院华龙大厦　邮编：100029
　　　　　 网址：www.ssap.com.cn
发　　行 / 市场营销中心（010）59367081　59367083
印　　装 / 三河市龙林印务有限公司

规　　格 / 开　本：787mm×1092mm　1/16
　　　　　 印　张：19.75　字　数：234千字
版　　次 / 2018年11月第1版　2018年11月第1次印刷
书　　号 / ISBN 978-7-5201-3202-2
定　　价 / 89.00元

本书如有印装质量问题，请与读者服务中心（010-59367028）联系

▲ 版权所有 翻印必究